用于专利程序的生物材料保藏相关法律文件汇编

国家知识产权局　　组织编译

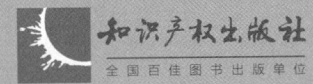

知识产权出版社

全国百佳图书出版单位

图书在版编目（CIP）数据

用于专利程序的生物材料保藏相关法律文件汇编/国家知识产权局编译. —北京：知识产权出版社，2018.1

ISBN 978 - 7 - 5130 - 5283 - 2

Ⅰ.①用… Ⅱ.①国… Ⅲ.①生物材料—专利权法—汇编—中国 Ⅳ.①D923.429

中国版本图书馆 CIP 数据核字（2017）第 285315 号

内容提要

本书收录了截至 2017 年 3 月有效的《国际承认用于专利程序的微生物保藏布达佩斯条约》《国际承认用于专利程序的微生物保藏布达佩斯条约实施细则》《根据布达佩斯条约保藏微生物指南》以及我国与生物材料保藏有关的法律性文件，可作为生物材料领域专利申请人及专利代理人进行生物材料保藏的参考工具书使用。

责任编辑：王祝兰   责任校对：潘凤越

装帧设计：麒麟轩   责任出版：刘译文

用于专利程序的生物材料保藏相关法律文件汇编

Yongyu Zhuanli Chengxu de Shengwu Cailiao Baocang Xiangguan Falü Wenjian Huibian

国家知识产权局　组织编译

出版发行	知识产权出版社有限责任公司	网　址：	http：//www. ipph. cn
社　址：	北京市海淀区气象路 50 号院	邮　编：	100081
责编电话：	010 - 82000860 转 8555	责编邮箱：	wzl@ cnipr. com
发行电话：	010 - 82000860 转 8101/8102	发行传真：	010 - 82000893/82005070/82000270
印　刷	北京科信印刷有限公司	经　销：	各大网上书店、新华书店及相关专业书店
开　本：	787mm×1092mm　1/16	印　张：	26.5
版　次：	2018 年 1 月第 1 版	印　次：	2018 年 1 月第 1 次印刷
字　数：	660 千字	定　价：	98.00 元

ISBN 978-7-5130-5283-2

总 目 录

国际条约及其相关法律文件

中国相关法律文件

国际条约及其相关法律文件

国际承认用于专利程序的
微生物保藏布达佩斯条约

1977 年 4 月 28 日于布达佩斯签订
1980 年 9 月 26 日修改
（自 2002 年 10 月 2 日生效）

世界
知识产权
组织

日内瓦　2007 年

目 录 [*]

---

* 本条约原始文本（英文）无此目录，本目录是为方便读者而增编的。

绪　则

第 1 条
本联盟的建立

参加本条约的国家（以下称为"缔约国"）组成国际承认用于专利程序的微生物保藏联盟。

第 2 条
定　义

在本条约和实施细则中：

（ⅰ）"专利"，应当解释为发明专利、发明人证书、实用证书、实用新型、增补专利或者增补证书、增补发明人证书和增补实用证书；

（ⅱ）"微生物保藏"，按照使用该用语的上下文，指按照本条约以及实施细则发生的下列行为：向接收与受理微生物的国际保藏单位送交微生物或者由国际保藏单位贮存此种微生物，或者兼有上述送交与贮存两种行为；

（ⅲ）"专利程序"，指与专利申请或者专利有关的任何行政的或者司法的程序；

（ⅳ）"用于专利程序的公布"，指专利或者专利申请文件的官方公布或者官方公开，供公众查阅；

（ⅴ）"政府间工业产权组织"，指按照第 9 条（1）递交了声明的组织；

（ⅵ）"工业产权局"，指缔约国的或者政府间工业产权组织的主管授予专利的机构；

（ⅶ）"保藏机构"，指接收、受理和贮存微生物并提供其样品的机构；

（ⅷ）"国际保藏单位"，指取得第 7 条所规定的国际保藏单位资格的保藏机构；

（ⅸ）"交存人"，指向接收与受理微生物的国际保藏单位送交微生物的自然人或者法人，以及该自然人或者法人的任何合法继承人；

（ⅹ）"本联盟"，指第 1 条所述的联盟；

（ⅺ）"大会"，指第 10 条所述的大会；

（ⅻ）"本组织"，指世界知识产权组织；

（xⅲ）"国际局"，指本组织的国际局，在保护工业产权联合国际局（BIRPI）存在期间亦指该联合国际局；

（xⅳ）"总干事"，指本组织的总干事；

（xⅴ）"实施细则"，指第 12 条所述的实施细则。

第一章　实质性条款

第 3 条
微生物保藏的承认与效力

（1）（a）允许或者要求保藏用于专利程序的微生物的缔约国，应当承认为此种目的而在任一国际保藏单位所作的微生物保藏。这种承认应当包括承认由该国际保藏单位说明的保藏事实和保藏日期，以及承认作为样品提供的是所保藏的微生物样品。

（b）任一缔约国均可索取由国际保藏单位发出的（a）所述的保藏收据副本。

（2）就本条约和实施细则所规定的事务而言，任何缔约国均不得要求遵守与本条约及实施细则的规定不同的或者另外的要求。

第 4 条
重新保藏

（1）（a）国际保藏单位由于任何原因，特别是由于下列原因不能提供所保藏的微生物样品的：

（ⅰ）这种微生物不能存活的；或者

（ⅱ）提供的样品需要送出国外，但因出境或者入境限制向国外送出或者在国外接收该样品有阻碍的，

该单位在注意到它不可能提供样品后，应当立即将该情况通知交存人，并说明原因；除本条（2）另有规定外，交存人根据本款规定享有将原始保藏的微生物进行重新保藏的权利。

（b）重新保藏应当向原接受保藏的国际保藏单位提交，但下列情况不在此限：

（ⅰ）原接受保藏机构无论是完全还是仅对保藏的微生物所属种类丧失了国际保藏单位资格时，或者原接受保藏的国际保藏单位对所保藏的微生物暂时或者永久停止履行其职能时，应当向另一国际保藏单位保藏；

（ⅱ）在（a）（ⅱ）所述情况下，可向另一国际保藏单位保藏。

（c）任一重新保藏均应当附具交存人签字的文件，声明重新提交保藏的微生物与原始保藏的微生物相同。如果对交存人的声明有争议，应当根据适用的法律确定举证责任。

（d）除（a）至（c）和（e）另有规定外，如果涉及原始保藏微生物存活能力的所有文件都表明该微生物是存活的，而且交存人是在收到（a）所述通知之日起 3 个月内重新保藏的，该重新保藏的微生物应当视为在原始保藏日提出。

（e）如果属于（b）（ⅰ）所述情况，但在国际局公布（b）（ⅰ）所述丧失或者限制国际保藏单位资格或者停止保藏的情况之日起 6 个月内，交存人未收到（a）所述通知的，则（d）所述的 3 个月期限应当自上述公布之日起计算。

（2）如果保藏的微生物已经转移至另一国际保藏单位，只要该国际保藏单位能够提供这种微生物样品，交存人就不享有本条（1）（a）所述的权利。

第 5 条
出境和入境限制

各缔约国公认以下规定是非常必要的，即如果要对某些种类的微生物自其领土出境或者入境到其领土进行限制，那么只有在对国家安全、健康或者环境有危险而需要进行限制的情况下，这样的限制才适用于根据本条约保藏或者将要保藏的微生物。

第 6 条
国际保藏单位的资格

（1）任何保藏机构如要取得国际保藏单位的资格，则其必须是设在缔约国领土上的，而且必须由该国作出该保藏机构符合并将继续符合本条（2）所列各项要求的保证。上述保证也可由政府间工业产权组织作出；在这种情况下，该保藏机构必须设在该组织的成员国领土上。

（2）保藏机构如果要具有作为国际保藏单位的资格，必须：

（ⅰ）连续存在；

（ⅱ）拥有实施细则所规定的必要人员和设施，以执行按照本条约承担的科学和管理任务；

（ⅲ）公正和客观；

（ⅳ）对任何要求保藏的交存人按照同样条件提供服务；

（ⅴ）按照实施细则的规定受理各种或者某些类别的微生物的保藏，检查其存活性并予贮存；

（ⅵ）按照实施细则的规定向交存人出具收据，以及所要求的关于存活性的证明；

（ⅶ）按照实施细则的规定，遵守对所保藏的微生物保密的规定；

（ⅷ）按照实施细则规定的条件和手续提供所保藏的任何微生物的样品。

（3）实施细则应当规定在下列情况下应当采取的措施：

（ⅰ）如果一个国际保藏单位对于所保藏的微生物暂时或者永久停止履行其职责，或者拒绝受理按照所作保证应当受理的任何种类的微生物；

（ⅱ）当一个国际保藏单位的国际保藏单位资格终止或者受到限制时。

第 7 条
国际保藏单位资格的取得

（1）（a）通过保藏机构所在的缔约国向总干事递交书面通知，包括一份保证该机构符合并将继续符合第 6 条（2）规定的各项要求的声明，该保藏机构即可取得国际保藏单位资格。也可以通过政府间工业产权组织向总干事递交书面通知（其中包括上述声明）取得上述资格。

（b）上述通知还应当包括按照实施细则规定需要提供的关于该保藏机构的信息，并可以写明国际保藏单位资格开始生效的日期。

（2）（a）如果总干事确认该通知包括了所要求的声明，并且收到了所要求的全部信息，国际局应当将该通知立即予以公布。

（b）国际保藏单位资格自该通知公布之日起取得；或者，如果根据本条（1）（b）写明了某一日期，而此日期迟于该通知的公布日，则自此日期起取得资格。

（3）本条（1）和（2）规定的具体程序在实施细则中规定。

<h2 style="text-align:center">第 8 条
国际保藏单位资格的终止和限制</h2>

（1）（a）任何缔约国或者任何政府间工业产权组织均可以以第 6 条规定的各项要求没有得到满足或者不再得到满足这一理由，请求大会终止任何保藏单位的国际保藏单位资格，或者将其资格限制在某些微生物种类之内。但是一个缔约国或者政府间工业产权组织曾为一国际保藏单位作出第 7 条（1）（a）所述保证的，该缔约国或者政府间工业产权组织不得就该国际保藏单位提出上述请求。

（b）在按照（a）提出请求之前，该缔约国或者政府间工业产权组织应当通过总干事把即将提出请求的理由告知递交了第 7 条（1）所述通知的缔约国或者政府间工业产权组织，以便该国或者该组织自接到通知之日起 6 个月内采取适当行动消除提出该请求的需要。

（c）如果大会确认该请求有充分的依据时，则应当决定终止（a）中所述单位的国际保藏单位资格，或者限制其保藏的微生物种类。大会的这种决定需要以 2/3 多数的赞成票通过。

（2）（a）根据第 7 条（1）（a）作出声明的缔约国或者政府间工业产权组织可以向总干事递交通知，完全或者只就某些种类的微生物撤回其声明，而且任何情况下都应当告知其保证不适用的时间和范围。

（b）自实施细则规定的日期起，如果该通知涉及整个声明，则该国际保藏单位资格终止；或者，如果只涉及某些种类微生物，则国际保藏单位资格受到相应限制。

（3）本条（1）和（2）规定的具体程序在实施细则中规定。

<h2 style="text-align:center">第 9 条
政府间工业产权组织</h2>

（1）（a）受若干国家委托批准地区专利且其成员国都是保护工业产权国际（巴黎）联盟成员国的任何政府间组织，均可以向总干事递交一份声明，表明其承担第 3 条（1）（a）规定的承认义务，遵守第 3 条（2）所述要求的义务，并接受本条约和实施细则适用于政府间工业产权组织的各种规定的全部效力。如果声明是在本条约根据第 16 条（1）生效之前递交的，则前一句中所述声明自条约生效之日起生效。如果声明是在条约生效之后递交的，所述声明应当自递交 3 个月之后生效，除非在声明中指定了较迟的日期。在后一种情况下，该声明应当自该指定日期生效。

（b）所述组织应当享有第 3 条（1）（b）所规定的权利。

（2）如果本条约或者实施细则有关政府间工业产权组织的任何规定经修订或者修改，任何政府间工业产权组织均可以向总干事递交通知撤回其作出的（1）中所述的声明。撤回应当自下列日期生效：

（ⅰ）通知在该修订或者修改生效之日以前收到的，自修订或者修改生效之日起；

（ⅱ）通知在（ⅰ）所述日期以后收到的，自通知中所指定的日期起，或者没有作出指定时，自收到通知之日后 3 个月起。

（3）除（2）所述情况外，任何政府间工业产权组织还可以向总干事递交通知撤回其作出的（1）（a）所述声明。撤回应当自总干事收到该通知之日 2 年后生效。在该声明生效之日起 5 年内不接受根据本款提出的撤回通知。

（4）一个政府间工业产权组织根据第 7 条（1）递交的通知使得一个保藏机构取得国际保藏单位资格的，该政府间工业产权组织作出（2）或者（3）所述撤回时，该资格应当在总干事收到撤回通知之日起 1 年后终止。

（5）本条（1）（a）所述声明、（2）或者（3）所述撤回通知、根据第 6 条（1）第 2 句作出的保证、根据第 7 条（1）（a）作出的声明中的保证、根据第 8 条（1）提出的请求，以及第 8 条（2）所述的撤回通知，均应当要求得到该政府间工业产权组织的上级机关明确认可，该上级机关的成员应当全部是该组织的成员国，并且决定是由这些国家政府的正式代表作出的。

第二章　行政性条款

第 10 条
大　会

（1）（a）大会应当由缔约国组成。

（b）每一缔约国应有一名代表，可辅以副代表、顾问和专家。

（c）各政府间工业产权组织应当作为特别观察员出席大会以及由大会建立的各委员会和工作组的会议。

（d）任何非本联盟成员国但是保护工业产权国际（巴黎）联盟成员国的国家以及除第 2 条（ⅴ）定义的政府间工业产权组织之外专门从事专利方面事务的任何政府间组织，可以作为观察员出席大会，经大会决定，还可以出席由大会建立的各委员会和工作组的会议。

（2）（a）大会应当：

（ⅰ）处理有关本联盟的维持与发展和有关本条约的执行的一切事务；

（ⅱ）行使本条约专门赋予的权利，执行本条约专门分配的任务；

（ⅲ）就修订会议的筹备事项给予总干事指示；

（ⅳ）审核和批准总干事关于本联盟的报告和活动，并就有关本联盟职权范围内的事务给予总干事一切必要的指示；

（ⅴ）为促进本联盟的工作，建立大会认为应当建立的委员会和工作组；

（ⅵ）除（1）（d）另有规定外，确定哪些非缔约国国家、除第 2 条（ⅴ）定义的政府间工业产权组织以外的哪些政府间组织以及哪些非政府国际组织应当被允许作为观察员出席会议，以及在何种范围内国际保藏单位应当被允许作为观察员出席会议；

（ⅶ）为促进实现本联盟的目标而采取任何其他适当的行动；

（ⅷ）按照本条约履行其他适当的职责。

（b）对于与本组织管理的其他联盟共同有关的事项，大会应当在听取本组织协调委员会的意见后作出决议。

（3）一个代表只可以代表一个国家，并只能以一个国家的名义投票。

（4）每一个缔约国应当有一票表决权。

（5）（a）缔约国的半数构成开会的法定人数。

（b）不足法定人数时，大会可以作出决议，但除有关其本身程序的决议外，所有这类决议都应当按照实施细则规定以通信投票方式取得法定人数及所需的多数票之后才生效。

（6）（a）除第 8 条（1）（c）、第 12 条（4）和第 14 条（2）（b）另有规定外，大会的决议须有所投票数的多数票。

（b）弃权不应当认为是投票。

（7）（a）大会每两年由总干事召集一次常规会议，最好与本组织的大会在同时同地举行。

（b）经总干事主动发起或者应 1/4 的缔约国要求，应当由总干事召集大会特别会议。

（8）大会应当通过其自身的议事规则。

第 11 条
国 际 局

（1）国际局应当：

（ⅰ）执行有关本联盟的行政工作，特别是本条约和实施细则规定或者由大会专门指定的工作；

（ⅱ）为修订会议、大会、大会建立的委员会和工作组以及由总干事召集的处理本联盟有关事务的任何其他会议设立秘书处。

（2）总干事为本联盟的最高行政官员，并代表本联盟。

（3）总干事应当召集有关处理本联盟事务的一切会议。

（4）（a）总干事及其指定的职员应当参加大会和由大会建立的委员会和工作组的所有会议，以及由总干事召集的有关处理本联盟事务的任何其他会议，但无表决权。

（b）总干事，或者其指定的职员，应当作为大会、各委员会、各工作组以及（a）所述其他会议的当然秘书。

（5）（a）总干事应当遵照大会的指示为修订会议进行筹备。

（b）总干事可以就修订会议的筹备工作与政府间组织和非政府国际组织进行磋商。

（c）总干事及其指定人员应当参加修订会议的讨论，但无表决权。

（d）总干事，或者其指定的职员，应当作为任何修订会议的当然秘书。

第 12 条
实施细则

（1）实施细则应当规定以下事项的规则：

（ⅰ）本条约明文规定由实施细则规定或者明文规定应当予以规定的事项；

（ⅱ）任何行政性的要求、事项或者手续；

（ⅲ）对执行本条约有用的任何具体要求。

（2）与本条约同时通过的实施细则作为附件附在本条约之后。

（3）大会可以修改实施细则。

（4）（a）除（b）另有规定外，对实施细则的任何修改需有所投票数的 2/3 方可通过。

（b）有关由国际保藏单位提供所保藏的微生物样品规定的任何修改，在没有任何缔约国投票反对该修改提案的情况下才能通过。

（5）在本条约与实施细则的规定发生抵触时，以本条约的规定为准。

第三章　修订和修改

第 13 条
本条约的修订

（1）本条约随时可以由缔约国参加的会议修订。

（2）修订会议的召开均应当由大会决定。

（3）第 10 条和第 11 条可以由修订会议或者按照第 14 条的规定进行修改。

第 14 条
本条约中某些条款的修改

（1）（a）根据本条提出的修改第 10 条和第 11 条的建议，可以由任何缔约国或者由总干事提出。

（b）这些建议应当在大会对其审议之前至少 6 个月，由总干事预先通知各缔约国。

（2）（a）对本条（1）所述各条的修改应当由大会通过。

（b）对第 10 条的任何修改需有所投票数的 4/5 以上通过，对第 11 条的任何修改需有所投票数的 3/4 方可通过。

（3）（a）对本条（1）所述各条的修改，应当在总干事收到大会通过该修改时 3/4 的成员国依照各自的宪法程序表示接受该修改的书面通知起 1 个月后生效。

（b）对上述各条的任何修改，一经接受后，对于在该修改经大会通过时是缔约国的所有缔约国都有约束力，但对上述缔约国产生财政义务或者增加这种义务的任何修改仅对通知接受这种修改的国家有约束力。

（c）根据（a）规定接受并生效的任何修改对在大会通过该修改之日后成为缔约国的所有国家均有约束力。

第四章　最后条款

第 15 条
成为本条约的缔约国

（1）保护工业产权国际（巴黎）联盟的任何成员国经下列手续均可成为本条约的缔约国：

（ⅰ）签字后递交批准书；或者

（ⅱ）递交加入书。

（2）批准书或者加入书应当交总干事保管。

第 16 条
本条约的生效

（1）对于最早递交批准书或者加入书的 5 个国家，本条约应当自递交第 5 份批准书或者加入书之日后 3 个月开始生效。

（2）对于任何其他国家，除非在其批准书或者加入书中指定了更晚的日期，本条约应当自该国递交其批准书或者加入书之日起 3 个月后开始生效。在指定日期的情况下，本条约应当在该国指定的日期开始生效。

第 17 条
退出本条约

（1）任何缔约国均可通知总干事退出本条约。

（2）退出应当自总干事收到退出通知之日起 2 年后生效。

（3）任何缔约国在其成为本条约缔约国之日起 5 年届满以前，不得行使本条（1）规定的退约权利。

（4）一个缔约国曾对于一保藏机构作出第 7 条（1）（a）所述声明因而使该保藏机构取得国际保藏单位资格的，该国退出本条约，该国际保藏单位资格在总干事收到本条（1）所述通知之日起 1 年后终止。

第 18 条
本条约的签字和语言

（1）（a）本条约的签字原件一份，用英文和法文写成，两种文本具有同等效力。

（b）总干事在与有关政府协商后，应当在本条约签字之日起 2 个月内用建立世界知识产权组织公约签字时所用的其他语言制定本条约的正式文本。

（c）总干事在与有关政府协商后，应当用阿拉伯文、德文、意大利文、日文和葡萄牙文以及大会指定的其他语言制定本条约的正式文本。

（2）本条约在布达佩斯开放签字，至 1977 年 12 月 31 日截止。

第 19 条
本条约的保管；文本的送交；本条约的登记

（1）本条约签字截止后，其原本应当由总干事保管。

（2）总干事应当将经其证明的本条约和实施细则文本各 2 份送交第 15 条（1）所述的所有国家的政府，送交按照第 9 条（1）（a）可以递交声明的政府间组织，并根据请求，送交任何其他国家政府。

（3）总干事应当将本条约向联合国秘书处登记。

（4）总干事应当将经其证明的对本条约和实施细则的修改条款文本各 2 份送交所有缔约国、所有政府间工业产权组织，并根据请求送交任何其他国家政府和按照第 9 条（1）（a）可以递交声明的任何其他政府间组织。

第 20 条
通　知

总干事应当将以下事项通知缔约国、政府间工业产权组织以及非本联盟成员国但是保护工业产权国际（巴黎）联盟成员国的国家：

（i）按照第 18 条的签字；

（ii）按照第 15 条（2）保管的批准书或者加入书；

（iii）按照第 9 条（1）（a）递交的声明以及按照第 9 条（2）或者（3）撤回声明的通知；

（iv）本条约按照第 16 条（1）的生效日期；

（v）按照第 7 条和第 8 条发出的通知以及按照第 8 条作出的决议；

（vi）按照第 14 条（3）接受对本条约的修改；

（vii）对实施细则的任何修改；

（viii）对本条约或者实施细则所作修改的生效日期；

（ix）按照第 17 条收到的退约通知。

国际承认用于专利程序的微生物
保藏布达佩斯条约实施细则

（1977 年 4 月 28 日通过，1981 年 1 月 20 日、
2002 年 10 月 1 日修改）

目 录*

＊　由 WIPO 国际局增编。

第 1 条
简称和对"签字"的解释

1.1 "条约"

在本细则中,"条约"系指《国际承认用于专利程序的微生物保藏布达佩斯条约》。

1.2 "第×条"

在本细则中,"第×条"系指条约中特定的条款。

1.3 "签字"

在本细则中,无论何时用到"签字"均应理解为,如果一国际保藏单位所在国家的法律要求使用盖章来代替签字时,则所述"签字"对该单位意指"盖章"。

第 2 条
国际保藏单位

2.1 法律地位

任何国际保藏单位可以是政府机构,包括中央政府以外的公共行政部门下属的任何公共机构,也可以是私人机构。

2.2 人员和设施

条约第 6 条(2)(ii)所述的要求应特别包括以下部分:

(i)任何国际保藏单位的人员和设施必须能够使该单位以保持微生物存活与不受污染的方式贮存所交存的微生物;

(ii)任何国际保藏单位在贮存微生物时,必须采取充分的安全措施,以尽量减少其所保藏的微生物灭失的危险。

2.3 提供样品

条约第 6 条(2)(viii)所述的要求特别包括任何国际保藏单位必须迅速而准确地提供所保藏的微生物的样品这一要求。

第 3 条
国际保藏单位资格的取得

3.1 通 知

(a)条约第 7 条(1)所述的通知,缔约国应通过外交途径,政府间工业产权组织应由其最高行政官员,递交总干事。

(b)通知应当:

(i)指明与该通知有关的保藏机构的名称和地址;

(ii)含有关于所述保藏机构是否具有遵守条约第 6 条(2)所列要求的能力的详细信息,包括其法律地位、科学水平、人员和设施的信息;

(iii)如果所述保藏机构仅打算受理某些种类微生物的保藏,须写明这些种类;

（ⅳ）写明所述保藏机构在取得国际保藏单位资格后将对贮存微生物、办理微生物存活性证明和提供微生物样品收取的任何费用金额；

（ⅴ）写明该机构使用的官方语言；

（ⅵ）如果需要时，写明条约第 7 条（1）（b）所述的日期。

3.2　对通知的处理

如果通知符合条约第 7 条（1）和本细则 3.1 的规定，总干事应立即通知全体缔约国和政府间工业产权组织，并由国际局立即予以公布。

3.3　受理的微生物种类清单的扩展

缔约国或政府间工业产权组织递交过条约第 7 条（1）所述通知的，可以在递交该通知之后随时通知总干事在其保证中增加尚未为之作出保证的所写明的微生物种类。在此情况下，条约第 7 条以及本细则 3.1 和 3.2 的规定应在细节上作必要的修改后适用于增加的微生物种类。

第 4 条
国际保藏单位资格的终止或者限制

4.1　请求书；对请求书的处理

（a）条约第 8 条（1）（a）所述的请求应按照本细则 3.1（a）的规定递交总干事。

（b）请求书应当：

（ⅰ）写明有关国际保藏单位的名称和地址；

（ⅱ）如果只涉及某些微生物种类，则写明这些种类；

（ⅲ）详细写明事实依据。

（c）如果请求书符合上述（a）和（b）的规定，总干事应当立即通知全体缔约国和政府间工业产权组织。

（d）除（e）另有规定外，大会应当于收到请求的通知后在不早于 6 个月和不迟于 8 个月的期间内对请求加以考虑。

（e）总干事若认为遵守（d）规定的期限可能危害现有的或潜在的交存人的利益，则可以在（d）规定的 6 个月期满以前召集大会。

（f）如果大会决定终止国际保藏单位资格，或将其资格限制在某些微生物种类之内时，该决定将于作出之日起 3 个月后生效。

4.2　通知；生效日期；对通知的处理

（a）条约第 8 条（2）（a）所述的通知应当按本细则 3.1（a）的规定递交总干事。

（b）通知应当：

（ⅰ）写明有关的国际保藏单位的名称和地址；

（ⅱ）如果只涉及某些种类的微生物，写明这些种类；

（ⅲ）如果递交该通知的缔约国或政府间工业产权组织希望条约第 8 条（2）（b）规定的效力自递交通知之日起 3 个月期满以后的某个日期产生，写明这一日期。

（c）适用（b）（ⅲ）的规定的，条约第 8 条（2）（b）规定的效力应在通知中根据该项规定写明的日期产生；否则应自递交通知之日起 3 个月期满时产生。

（d）总干事应当将根据条约第 8 条（2）规定收到的任何通知及根据（c）规定的生效日期立即通知全体缔约国和政府间工业产权组织。国际局应当立即公布相应的通知。

4.3 保藏的后果

根据条约第 8 条（1）、第 8 条（2）、第 9 条（4）或第 17 条（4）的规定终止或限制国际保藏单位资格的，应在细节上作必要的修改后适用本细则 5.1 的规定。

<h2 style="text-align:center">第 5 条
国际保藏单位不履行责任</h2>

5.1 停止保藏微生物的职责

（a）任何国际保藏单位暂时或者永久地停止履行其根据条约和本细则对交存的微生物应尽的职责时，根据条约第 6 条（1）规定为该保藏单位作出保证的缔约国或政府间工业产权组织应当：

（ⅰ）最大限度地尽可能保证使所有微生物的样品不变质或者不污染地立即从该单位（"不再履职单位"）转移到另一国际保藏单位（"接替单位"）；

（ⅱ）最大限度地尽可能保证将寄送给不再履职单位的同上述微生物有关的一切邮件或其他通信以及由该单位掌握的同上述微生物有关的一切文档案卷和其他有关信息立即转移到接替单位；

（ⅲ）最大限度地尽可能保证不再履职单位立即通知因其停止履行职责以及由此产生的转移事务而受到影响的全部交存人；

（ⅳ）立即将这一情况和上述停止履行职责的范围以及上述缔约国或政府间工业产权组织根据（ⅰ）至（ⅲ）的规定所采取的措施通知总干事。

（b）总干事应当立即将根据（a）（ⅳ）收到的通知通告各缔约国和政府间工业产权组织以及工业产权局；总干事发出和收到的通知应当由国际局立即予以公布。

（c）根据适用的专利程序可以要求交存人在收到本细则 7.5 所述的存单后，立即将接替单位给予的新保藏号通知交存人就原交存微生物已提出专利申请的工业产权局。

（d）接替单位应以适当方式将不再履职单位给予的保藏号连同新保藏号一起留存。

（e）除根据（a）（ⅰ）规定所作的转移外，只要交存人向不再履职单位支付所述转移所需的费用，不再履职的单位应当尽量根据交存人请求向交存人指定的除接替单位以外的国际保藏单位转移所保藏的微生物样品和（a）（ⅱ）所规定的一切邮件或其他通信的副本以及一切文档案卷的副本及其他有关信息。交存人应当向其指定的国际保藏单位支付贮存上述样品的费用。

（f）经受到影响的交存人请求，不再履职单位应当尽量保持其所保藏的微生物样品。

5.2 拒绝受理某些种类的微生物

（a）任何国际保藏单位拒绝受理依照为其所作的保证应当受理的任何种类微生物的保藏时，曾为该单位作出条约第 7 条（1）（a）所述声明的缔约国或者政府间工业产权组织应当将有关事实和已采取的措施立即通知总干事。

（b）总干事应当将根据（a）规定收到的通知立即通知其他缔约国和政府间工业产权组织，总干事发出和收到的通知应当由国际局立即予以公布。

第 6 条
原始保藏或者重新保藏

6.1　原始保藏

（a）除本细则 6.2 适用的情况外，交存人送交国际保藏单位的微生物应当附具由交存人签字的、包括以下内容的书面声明：

（ⅰ）关于该保藏是根据条约提出的说明，以及在本细则 9.1 所规定的期限内不撤回该保藏的保证；

（ⅱ）交存人的姓名和地址；

（ⅲ）详细说明该微生物的培养、贮存和存活性检验所需的条件，在保藏数种微生物的混合物时，还应当有混合物诸成分的说明以及至少一种能核查其存在的方法；

（ⅳ）交存人给予该微生物的识别符号（数字、记号等）；

（ⅴ）关于微生物具有危及或可能危及健康或者环境的特性的说明，或者关于交存人不知道这样的特性的说明。

（b）强烈建议（a）所述的书面声明应当含有对所保藏的微生物的科学描述和/或建议的分类学命名。

6.2　重新保藏

（a）根据条约第 4 条规定进行重新保藏时，除（b）另有规定外，交存人送交国际保藏单位的微生物应当附具在先保藏的存单副本、表明该种在先保藏的微生物能够存活的最新存活性证明的副本，以及由交存人签字的、包括以下内容的书面声明：

（ⅰ）根据本细则 6.1（a）（ⅰ）至（ⅴ）规定应当写明的各项内容；

（ⅱ）对根据条约第 4 条（1）（a）规定进行重新保藏的原因的陈述、保证重新保藏的微生物与在先保藏的微生物相同的声明、交存人收到条约第 4 条（1）（a）所述通知的日期的说明，或者根据具体情况，条约第 4 条（1）（e）所述的公布日期的说明。

（ⅲ）如果在先保藏时包含有科学描述和/或建议的分类学命名，向进行在先保藏的国际保藏单位提交的、最新的科学描述和/或建议的分类学命名。

（b）如果重新保藏是在在先保藏的国际保藏单位进行，（a）（ⅰ）不适用。

（c）（a）和（b）以及本细则 7.4 中的"在先保藏"是指：

（ⅰ）若重新保藏之前已有一次或多次其他的重新保藏：这些其他的重新保藏中最新的那一次保藏；

（ⅱ）若重新保藏之前不存在一次或者多次其他的重新保藏：原始保藏。

6.3　国际保藏单位提出的要求

（a）任何国际保藏单位均可要求：

（ⅰ）以条约和本细则的目的所必需的形式和数量保藏微生物；

（ⅱ）提交该单位制定的、为该单位管理程序的需要而由交存人适当填写的表格；

（ⅲ）本细则 6.1（a）或 6.2（a）所述的书面声明应当以该单位指定的一种语言或几种语言中的一种作出，可以理解为该指定语言必须至少包括本细则 3.1（b）（ⅴ）所规定的官方语言；

（ⅳ）缴纳本细则 12.1（a）（ⅰ）规定的贮存费；和

（ⅴ）在适用的法律允许的范围内，交存人与该单位签订合同规定交存人和该单位的责任。

（b）任何国际保藏单位均应将此类要求以及对此类要求的任何修改通知国际局。

6.4　受理程序

（a）在下列情形下，国际保藏单位对该微生物应不予受理，并应迅速将不予受理的决定及其理由以书面形式通知交存人：

（ⅰ）该微生物不属于根据本细则 3.1（b）（ⅲ）规定所写明的微生物种类，或者不属于根据本细则 3.3 规定增加的微生物种类；

（ⅱ）该微生物的性质非常特别，以至于从技术角度而言，国际保藏单位无法执行根据条约和本细则的规定所承担的必须执行的任务；

（ⅲ）国际保藏单位收到保藏请求时，有明显迹象表明该微生物缺失或者没有受理该微生物的科学理由。

（b）除（a）另有规定外，当本细则 6.1（a）或者 6.2（a）和 6.3（a）所规定的所有要求都得到满足时，国际保藏单位应当受理该微生物。当上述任何要求未得到满足时，国际保藏单位应当迅速将此事实以书面形式通知交存人并要求其满足这些要求。

（c）对微生物的原始保藏或者重新保藏予以受理的，视具体情况，原始保藏的日期或者重新保藏的日期应当是国际保藏单位收到该微生物的日期。

（d）根据交存人的请求并且在（b）所述的所有要求都得到满足的情况下，如果一种微生物在保藏单位获得国际保藏单位的资格之前已被该单位保藏，该国际保藏单位应当认定，从条约的角度而言，已在上述资格获得之日收到该微生物。

第 7 条
存　单

7.1　出具存单

国际保藏单位应当就向其提出的或者转移的每项微生物保藏向交存人出具存单，证明它已经收到并受理该微生物。

7.2　表格；语言；签字

（a）本细则 7.1 所述存单应当使用称为"国际性表格"的表格，表格模板由总干事用大会指定的语言制定。

（b）在存单中以非拉丁字母写的词或字母还应当附以拉丁字母拼写。

（c）存单应当由有权代表该国际保藏单位的人员签名，或者由该人员正式授权的该单位其他官员签名。

7.3　原始保藏的存单内容

针对原始保藏，根据本细则 7.1 出具的存单应当载明，该存单是由保藏机构以条约的国际保藏单位身份出具的，并应当至少包括以下各项内容：

（ⅰ）该国际保藏单位的名称和地址；

（ⅱ）交存人的姓名和地址；

（ⅲ）根据本细则 6.4（c）确定的原始保藏日期；

（ⅳ）交存人给予该微生物的识别符号（数字、记号等）；

（ⅴ）该国际保藏单位给予该项保藏的保藏号；

（ⅵ）本细则 6.1（a）所述的书面声明中包含科学描述和/或建议的分类学命名的，应注明这一事实。

7.4　重新保藏的存单内容

针对根据条约第 4 条进行的重新保藏，根据本细则 7.1 出具的存单应当附具在先保藏（本细则 6.2（c）定义的范围内）的存单副本，以及表明该种在先保藏（本细则 6.2（c）定义的范围内）的微生物能够存活的最新存活性证明的副本，并至少应当包括以下各项内容：

（ⅰ）该国际保藏单位的名称和地址；

（ⅱ）交存人的姓名和地址；

（ⅲ）根据本细则 6.4（c）确定的重新保藏的日期；

（ⅳ）交存人给予该微生物的识别符号（数字、记号等）；

（ⅴ）该国际保藏单位给予该项重新保藏的保藏号；

（ⅵ）交存人根据本细则 6.2（a）（ⅱ）针对有关原因和有关日期的说明；

（ⅶ）在本细则 6.2（a）（ⅲ）的规定适用的情况下，指出交存人已说明科学描述和/或建议的分类学命名的事实；

（ⅷ）在先保藏（本细则 6.2（c）定义的范围内）的保藏号。

7.5　转移时的存单内容

根据本细则 5.1（a）（ⅰ）规定收到转移来的微生物样品的国际保藏单位，应当就转移来样品的每项保藏向交存人出具存单，载明该存单是由保藏机构以条约的国际保藏单位身份出具，并至少包括以下各项内容：

（ⅰ）该国际保藏单位的名称和地址；

（ⅱ）交存人的姓名和地址；

（ⅲ）国际保藏单位收到转移来的样品的日期（转移日）；

（ⅳ）交存人给予该微生物的识别符号（数字、记号等）；

（ⅴ）该国际保藏单位给予的保藏号；

（ⅵ）发出转移物的国际保藏单位的名称和地址；

（ⅶ）发出转移物的国际保藏单位给予的保藏号；

（ⅷ）本细则 6.1（a）或者 6.2（a）所述书面声明中包括该微生物的科学描述和/或建议的分类学命名的，或者，该科学描述和/或建议的分类学命名在后来的某个日期根据本细则 8.1 的规定被说明或者修正的，应注明这一事实。

7.6　对于科学描述和/或建议的分类学命名的通知

应根据本细则 11.1、11.2 或者 11.3 的规定有权取得所保藏微生物样品的任何一方的请求，国际保藏单位应当将本细则 6.1（b）、6.2（a）（ⅲ）或者 8.1（b）（ⅲ）所述的科学描述和/或建议的分类学命名通知该方。

第 8 条
日后说明或者修正科学描述和/或建议的分类学命名

8.1　通　知

（a）如果在保藏某种微生物时没有说明该微生物的科学描述和/或建议分类学命名，交存人可以在日后予以说明；或者，如果已经说明的，可以对科学描述和/或命名进行修正。

（b）任何这种日后说明或者修正应当以书面通知的形式提交给国际保藏单位，由交存人签字，并包含以下各项内容：

（i）交存人的姓名和地址；

（ii）该保藏单位给予的保藏号；

（iii）对该微生物的科学描述和/或建议的分类学命名；

（iv）如系修正的，修正前最后一次的科学描述和/或建议的分类学命名。

8.2　证　明

应根据细则 8.1 提交通知的交存人的请求，国际保藏单位应当向其出具证明，写明本细则 8.1（b）（i）至（iv）提及的资料和收到该通知的日期。

第 9 条
微生物的贮存

9.1　贮存期限

国际保藏单位采取一切必要措施保持贮存于其的微生物存活及不受污染，任何交存的微生物应当在该国际保藏单位贮存，自该单位收到最近一份提供保藏微生物样品的请求之日起至少 5 年，并且，无论在何种情况下，自保藏之日起至少 30 年。

9.2　保　密

任何国际保藏单位不得向任何人提供针对某一微生物是否根据条约规定向其进行了保藏的信息。此外，除根据本细则第 11 条规定的同样条件向根据该条规定有权获得该微生物样品的保藏单位、自然人或者法人提供信息外，不得向任何人提供有关根据条约规定向其保藏的任何微生物的任何信息。

第 10 条
存活性检验和证明

10.1　检验义务

国际保藏单位应当检验向其交存的每种微生物的存活性：

（i）在进行根据本细则第 6 条所述的保藏或者根据本细则 5.1 所述的转移之后立即进行检验；

（ii）根据微生物的种类和其可能的贮存条件，按合理的时间间隔进行检验，或者出于必要的技术原因随时进行检验；

（ⅲ）应交存人的请求随时进行检验。

10.2　存活性证明

（a）国际保藏单位应当针对所保藏的微生物出具存活性证明：

（ⅰ）在进行本细则第6条所述的保藏或者本细则5.1所述的转移之后，立即向交存人出具；

（ⅱ）应交存人的请求，在保藏或者转移后随时向交存人出具；

（ⅲ）对于根据本细则第11条的规定向其提供了所保藏的微生物样品的任何工业产权局、其他单位、除交存人以外的自然人或者法人，应其请求，在提供样品的同时或者之后任意时间向其出具。

（b）存活性证明应当载明该微生物仍然存活或不再存活，并应当包括以下各项内容：

（ⅰ）出具该证明的国际保藏单位的名称和地址；

（ⅱ）交存人的姓名和地址；

（ⅲ）本细则7.3（ⅲ）所述的日期，或者，在重新保藏或者转移的情况下，最新的、本细则7.4（ⅲ）和7.5（ⅲ）所述的日期；

（ⅳ）该单位给予的保藏号；

（ⅴ）所涉检验的日期；

（ⅵ）存活性检验的检验条件的信息，但以接受存活性证明的当事人要求得到该信息而且检验结果为否定的为前提。

（c）对于（a）（ⅱ）和（ⅲ），存活性证明应当涉及最近的存活性检验。

（d）关于表格、语言和签字，本细则7.2的规定应在细节上作必要的修改后适用于存活性证明。

（e）在（a）（ⅰ）情况或者工业产权局提出请求的情况下，出具存活性证明应当免费。对于其他出具存活性证明的情况，应当向请求出具证明的当事人收取本细则12.1（a）（ⅲ）规定的费用，并应当在提出请求之前或者同时缴纳。

第 11 条
提供样品

11.1　向有关的工业产权局提供样品

应任何缔约国的工业产权局或者政府间工业产权组织的工业产权局的请求，国际保藏单位应当向上述局提供所保藏的任何微生物的样品，但是该请求应当附具包含以下内容的声明：

（ⅰ）涉及该项微生物保藏的专利申请已向该局递交，并且该申请的主题包含该种微生物或其利用；

（ⅱ）该申请正在该局审查中或已获专利授权；

（ⅲ）在该缔约国或者在该组织或者其成员国适用的专利程序需要这种样品；

（ⅳ）所述样品以及随同样品或者由样品产生的任何信息将只用于所述专利程序。

11.2　向交存人或者交存人允许的人提供样品

任何国际保藏单位应当向下述人员提供所保藏的任何微生物的样品：

（i）应交存人请求，向其提供；

（ii）应任何单位、自然人或者法人（以下统称"被允许方"）的请求，向其提供，但以该请求附具有交存人允许提供所要求的样品的声明为前提。

11.3　向在法律上享有权利的人提供样品

（a）任何国际保藏单位应任何单位、自然人或者法人（以下统称"被证明方"）的请求，应当向其提供所保藏的任何微生物样品，条件是该请求是使用由大会确定内容的表格提出的，并且在所述表格上工业产权局证明下述事项：

（i）涉及该项微生物保藏的专利申请已向该局递交，并且该申请的主题包含该种微生物或其利用。

（ii）除（iii）中第2句适用的情况外，该局已按专利程序进行公布。

（iii）被证明方根据该局专利程序适用的法律有权获得该微生物样品，而且如果上述法律规定须满足某些条件才能享有此权利时，该局认为这些条件已经满足；或者被证明方已在该局的一张表格上签字，依照该局专利程序适用的法律，作为在该表格上签字的结果，向被证明方提供样品的条件视为已经满足。如果根据所述法律，被证明方在该局按照专利程序进行公布之前即享有该权利而此种公布尚未进行的，证明中应对此明确予以说明，并应当通过按惯例加以引述的方式，指明所述法律的适用条款，包括任何法院判决。

（b）对于已经由工业产权局授予并公告的专利，该局可以不定期地将所述专利中涉及的、由国际保藏单位保藏的微生物的保藏号列表通知该保藏单位。应任何单位、自然人或者法人（以下统称"请求方"）的请求，国际保藏单位应当向其提供业已如此通知了保藏号的微生物样品。对于业已如此通知了保藏号的微生物，不应要求所述工业产权局提供本细则11.3（a）所述的证明。

11.4　共同规则

（a）本细则11.1、11.2和11.3中所述的请求、声明、证明或者通知应当如下办理：

（i）如果向官方语言是或者包括英文、法文、俄文或者西班牙文的国际保藏单位递交，应当分别用英文、法文、俄文或者西班牙文书写。但是，对于必须用俄文或者西班牙文书写的，在提交时也可以代之以英文或者法文书写的文本；如果提交了这种文本，国际局应当根据所述规定中有关当事人或者国际保藏单位的请求，立即免费制作经认证的俄文或者西班牙文译本。

（ii）在所有其他情况下均应当用英文或者法文书写，但是也可以用国际保藏单位使用的官方语言或者其官方语言中的一种语言代替。

（b）尽管有（a）的规定，如果根据本细则11.1所述的请求是由以俄文或者西班牙文为官方语言的工业产权局提出的，所述请求可以用俄文或者西班牙文书写，应该工业产权局或者收到该请求的国际保藏单位的请求，国际局应当立即免费制定经认证的英文或者法文译本。

（c）本细则11.1、11.2和11.3中所述的请求、声明、证明或者通知均应当采用书面形式，并应当签字和注明日期。

（d）本细则11.1、11.2和11.3（a）中所述的请求、声明或者证明应当载明以下各项内容：

（ⅰ）视具体情况，提出请求的工业产权局的名称和地址、被允许方的名称和地址或者被证明方的名称和地址；

（ⅱ）对该保藏给予的保藏号；

（ⅲ）属于本细则11.1规定的情况的，涉及该保藏的专利申请或者专利的日期和号码；

（ⅳ）属于本细则11.3（a）规定的情况的，（ⅲ）中所述应当载明的各项以及根据本细则作出所述证明的工业产权局的名称和地址。

（e）本细则11.3（b）所述的请求应载明以下各项内容：

（ⅰ）请求方的姓名和地址；

（ⅱ）对该保藏给予的保藏号。

（f）放置所提供样品的容器应当由国际保藏单位标明该项保藏的保藏号，并应随附本细则第7条所述存单的副本、对能或者可能危及健康或者环境的微生物的任何特性的说明，以及，根据请求，对国际保藏单位培养或者贮存该微生物的条件的说明。

（g）国际保藏单位向交存人以外的任何有关方提供了样品后应当立即将此事实以书面形式通知交存人，同时通知提供样品的日期以及接受所提供样品的工业产权局、被允许方、被证明方或者请求方的名称和地址。该通知应随附有关的请求副本、根据本细则11.1或者11.2（ⅱ）提交的与该请求有关的声明副本，以及请求方根据本细则11.3规定提交的经签字的表格或者请求的副本。

（h）本细则11.1所述的提供样品应免费进行。根据本细则11.2或者11.3提供样品的，应视具体情况，向交存人、被允许方、被证明方或者请求方收取本细则12.1（a）（ⅳ）规定的费用，并应当在提出该请求之前或同时缴纳。

11.5　本细则11.1和11.3适用于国际申请时的变动

如果一项申请是根据《专利合作条约》提出的国际申请，则本细则11.1（ⅰ）和11.3（a）（ⅰ）所述的向工业产权局提出的申请均认为是在该国际申请中对该缔约国的指定，该工业产权局即为该条约意义上的"指定局"，本细则11.3（a）（ⅱ）所要求的关于公布的证明，由该工业产权局选择，既可以是根据该条约进行的国际公布的证明，也可以是该工业产权局进行的公布的证明。

第 12 条
费　用

12.1　费用的种类和数额

（a）任何国际保藏单位根据条约和本细则规定可以收取以下费用：

（ⅰ）贮存费；

（ⅱ）根据本细则8.2的规定作出证明的费用；

（ⅲ）除本细则10.2（e）第1句另有规定外，出具存活性证明的费用；

（ⅳ）除本细则11.4（h）第1句另有规定外，提供样品的费用；

（ⅴ）根据本细则7.6的规定通知有关信息的费用。

（b）贮存费应为本细则9.1规定的整个微生物贮存期的费用。

（c）任何收费金额均不得因交存人的国籍或者住所不同，或者因请求出具存活性证明或者请求提供样品的单位、自然人或者法人的国籍或者住所不同而有区别。

12.2　金额的变更

（a）国际保藏单位收费金额的任何变更均应当由为该单位作出条约第7条（1）所述声明的缔约国或者政府间工业产权组织通知总干事。除（c）另有规定外，该通知书可以载明自何日起实行新的收费标准。

（b）总干事应当将根据（a）规定收到的通知以及根据（c）规定的实行日期立即通知全体缔约国和政府间工业产权组织，总干事发出的和收到的通知均应当由国际局立即予以公布。

（c）新的收费标准应当自根据（a）规定载明的日期起实行，但是，对于费用变更是提高费用金额或者未载明实行日期的，新的收费标准应当自国际局公布该变更后第30日起实行。

第 12 条之二
期限的计算

12之二.1　以年表示的期限

当期限是以一年或者几年表示时，自有关的事件发生之日的后一日起计算，该期限将于随后的相应年份中与上述事件发生的月份和日期相同的月份和日期届满，但是，随后的相应月份无相同日期的，该期限于该月的最后一日届满。

12之二.2　以月表示的期限

当期限是以一个月或者几个月表示时，自有关的事件发生之日的后一日起计算，该期限将在随后的相应月份中与上述事件发生的日期相同的日期届满，但是，随后的相关月份无相同日期的，该期限于该月的最后一日届满。

12之二.3　以日表示的期限

当期限是以几日表示时，自有关的事件发生之日的后一日起计算，该期限将在计数到达的最后一日届满。

第 13 条
国际局的公布

13.1　公布的形式

条约或者本细则所述的国际局作出的公布，应当以纸件或者电子形式进行。

13.2　内　容

（a）国际保藏单位的最新名单至少应当每年公布一次，最好在当年的一季度公布，并应当载明每一单位可以保藏的微生物种类以及该单位的收费金额。

（b）下列任何事实的详细信息均应当在事实发生之后立即公布：

（ⅰ）国际保藏单位资格的取得、终止或者限制，以及针对该终止或者限制所采取的措施；

（ii）本细则 3.3 规定的保藏种类的增加；

（iii）国际保藏单位停止履行其职责或者拒绝受理某些种类的微生物，以及针对该种停止履行职责或者拒绝受理所采取的措施；

（iv）国际保藏单位收费标准的变更；

（v）根据本细则 6.3（b）通知国际局的要求以及对该要求的修改。

第 14 条
代表团的费用

14.1　费用的承担

参加大会各届会议以及各委员会、各工作组或者处理联盟有关事务的其他会议的每一代表团的费用应当由派出该代表团的国家或者组织承担。

第 15 条
大会不足法定人数

15.1　通信投票

（a）在条约第 10 条（5）（b）规定的情况下，总干事应当将大会的决议（有关大会本身程序的决议除外）通知在作出该决议时未出席大会的缔约国并请其在通知之日起 3 个月的期限内书面投票或者表明弃权。

（b）在所述期限届满时，如果通过这种方式投票或者表明弃权的缔约国数目达到了作出决议时达到法定人数所缺少的缔约国数目，只要同时取得了规定的多数票，该决议即应生效。

根据布达佩斯条约保藏微生物指南

（截至 2017 年 3 月）

注　释

　　《国际承认用于专利程序的微生物保藏布达佩斯条约》（以下称为"布达佩斯条约"或"条约"）于 1977 年 4 月 28 日缔结，1980 年 8 月 19 日生效。

　　布达佩斯条约的基本原则是，条约的所有缔约国承认在某些保藏机构（"国际保藏单位"）中的任何一个机构保藏微生物，对于它们各自的专利程序是足够的。条约及其实施细则建立了在国际保藏单位保藏、贮存和提供所保藏的微生物样品的规则。

　　本指南的目的是系统地介绍与保藏微生物有关的程序和要求，给为了专利目的保藏微生物的人和希望获得这些微生物样品的人提供实用的建议。

　　在总体介绍和对布达佩斯条约要点的概括之后，本指南分为两部分，分别详细介绍条约针对保藏微生物和提供微生物样品的一般要求（第 I 部分），以及各国际保藏单位、布达佩斯条约各缔约国的工业产权局、非洲地区知识产权组织（ARIPO）、欧亚专利组织（EAPO）和欧洲专利局（EPO）（第 II 部分）的特殊要求。本指南的附录包括保藏微生物和请求提供样品时应当注意的事项清单（附录 1）；布达佩斯条约及其实施细则的全文（附录 2）和布达佩斯条约及其实施细则使用的表格的示范副本（附录 3）。

　　希望本指南能够帮助微生物交存人、国际保藏单位、工业产权局和所有关心生物技术发明保护的人员更好地理解和利用布达佩斯条约提供的微生物保藏体系。

　　除了第 II 部分是由国际局准备的之外，本指南的原文由英国阿伯丁郡的国家工业、食品和海洋微生物保藏机构（NCIMB）的前执行理事和所长伊万·伯斯菲尔德博士（Dr. Ivan Bousfield）撰写，WIPO 在此表示诚挚的感谢。

日内瓦，2006 年 3 月

目　　录[*]

---

[*] 本条约签字本中没有这个目录，本目录是为了便于读者查阅而增编的。

澳大利亚（AU）

    Lady Mary Fairfax CellBank Australia（CBA）

    The National Measurement Institute（NMI）

比利时（BE）

    Belgian Coordinated Collections of Microorganisms（BCCM™）

保加利亚（BG）

    National Bank for Industrial Microorganisms and Cell Cultures（NBIMCC）

加拿大（CA）

    International Depositary Authority of Canada（IDAC）

智利（CL）

    Colección Chilena de Recursos Genéticos Microbianos（CChRGM）

中国（CN）

    中国典型培养物保藏中心（CCTCC）

    中国普通微生物菌种保藏管理中心（CGMCC）

    广东省微生物菌种保藏中心（GDMCC）

捷克（CZ）

    Czech Collection of Microorganisms（CCM）

芬兰（FI）

    VTT Culture Collection（VTTCC）

法国（FR）

    Collection Nationale de Cultures de Micro – Organismes（CNCM）

德国（DE）

    Leibniz – Institut DSMZ – Deutsche Sammlung von Mikroorganismen und Zellkulturen GmbH（DSMZ）

匈牙利（HU）

    National Collection of Agricultural and Industrial Microorganisms（NCAIM）

印度（IN）

    Microbial Culture Collection（MCC）

    Microbial Type Culture Collection and Gene Bank（MTCC）

意大利（IT）

    Advanced Biotechnology Center（ABC）

    Collection of Industrial Yeasts（DBVPG）

    Istituto Zoopnfilattico Sperimentale della Lombardia e dell' Emilia Romagna "Bruno Ubortini"（IZSLER）

日本（JP）

    International Patent Organism Depositary（IPOD），National Institute of Technology and Evaluation（NITE）

    National Institute of Technology and Evaluation，Patent Microorganisms Depositary（NPMD）

拉脱维亚（LV）

Microbial Strain Collection of Latvia（MSCL）

墨西哥（MX）

Colección de Microorganismos del Centro Nacional de Recursos Genéticos（CM – CNRG）

荷兰（NL）

Centraalbureau voor Schimmelcultures（CBS）

波兰（PL）

IAFB Collection of Industrial Microorganisms

Polish Collection of Microorganisms（PCM）

韩国（KR）

Korean Agricultural Culture Collection（KACC）

Korean Cell Line Research Foundation（KCLRF）

Korean Collection for Type Cultures（KCTC）

Korean Culture Center of Microorganisms（KCCM）

俄罗斯（RU）

Russian Collection of Microorganisms（VKM）

Russian National Collection of Industrial Microorganisms（VKPM）

斯洛代克（SK）

Culture Collection of Yeasts（CCY）

西班牙（ES）

Banco Español de Algas（BEA）

Colección Española de Cultivos Tipo（CECT）

瑞士（CH）

Culture Collection of Switzerland（CCOS）

英国（GB）

CABI Bioscience，UK Centre（IMI）

Culture Collection of Algae and Protozoa（CCAP）

European Collection of Cell Cultures（ECACC）

National Collection of Type Cultures（NCTC）

National Collection of Yeast Cultures（NCYC）

National Collections of Industrial，Food and Marine Bacteria（NCIMB）

National Institute for Biological Standards and Control（NIBSC）

美国（US）

Agricultural Research Service Culture Collection（NRRL）

American Type Culture Collection（ATCC）

Provasoli – Guillard National Center for Marine Algae and Microbiota（NCMA）

E 节　布达佩斯条约缔约国工业产权局和政府间工业产权组织的要求

前言

（ⅰ）总则

（ⅱ）有关工业产权局❶的信息

阿尔巴尼亚（AL）

亚美尼亚（AM）

澳大利亚（AU）

奥地利（AT）

阿塞拜疆（AZ）

巴林（BH）

白俄罗斯（BY）

比利时（BE）

波黑（BA）

文莱达鲁萨兰国（BN）

保加利亚（BG）

加拿大（CA）

智利（CL）

中国（CN）

哥伦比亚（CO）

哥斯达黎加（CR）

克罗地亚（HR）

古巴（CU）

捷克（CZ）

朝鲜（KP）

丹麦（DK）

多米尼加（DO）

萨尔瓦多（SV）

爱沙尼亚（EE）

芬兰（FI）

法国（FR）

格鲁吉亚（GE）

德国（DE）

希腊（GR）

危地马拉（GT）

洪都拉斯（HN）

匈牙利（HU）

冰岛（IS）

---

❶　每个国家或组织名称的双字母代码与 WIPO ST. 3 标准（代表国家或地区的双字母代码推荐标准）一致。

印度（IN）

爱尔兰（IE）

以色列（IL）

意大利（IT）

日本（JP）

约旦（JO）

哈萨克斯坦（KZ）

吉尔吉斯斯坦（KG）

拉脱维亚（LV）

列支敦士登（LI）

立陶宛（LT）

卢森堡（LU）

墨西哥（MX）

摩纳哥（MC）

黑山（ME）

摩洛哥（MA）

荷兰（NL）

尼加拉瓜（NI）

挪威（NO）

阿曼（OM）

巴拿马（PA）

秘鲁（PE）

菲律宾（PH）

波兰（PL）

葡萄牙（PT）

卡塔尔（QA）

韩国（KR）

摩尔多瓦（MD）

罗马尼亚（RO）

俄罗斯（RU）

塞尔维亚（RS）

新加坡（SG）

斯洛伐克（SK）

斯洛文尼亚（SI）

南非（ZA）

西班牙（ES）

瑞典（SE）

瑞士（CH）

塔吉克斯坦（TJ）

前南斯拉夫马其顿共和国（MK）

特立尼达和多巴哥（TT）

突尼斯（TN）

土耳其（TR）

乌克兰（UA）

英国（GB）

美国（US）

乌兹别克斯坦（UZ）

非洲地区知识产权组织（AP）

欧亚专利组织（EA）

欧洲专利组织（EP）

布达佩斯条约介绍

（a） 用于专利程序的微生物保藏

（ⅰ） 公开和保藏的要求

1. 专利法的一个基本要求是一项发明的详细资料应当向公众充分公开。为了充分公开，应当足够详细地描述这项发明以使得本领域技术人员能够重复这项发明的效果。换句话说，所公开的内容应当能够使普通专家通过使用适当的设备再现这项发明。公开的内容通常以书面说明书完成，需要时以附图作为补充。然而，涉及使用新微生物材料（即公众无法获得的那些）的发明出现的公开问题在于单独通过书面说明书的方式通常不能确保再现性。例如，从土壤分离了一种生物体并可能通过突变和进一步筛选而"改良"的情况下，实质上不可能充分描述该菌株及其筛选以确保另一个人自己从土壤中获得相同的菌株。在这种情况下，微生物本身可能被认为是公开内容必需的一部分。然而，如果公众通常不能获得该微生物，那么这项发明的书面公开内容可能是不充分的。这一推理思路导致越来越多的国家的工业产权局要求或者推荐涉及使用新微生物的发明通过在承认的保藏机构保藏微生物对书面公开进行补充。随后，保藏机构会在专利程序的适当时机使公众可以获得该微生物。

（ⅱ） 需要统一的国际保藏体系

2. 尽管到了20世纪70年代初期，为了专利目的在保藏机构保藏微生物已经变得相当普遍，但仍没有统一的保藏体系或者可能更重要的保藏共识。大多数国家要求或者推荐在"承认的"机构进行保藏，但是这种"承认的"机构需要满足的最低标准不清楚且规定得不合适。在多数情况下，"承认的"可能等同于"国际上已知的"。当面对不同国家专利法时，就保藏机构来说，常常不能确定如何向有关请求方提供样品。由于缺乏确定的指导方针，一些保藏机构使交存人几乎完全控制了其微生物样品的提供，认为这是保护它们自己远离非法发放样品危险的最可靠方式。

3. 面对以上提及的不确定性，很多专利申请人为了防止他们的申请由于公开不充分造成失败，除了在不同国家的几个保藏机构保藏同样的微生物以外，看似没有其他选择了。无疑，这种做法不经济、耗时，甚至有时是昂贵的，其逻辑结论就是申请人在他们希望提交涉及微生物的专利申请的每个国家保藏微生物。因此，为了避免如此多重的保藏需要，1973年，英国政府提议，世界知识产权组织（WIPO）应当研究可用于可能需要的所有保藏的单一保藏的可能性。该项提议被WIPO的理事机构采纳。

（ⅲ） 布达佩斯条约

4. 1974年，WIPO总干事召集专家委员会讨论为专利目的进行微生物保藏国际合作的可能性。委员会讨论所提出的解决方案实质是某些保藏机构应当被公认作为保藏单位，以及寻求相关发明被保护的所有国家应当承认在其中任何一家所作的保藏是为了专利目的有效的保藏。专家委员会还认为实现所提议的解决方案必须缔结条约。在1975年和1976年的另外两次会议上，专家委员会研究了WIPO准备的国际承认用于专利程序的微生物保藏的条约及其细则的草案。条约和细则第三次草案被作为外交会议的商议基础，此次会议由 WIPO 总干事召集，与匈牙利政府合作组织，于 1977 年 4 月 14 日至 28 日在布达佩斯举行。参加此次外交会议的有 29 个《保护工业产权巴黎公约》成员国❶的代表，2 个非巴黎联盟成员国❷、欧洲专利组织临时委员会以及 11 个非政府国际组织❸的观察员，此次会议通过了题为《国际承认用于专利程序的微生物保藏布达佩斯条约》的国际条约及其细则。

5. 布达佩斯条约于 1980 年生效，那时已经有最低必需数量（5 个）国家批准或同意加入。布达佩斯条约实施细则于 1981 年和 2002 年修订。

（b） 布达佩斯条约的要点

（ⅰ） 国际保藏单位和承认单一保藏

6. 根据条约，某些保藏单位被认可为"国际保藏单位"（IDAs）。为了专利程序的目的允许或要求微生物保藏的任何缔约国必须承认为了这个目的在任一国际保藏单位所作的保藏，无论该国际保藏单位位于哪里。同样，如果任何一个政府间工业产权组织（例如，欧洲专利局）向 WIPO 总干事递交一份正式声明，表明为了其专利的目的，该组织接受条约及其实施细则的规定，那么它也必须承认在任一国际保藏单位所作的保藏。

7. 任何保藏机构都可以成为国际保藏单位，只要它被所在缔约国正式提名，并由缔约国政府作出正式保证，保证该机构遵守并将持续遵守条约及其实施细则的要求。最重要的是，国际保藏单位将能够对任何交存人适用同样的条款，在条约限定的整个期限内受理和贮存根据条约保藏的微生物，以及仅对有资格接收的人提供保藏的样品。已提交第 6 段所提及声明的政府间工业产权组织同样可以就位于其任一成员国领土内的保藏机构作出保证。

（ⅱ） 保藏和提供样品

8. 条约细则详细列出了交存人和国际保藏单位必须遵守的程序、所保藏微生物的贮存期限（至少 30 年或者在期满前收到最近一次请求提供样品之后再延长 5 年）和提供样品的机制。然而细则没有规定进行保藏的时限，这完全留给相关国内法来定。对于提供样品的时限和条件很大程度上亦是如此。规定可以在任何时间将样品提供给交存人或者有交存人书面授权的任何人以及任何"有关"的工业产权局（即处理涉及所保藏微生物的专利申请的工业产权局，以及向国际保藏单位作出上述声明的工业产权局），但在其他所有情况下，由各国法律规定什么时间、向谁以及在何种条件下提供样品。然而，由于国际保

---

❶ 澳大利亚、奥地利、保加利亚、捷克、丹麦、埃及、芬兰、法国、民主德国、联邦德国、匈牙利、印度尼西亚、意大利、日本、墨西哥、荷兰、挪威、菲律宾、波兰、葡萄牙、罗马尼亚、塞内加尔、苏联、西班牙、瑞典、瑞士、英国、美国、南斯拉夫。

❷ 朝鲜、巴基斯坦。

❸ 国立专利代理人协会委员会（CNIPA）、欧洲工业产权代理人联合会（FEMIPI）、欧洲工业联合会理事会（CEIF）、国际保护知识产权协会（AIPPI）、国际商会（ICC）、国际知识产权律师联合会（FICPI）、国际药品制造商协会联合会（IFPMA）、太平洋工业产权协会（PIPA）、欧洲专利律师和欧洲专利局其他代表联盟（UNEPA）、欧洲共同体工业联盟（UNICE）、世界培养物保藏联盟（WFCC）。

藏单位可能不熟悉不同国家的国内法，因此细则要求向国际保藏单位请求提供样品的第三方必须在其请求表上填写有关工业产权局保证它有资格接收特定微生物样品的证明。或者，有时工业产权局可以通知国际保藏单位该局授权和公布的专利中涉及的微生物的保藏号。在这种情况下，任何人不需要证明就都可以获得这种微生物。

（ⅲ）保藏的安全措施

9. 条约和细则作出了不同的规定以防止所保藏微生物的损失以及随后无法获得。因而，国际保藏单位必须具备条约要求的贮存期内维持微生物存活且不受污染的专门技术和设施。如果因为任何原因，国际保藏单位不再有能力提供微生物样品，可以对相同生物体进行重新保藏并可享有原始的保藏日。如果因为任何原因，国际保藏单位停止这项职能，条约规定其保藏的微生物转移到另一国际保藏单位。

（ⅳ）术语"微生物"的含义

10. 条约里没有定义术语"微生物"，这样可以更广义地解释根据条约保藏的微生物的适用。比起实践中一个实体技术上是否属于微生物物质，更重要的是该实体的保藏对于公开的目的是否必要，以及国际保藏单位是否受理。因此，例如，组织培养物和质粒可以根据条约规定保藏，尽管从字面严格意义上讲它们并不是微生物。

第 I 部分
保藏和提供样品的一般要求

A 节　原始保藏

（a）交存人的义务

（i）普遍的要求

11. 当根据布达佩斯条约进行原始保藏时，交存人必须遵守细则❶6.1（a）和6.3（a）的规定。细则6.1（a）规定了交存人将其微生物提交保藏时必须向国际保藏单位提供的最低限度信息；细则6.3（a）列出了国际保藏单位为其自身的管理程序可能向交存人提出的其他要求。

12. 根据细则6.1（a）：

交存人送交国际保藏单位的微生物应当附具由交存人签字的、包括以下内容的书面声明：

（i）关于该保藏是根据条约提出的说明，以及在本细则9.1所规定的期限内不撤回该保藏的保证；

细则9.1规定的期限是，在最近一次请求提供样品之后5年，和在任何情况下至少30年。重要的是需要明白，在此期间，交存人或国际保藏单位都不能取消根据条约作出的保藏，无论专利最终是否被授权。即使涉及该保藏的专利申请被放弃或撤回，这一规则也仍然适用。

13. 细则6.1（a）续：

（ii）交存人的姓名和地址；

（iii）详细说明该微生物的培养、贮存和存活性检验所需的条件，在保藏数种微生物的混合物时，还应当有混合物诸成分的说明以及至少一种能核查其存在的方法；

这项规定确保国际保藏单位得到足够的信息以保证其正确处理微生物。涉及混合培养物的规定旨在确保直到共培养的所有成分都显示存活时才出具肯定结论的存活性证明（参见第33～39段）。

14. 细则6.1（a）续：

（iv）交存人给予该微生物的识别符号（数字、记号等）；

---

❶　除非特别指明，本指南中使用的术语"条约"和"细则"指的分别是《布达佩斯条约》和《布达佩斯条约实施细则》。

这项条款的措辞有时会被曲解。它的意思不是交存人应当从分类学意义上鉴定其微生物，而是交存人提及该微生物时的命名。"识别符号"可以是名称，当然同样可以只是一个菌株命名或甚至只是实验室代码。

15. 细则 6.1（a）最后规定：

（ⅴ）关于微生物具有危及或可能危及健康或者环境的特性的说明，或者关于交存人不知道这样的特性的说明。

细则 6.1（a）的规定是非常明确的要求，目的是确保国际保藏单位知晓所涉保藏是根据布达佩斯条约进行的，并能够在实验室正确、安全地处理微生物。但是，细则 6.1（a）的要求是强制性的，并且交存人和国际保藏单位都不可以改变这些要求。事实上，如果交存人没有完全满足这些要求，根据细则 6.4（b），国际保藏单位在受理保藏之前有义务要求交存人满足这些要求（参见第 29 段）。

16. 科学描述和/或分类学命名。细则 6.1（a）列出了交存人向国际保藏单位递交的书面声明中必须包含的说明，细则 6.1（b）规定：

强烈建议（a）所述的书面声明应当含有对所保藏的微生物的科学描述和/或建议的分类学命名。

鉴于这条细则不是要求而是建议，因此并不强制遵从。而且，如果交存人确实决定提交科学描述和/或建议的分类学命名，他也并不需要在保藏之时就这样做。细则 8.1（a）允许交存人在稍后的时间通知这项信息，也允许对之前说明的任何描述/命名进行修正。细则 8.1（b）对此种通知的内容作出了规定，内容如下：

任何这种日后说明或者修正应当以书面通知的形式提交给国际保藏单位，由交存人签字，并包括以下各项内容：

（ⅰ）交存人的姓名和地址；

（ⅱ）该保藏单位给予的保藏号；

（ⅲ）该微生物的科学描述和/或建议的分类学命名；

（ⅳ）如系修正的，修正前最后一次的科学描述和/或建议的分类学命名。

当作出这种通知时，交存人可以要求国际保藏单位向他出具一份证明，包含细则 8.1（b）（ⅰ）至（ⅳ）提及的信息和国际保藏单位收到该通知的日期（细则 8.2）。国际保藏单位有义务满足这个要求，但有权就此收取费用（细则 12.1（a）（ⅱ））。

（ⅱ）国际保藏单位的要求

17. 在前述要求之外，细则还允许国际保藏单位向交存人提出某些它们自己的要求。这些要求的范围由细则 6.3（a）规定，内容如下：

任何国际保藏单位均可要求：

（ⅰ）以条约和本细则的目的所必需的形式和数量保藏微生物；

这项规定允许国际保藏单位要求以特定的状态提交微生物培养物，例如，在琼脂斜面上、在悬浮液中、冻干等；提供一定数量的复制品；培养物不应低于一定的最低滴定量；等等。

18. 细则 6.3 （a） 续：

（ⅱ）提交该单位制定的、为该单位管理程序的需要而由交存人适当填写的表格；

这指的是保藏表格以及国际保藏单位日常使用并可从保藏单位得到的表格。

19. 细则 6.3 （a） 续：

（ⅲ）本细则 6.1 （a） 或 6.2 （a） 所述的书面声明应当以该单位指定的一种语言或几种语言中的一种作出，可以理解为该指定语言必须至少包括本细则 3.1 （b）（Ⅴ） 所规定的官方语言；

例如，这一规定允许一家日本的国际保藏单位要求以日文向其提交信息。细则 3.1 （b）（Ⅴ）涉及在根据条约第 7 条 （1） 由缔约国或者政府间工业产权组织提名该机构获得国际保藏单位资格的书面通知中说明的该机构所用官方语言。细则 6.2 （a） 涉及在重新保藏事务中交存人需要提交的声明，在本指南的 B 节将对此予以说明。

20. 细则 6.3 （a） 续：

（ⅳ）缴纳本细则 12.1 （a）（ⅰ） 规定的贮存费……

细则 12.1 （a）（ⅰ） 允许国际保藏单位向交存人收取根据条约贮存其微生物的费用。但是，细则 12.1 （b） 要求此费用涵盖整个贮存期；因此必须是一次性支付全部费用。

21. 细则 6.3 （a） 续：

（Ⅴ）在适用的法律允许的范围内，交存人与该单位签订合同规定交存人和该单位的责任。

这一规定允许国际保藏单位根据国际保藏单位所属国家合同法的惯例，与交存人签订协议。

22. 细则 6.3 （a） 允许国际保藏单位对内部的保藏操作程序适用其通常的内部行政和技术要求。是否对交存人提出细则 6.3 （a） 所允许的一项或全部要求完全由国际保藏单位决定。但是，如果国际保藏单位这么做，它必须将此通知 WIPO 国际局 （细则 6.3 （b））。交存人必须遵守这些要求以确保其微生物被接受。这些要求在本指南 D 节予以说明。

（b） 国际保藏单位的职责

（ⅰ）受理的微生物种类

23. 条约第 7 条和细则第 3 条提及的缔约国或者政府间工业产权组织向 WIPO 总干事提交的提名获得国际保藏单位资格的保藏机构的通知中，必须指明该保藏机构受理的根据布达佩斯条约进行保藏的微生物种类 （细则 3.1 （b）（ⅲ））。从获得国际保藏单位资格之日起，该保藏机构有义务受理这些种类微生物的保藏 （细则 6.4 （a）（ⅱ） 和 （ⅲ） 另有规定的除外，参见第 26 段和第 27 段）。

（ii）受理的微生物种类的扩展或限制

24. 如果国际保藏单位随后希望限制或者扩展其受理的微生物种类的清单，其应当将修订的清单通知保证其具有国际保藏单位资格的缔约国或政府间工业产权组织。随后，该缔约国或组织应当正式通知 WIPO 总干事，对全部或者仅对某些种类微生物撤销其保证声明（条约第 8 条（2）（a）、细则 4.2（a）和（b）），或扩展受理的微生物种类的清单（细则 3.3）。在限制微生物种类清单的情况下，该变化最早在通知之日起 3 个月后生效（细则 4.2（c））；在扩展该清单的情况下，在 WIPO 国际局公布后立即生效（细则 3.3，条约第 7 条（2）（b））。无论在哪种情况下，该缔约国或组织均可指定一个晚于上述日期的生效日。

（iii）拒绝受理某些种类微生物

25. 国际保藏单位仅在某些情况下可以拒绝受理提交其保藏的微生物，细则 6.4（a）作出了规定。该规定如下：

（a）在下列情形下，国际保藏单位对该微生物应不予受理，并应迅速将不予受理的决定及其理由以书面形式通知交存人：

（i）该微生物不属于根据本细则 3.1（b）（iii）规定所写明的微生物种类，或者不属于根据本细则 3.3 增加的微生物种类；

虽然这一规定的理由非常明显，但是，重要的是需要指出国际保藏单位不仅仅是有权，而且是有义务拒绝这种微生物。

26. 细则 6.4（a）续：

（ii）该微生物的性质非常特别，以至于从技术角度而言，国际保藏单位无法执行根据条约和本细则的规定所承担的必须执行的任务；

这一规定涉及这样的情形：表面上看，该微生物应当是国际保藏单位受理的种类，但是事实上国际保藏单位明显不能处理它。一个例子是本来"可受理"物种的菌株，但由于自然原因或者基因操作的原因，国际保藏单位对其进行培养过于困难。

27. 细则 6.4（a）最后规定：

（iii）国际保藏单位收到保藏请求时，有明显迹象表明该微生物缺失或者没有受理该微生物的科学理由。

这一规定也涉及正常情况下国际保藏单位可以受理的微生物。例如，在以下情况下可以适用该规定，即盛装培养物的容器在运输时破裂，因此不可能在无污染状态下恢复该微生物。

28. 除了由于交存人持续不符合保藏要求之外，细则 6.4（a）规定了国际保藏单位可以正当拒绝受理请求保藏微生物的唯一情形。国际保藏单位在其他情况下拒绝保藏与条约赋予它的义务相违背，并会导致它失去作为国际保藏单位的资格（条约第 8 条、细则第 4 条和第 5 条）。

（iv）原始保藏的受理

29. 国际保藏单位在受理保藏的微生物时必须遵守的要求列于细则 6.4（b）、（c）和（d）。细则 6.4（b）和（c）规定：

（b）除（a）另有规定外，当本细则6.1（a）或者6.2（a）和6.3（a）所规定的所有要求都得到满足时，国际保藏单位应当受理该微生物。当上述任何要求未得到满足时，国际保藏单位应当迅速将此事实以书面形式通知交存人并要求其满足这些要求。

（c）对微生物的原始保藏或者重新保藏予以受理的，视具体情况，原始保藏的日期或者重新保藏的日期应当是国际保藏单位收到该微生物的日期。

这样，国际保藏单位在可以受理某一微生物前，有义务确保交存人满足了保藏的所有强制要求（参见第11～22段）。但是，由于等待交存人履行其全部义务而延缓正式受理（与驳回相反）并不会影响保藏日期。除了根据细则6.4（d）从布达佩斯条约之外的保藏进行转移的情况外（参见第30段和第31段），保藏的日期为国际保藏单位实际收到微生物的日期，即使受理所需的全部程序要求可能不是在那一天满足的。

（v）将布达佩斯条约之外的保藏转为根据条约的保藏

30. 细则6.4（d）允许在条约之外和在保藏机构成为国际保藏单位之前进行的原始保藏转为根据条约的保藏。细则6.4（d）规定：

> 根据交存人的请求并且在（b）所述的所有要求都得到满足的情况下，如果一种微生物在保藏单位获得国际保藏单位的资格之前已在该单位保藏，该国际保藏单位应当认定，从条约的角度而言，已在上述资格获得之日收到该微生物。

除了微生物本身已经递交和收到之外，将已有的保藏转为"根布达佩斯条约的保藏"的要求与根据条约进行原始保藏应当满足的要求实质上是一致的。但是，必须明确的是，当根据细则6.4（d）将保藏转为根据条约的保藏时，保藏日期是保藏机构获得国际保藏单位资格的日期，而不是保藏机构实际上早先收到该微生物的日期。重要的是要考虑这个"人为"保藏日期与涉及被保藏微生物的专利申请的申请日的关系。在布达佩斯联盟大会达成"谅解"（1981年和1990年）之后，交存人可以要求将在国际保藏单位所作的但不是根据布达佩斯条约所作的保藏转为根据布达佩斯条约的保藏。此外，根据这种情况下的"谅解"，为了条约目的所承认作为保藏日的日期由所适用的本国法决定。实践中，这意味着有的工业产权局可以将国际保藏单位收到微生物的日期认定为保藏日，有的工业产权局则可能仅将国际保藏单位收到转为根据条约保藏的请求日认定为保藏日。交存人要注意这一点，并考虑它可能对涉及转为根据条约保藏的专利申请或专利的影响。

31. 这种转化是一种很有用的便利，因为它意味着早先非布达佩斯条约保藏能够得到国际承认，而这原本是不能的。例如，这种转化对于日本特许厅承认在日本之外进行的非布达佩斯条约的保藏来说是关键的，而无须去考虑之前是否可获得。但是，目前只有原始交存人（或者其合法继受人）可以进行保藏的转化。在所有其他情况下，必须根据条约对相同的微生物进行单独的保藏。此外，有些国际保藏单位不同意对之前纯科学目的的保藏予以转化，因为迄今布达佩斯条约还有可能对无限制分发样品加以限制。在这种情况下，也需要根据条约将微生物进行单独的保藏。

（vi）出具存单

32. 国际保藏单位收到并受理了交存的微生物（或者将已有保藏转为布达佩斯条约下的保藏）后，该单位应当向其出具关于该保藏的正式存单，将此事实通知交存人（细则

7.1）。该存单必须使用国际性表格 BP/4（参见附件 3）。此表格是 4 个国际性表格之一，是由 WIPO 总干事和布达佩斯联盟大会建立的模板（细则 7.2（a））。只要细则中规定国际保藏单位使用国际性表格，意味着使用这种表格是强制性的。该存单必须由该国际保藏单位的授权代表签署（细则 7.2（c）），并且必须包含细则 7.3 所要求的具体信息：

> 针对原始保藏，根据本细则 7.1 出具的存单应当载明，该存单是由保藏机构以条约的国际保藏单位身份出具的，并应当至少包括以下各项内容：
>
> （i）该国际保藏单位的名称和地址；
>
> （ii）交存人的姓名和地址；
>
> （iii）根据本细则 6.4（c）确定的原始保藏日期；
>
> （iv）交存人给予该微生物的识别符号（数字、记号等）；
>
> （v）该国际保藏单位给予该项保藏的保藏号；
>
> （vi）本细则 6.1（a）所述的书面声明中包含科学描述和/或建议的分类学命名的，应注明这一事实。

该存单是非常重要的通知，因为它包含了一份由国际保藏单位出具的书面证明，证明所涉及的微生物在某具体日期已被该单位受理，业已被其保藏，并且被给予了一个特定的保藏号。此外，该存单连同肯定意义的第一次存活性证明一起（参见第 33~39 段）提供了文件证据，证明已经作出了满足布达佩斯条约要求的保藏。还有，基于布达佩斯条约给国际保藏单位规定的义务，这些文件还推定表明将持续贮存被保藏的微生物并根据条约的要求提供其样品。任何缔约国都可以要求得到该存单的副本（条约第 3 条（1）（b））。（然而，在此需要指出，虽然有条约第 3 条（2）关于国际保藏单位的规定和根据条约第 7 条（1）（a）提交的针对国际保藏单位的保证书，各工业产权局仍可以要求国际保藏单位出具关于保藏的持久性和可获得性的额外声明。）

（vii）存活性检验和证明

33. **存活性检验。** 收到保藏的微生物之后，国际保藏单位应当尽快检验该微生物的存活性（细则 10.1（i）），并使用强制性的 国际性表格 BP/9 将检验结果书面通知交存人（细则 10.2（a）（i））。关于国际保藏单位对原始保藏进行存活性检验的义务规定于细则 10.1，规定如下：

> 国际保藏单位应当检验向其交存的每种微生物的存活性：
>
> （i）在进行本细则第 6 条所述的保藏或者根据本细则 5.1 所述的转移之后立即进行检验；
>
> 细则 5.1 涉及将微生物从不履行职责的国际保藏单位转移到接替的国际保藏单位，对此将在本指南的 B 节予以详细说明。

34. 细则 10.1 续：

> （ii）根据微生物的种类和其可能的贮存条件，按合理的时间间隔进行检验，或者出于必要的技术原因随时进行检验；

这一规定在要求国际保藏单位在贮存阶段注意微生物的存活性检验的同时，也将此种检验的频度交由国际保藏单位进行专业判断。

35. 细则 10.1 最后规定：

（ⅲ）应交存人的请求随时进行检验。

这一规定确认交存人有权在任何时候要求提供其保藏物存活性的证据。

36. 存活性证明。细则 10.2（a）规定了国际保藏单位应当为原始保藏提供书面证明的情形，其中规定：

（a）国际保藏单位应当针对所保藏的微生物出具存活性证明：

（ⅰ）在进行本细则第 6 条所述的保藏或者本细则 5.1 所述的转移之后，立即向交存人出具；

（ⅱ）应交存人的请求，在保藏或者转移后随时向交存人出具；

（ⅲ）对于根据本细则第 11 条的规定向其提供了所保藏的微生物样品的任何工业产权局、其他单位、除交存人以外的自然人或者法人，应其请求，在提供样品的同时或者之后任意时间向其出具。

这一规定使得收到微生物样品的人也有权得到一份存活性证明，如果他希望得到此证明的话。在此情况以及上述细则 10.2（a）（ⅱ）的情况下，存活性证明应当涉及最近的存活性检验（细则 10.2（c））。

37. 细则 10.2（b）规定了存活性证明的内容，规定如下：

存活性证明应当载明该微生物仍然存活或不再存活，并应当包括以下各项内容：

（ⅰ）出具该证明的国际保藏单位的名称和地址；

（ⅱ）交存人的姓名和地址；

（ⅲ）本细则 7.3（ⅲ）所述的日期，或者，在重新保藏或者转移的情况下，最新的、本细则 7.4（ⅲ）和 7.5（ⅲ）所述的日期；

最后述及的两个日期分别是国际保藏单位收到重新保藏或者转移保藏的日期。

38. 细则 10.2（b）续：

（ⅳ）该单位给予的保藏号；

（ⅴ）所涉检验的日期；

（ⅵ）存活性检验的检验条件的信息，但以接受存活性证明的当事人要求得到该信息而且检验结果为否定的为前提。

最后一项规定使存活性证明为否定结果的接收人可以核实国际保藏单位是否正确地实施了存活性检验。除了保藏后立即向交存人出具的存活性证明和向工业产权局出具的存活性证明，国际保藏单位有权对出具原始保藏的存活性证明收取费用（细则 10.2（e）和 12.1（a）（ⅲ））。

39. 存活性检验是布达佩斯保藏程序的极其重要的部分，因为保藏的全部要点就在于确保有权获得的人能够在适当时候和必要条件下获得存活的微生物样品。保藏后立即进行的检验特别重要，因为它决定了保藏日的有效性。因此，报告此检验结果的存活性证明是非常重要的文件。如果它报告否定的结果，并且所有之后的存活性证明都类似地呈否定结果，则即使所有的保藏程序要求都已满足，也会失去保藏的原始日期（参见第 67 段）。相反，如果第一次存活性证明的结果是肯定的，在随后微生物损失和缺少任何之后的肯定结果的证明的情况下，它是认定原始保藏日和任何接替保藏日的关键（条约第 4 条（1）（d）；参见第 66 段）。

（viii）微生物的贮存

40. 受理了保藏微生物、检验了存活性和出具了存单和存活性证明之后，国际保藏单位有义务按照细则第 9 条的规定保存微生物。第 9 条规定：

9.1 贮存期限

国际保藏单位采取一切必要措施保持贮存于其的微生物存活及不受污染，任何交存的微生物应当在该国际保藏单位贮存，自该单位收到最近一份提供保藏微生物样品的请求之日起至少 5 年，并且，无论在何种情况下，自保藏之日起至少 30 年。

这一规定是为了确保保藏的持久性并使国际保藏单位对任何培养物负起应尽的义务，将保藏微生物的损失降至最低。

41. 细则第 9 条续：

9.2 保密

任何国际保藏单位不得向任何人提供针对某一微生物是否根据条约规定向其进行了保藏的信息。此外，除根据本细则第 11 条规定的同样条件向根据该条规定有权获得该微生物样品的保藏单位、自然人或者法人提供信息外，不得向任何人提供有关根据条约规定向其保藏的任何微生物的任何信息。

这一规定是为了确保微生物保藏处于保密状态，直到涉及该微生物的专利申请被公布为止。但是，通过与细则第 11 条有关提供信息的规定（该条是关于提供样品的规定，参见第 87～96 段）相联系，细则 9.2 免除了国际保藏单位确认是否公布的义务。（实践中存在某些例外，参见第 92 段和第 104 段。）

（c）原始保藏指南

（i）概述

42. 上文的（a）和（b）小节分别列出并解释了根据布达佩斯条约进行原始保藏时的一般要求、交存人和国际保藏单位必须遵守的义务和程序。本小节的目的是给可能保藏的交存人提供实用的指南和建议，以便确保及时、顺利地进行保藏。

（ii）需要避免的情况

43. 最后一分钟保藏。根据布达佩斯条约进行保藏应该非常简单，但还是会出现问题。很多问题是因为交存人没有留出足够的时间应对不可预见的困难。无论交存人的初衷有多么好，工业产权局只承认实际进行的保藏，这一点怎么强调都不过分。这个实际保藏就是国际保藏单位实际上收到了存活的微生物样品。因此，尽管在大多数情况下原则上送交保藏的微生物在相应专利申请的申请日（或优先权日，根据实际情况决定）到达国际保藏单位即可，但实践中交存人应当在足够早的时候开始保藏程序，以便应对任何可能的延迟或小意外。当然有些延迟是可以预料到的。以到外国的国际保藏单位进行保藏为例来说，就应当考虑任何进口或检疫方面的规定，例如，将某种细胞系和病毒进口到美国可能需要几周甚至几个月的时间（参见本指南 D 节）。但是，考虑专利申请本身可能的后果，正是可能发生的预料不到的延迟致使最后一分钟保藏成为非常不值得的冒险。下面的常见情况对最后一分钟保藏都会构成严重的威胁，但是如果及时将微生物送交保藏就不会有问题了。

44. 邮政延迟。有时送交保藏的微生物未能按时到达国际保藏单位仅仅因为包裹付邮太迟或者邮政系统的异常延误。还应指出的是，有些国家的邮局不接受航空转运的包含某些种类微生物的邮包，并会在收到时将其销毁。国际保藏单位通常会向要送交保藏的外国交存人提供建议，告知其是否接受航空寄送的微生物。

45. 海关延迟。送交到外国的国际保藏单位保藏的微生物通常必须经由航空转运。由于交存人提供的航运信息不充分，包裹无法顺利通过目的国的海关当局，因此经常发生延迟。

46. 包装破损。有时候交存人没有将包含微生物的容器包好，结果容器在转运中破损，使微生物无法以未污染的状态重新包装。在此种情况下，国际保藏单位会拒绝受理该保藏（细则 6.4（a）（ⅲ））。如果该保藏是在最后一分钟才进行的，恐怕就来不及再送交替代的样品了。想要进行保藏的交存人应当注意，要通过国际邮寄和航空运输的微生物包装要分别符合国际邮联的规定和国际航空运输联合会的规定。

47. 不存活。有时国际保藏单位进行检验后证明某送交保藏的微生物不具活性，交存人有必要送交替代的样品。这种提交替代样品进行的保藏不能作为条约第 4 条规定的重新保藏，因为原始样品没有得到肯定的存活性证明（参见第 67 段和第 68 段）。因此，该替代样品必须作为一个原始保藏来对待，即保藏的最早日期是国际保藏单位收到该替代样品的日期，而不是它收到第一个样品的日期。如果第一个样品是在最后一分钟才送交保藏的，替代样品恐怕就来不及按时送到国际保藏单位。（应当注意，根据微生物的种类不同，存活性检验需要的时间也不一样。对于大多数细菌、真菌、酵母、藻类和原生动物，存活性检验通常需要 2～5 天；对于动物细胞系，需要 1 周或者稍长的时间是正常的；以及对于动物病毒和植物组织细胞，1 个月的时间也不稀奇（参见本指南 D 节）。）

48. 了解条约第 4 条意义下的重新保藏（参见第 65～68 段）与上面述及的替代样品保藏的区别非常重要，并要知道如果微生物在一开始被国际保藏单位认定不具有存活性，原始保藏日期就不能适用于任何替代的样品。

49. 不予受理的微生物。偶尔会发生这样的情况，即国际保藏单位发现送交其保藏的微生物不是该单位按条约受理的种类，该单位将拒绝保藏（细则 6.4（a）（ⅰ））。同样，如果此保藏是在最后一分钟进行的，可能就来不及将微生物送交接受该微生物的另一家国际保藏单位了。

50. 缺乏交流。最后一分钟保藏往往发生于交存人或其专利代理人事先考虑不周，或者是交存人和专利代理人之间缺乏交流的情况下。即使微生物本身及时送交保藏了，交存人和代理人之间缺乏交流也会导致困惑和延迟。在这种情况下，通常不会影响保藏日，但是保藏程序却会变得不必要的复杂和耗时。例如，交存人（经常是不了解专利审批程序的科学家）可能只是被告知要在某个日期之前把他的微生物送到国际保藏单位，而没有充分得到关于相应行政和法律要求的简明介绍，其结果，有时不仅仅是保藏晚了，还会由于缺少足够的信息致使国际保藏单位无法进行处理。此外，经常被忘记的是，条约中经常述及交存人，除非另有规定，否则国际保藏单位将只与他进行通信联络。如果提出了请求，大多数国际保藏单位会将存单和存活性证明的副本同时发给交存人及其代理人，这将避免由于交存人不了解存单、存活性证明以及它们作为保藏证据的重要性所带来的问题。

51. 当交存人没有将可能存在的与其微生物有关的技术或法律问题充分告知专利代理人时也会出现问题，结果是国际保藏单位可能面临它本来应当被事先警告的情况。至少有这样一种情况，即专利代理人已经在办理所有的行政程序，却发现交存人既没有告诉他也没有告诉国际保藏单位其微生物必须在特定的条件下处理，而国际保藏单位无法即刻具备这种条件。

52. 通常人们认为，专利申请人与其专利代理人之间的交流在撰写专利申请和提交专利申请的时候非常重要。在为了专利的目的对微生物进行保藏时，这种交流同样关键。

（ⅲ）程序指南

53. 如果想要保藏微生物的交存人遵循下面三个简单的指南，就能大大避免第43～52段讲到的问题和易犯的错误：

——及时启动保藏程序；

——确保从专利代理人那里得到足够的行政和法律要求的简要说明；

——确保告知专利代理人微生物的种类和任何可能存在的与之相关的技术问题。

需要说明，实际操作程序中应当遵循下面的要点。

54. 微生物的可受理性。交存人应当确保自己所选择的国际保藏单位有能力并且有资格受理要送交保藏的微生物种类。如果可能存在技术问题，应当提前向国际保藏单位提出建议。

55. 国际保藏单位的要求和表格。交存人应当检查确认国际保藏单位的行政和技术要求（细则6.3（a）），并应向国际保藏单位索取正确的表格。

56. 信息。交存人应当提供表格中要求的所有信息并确保其正确性，并使用国际保藏单位的官方语言中的一种语言来表达。通常看来许多交存人对布达佩斯条约及其细则的细节不熟悉，因此有可能不完全知道他们的全部义务。因此，要求交存人填写的表格被设计成，只要正确完成该表格，交存人就能自动地提供细则要求的所有信息（具体见细则6.1（a））和国际保藏单位自身提出的要求。各国际保藏单位所使用的表格略有差异，但都遵从类似的一般样式。尽管如此，交给国际保藏单位的保藏表格只填写了一部分内容或者包含不正确的信息，这都会造成保藏程序被不必要地延迟。

57. 交存人的身份。应当明确的是，送交微生物的人自己是交存人还是代表雇佣他的组织。如果是后者，保藏表格应当由该组织的授权官员签署，并应当明确国际保藏单位应当将官方通知向何人送达。

58. 专利代理人。如果交存人的专利代理人可能与国际保藏单位联系，交存人应当将此事告知国际保藏单位，否则，国际保藏单位可以不把信息提供给代理人，直到其确信该代理人有权收到这些信息。特别是，交存人应当告知国际保藏单位他是否希望将存单和存活性证明副本送达其专利代理人。

59. 微生物的形式和数量。交存人应当确保满足国际保藏单位有关待保藏微生物的形式和数量要求（细则6.3（a）（ⅰ））。

60. 事先通知。尽管细则6.1（a）规定，微生物应与书面声明（完整的保藏表格）一起送交，实践中，如果让国际保藏单位在收到微生物本身之前先收到一些信息通常是非常有用的，这样保藏单位就可以迅速进行保藏的安排。特别在需要国际保藏单位准备含有不常见成分的特殊培养基时，这样做特别有帮助。

61. 保藏日。虽然有第60段的内容，交存人应当记住，保藏日是国际保藏单位实际收到微生物的日期。因此，出现紧急情况时（当然，如果交存人按照本指南去做的话是不会发生的），应当首先让国际保藏单位收到微生物本身。但是在这样的情况下交存人应当记住，没有书面信息，国际保藏单位可能不对微生物的存活性进行检验。

62. 核实真实性。根据国际保藏单位的政策和保藏材料的种类，它可能制备也可能不制备次代培养物用于最终发放保藏微生物的样品。因此，例如对于细胞系和裸质粒，交存人往往被要求提供足够的材料以便国际保藏单位直接发放（参见第59段）。相反，对于细菌、酵母、霉菌等，国际保藏单位通常的做法是发放它自己制备的样品。这种情况下，很多国际保藏单位会要求交存人核查其所制备样品的真实性（保藏机构的通常惯例）。条约没有规定交存人有核查这些制备样品的义务，但强烈建议交存人这么做，以确保国际保藏单位发放的材料与专利申请的权利要求事实上是一致的。

63. 官方通知。交存人应期望收到来自国际保藏单位的正式存单和存活性证明，并应了解它们的重要性，以及交存人可能会被要求提交它们作为保藏的证据。从技术角度讲，应当首先出具存单，但是实践中，在存活性检验只需几天的情况下，许多国际保藏单位认为更为方便的做法是，等待存活性检验的结果，然后把存单和存活性证明一起发出。如果提出了要求，大多数国际保藏单位将在受理保藏时通知保藏号和保藏日。但是，应当记住这种通知是非正式的，不具备条约意义下的地位。

64. 转化。如果要将已有的保藏转化为根据布达佩斯条约进行的保藏（细则6.4（d）），交存人应当首先将微生物的保藏号通知国际保藏单位，并得到该转化确实是允许的确认（如果不能进行该转化，交存人就得另行保藏）。然后，交存人需要注意以上第55段、第56段、第58段、第62段和第63段中的要点。

B节　重新保藏

（a）进行重新保藏的情形

65. 条约第4条规定：

（1）（a）国际保藏单位由于任何原因，特别是由于下列原因不能提供所保藏的微生物样品的：

（ⅰ）这种微生物不能存活；或者

（ⅱ）提供的样品需要送出国外，但因出境或入境限制向国外送出或在国外接收该样品有阻碍的，该单位在注意到它不能提供样品后，应当立即将该情况通知交存人，并说明原因；除第（2）款另有规定外，交存人根据本款规定享有将原始保藏的微生物进行重新保藏的权利。

（b）重新保藏应向原接受保藏的国际保藏单位提交，但下列情况不在此限：

（ⅰ）原接受保藏机构无论是全部还是仅对保藏的微生物所属种类丧失了国际保藏单位资格时，或者原接受保藏的国际保藏单位对所保藏的微生物暂时或永久停止履行其职能时，应向另一国际保藏单位保藏；

（ⅱ）在（a）（ⅱ）所述情况下，可向另一国际保藏单位保藏。

这些规定是为了尽可能确保，在国际保藏单位失去提供样品能力的情况下，仍可持续获得保藏的微生物。这样，交存人的专利权不会受到非其所为或超出其控制的情形的危害。但应当指出，根据条约第4条（2），这些规定不适用于微生物事先已经转移到另一个国际保藏单位的情况，除非该国际保藏单位也不能提供样品。

（b）需要满足的要求

（ⅰ）交存人的声明

66. 条约第4条（1）续：

（c）任一重新保藏均应附具有交存人签字的文件，声明重新提交保藏的微生物与原始保藏的微生物相同。如果对交存人的声明有争议，应根据适用的法律确定举证责任。

细则6.2对交存人必须与其重新保藏一起提交的签字声明的内容作出了规定，可以概括如下（下文是细则6.2的概括，不是引述）：

（ⅰ）当在另一个国际保藏单位进行重新保藏时，需要细则6.1（a）所要求的全部说明（参见第12~15段）；

（ⅱ）重新保藏的原因、声称所提交的微生物与之前保藏的微生物相同的声明，和收到国际保藏单位通知其不能提供样品的通知的日期证明（或者，根据情况，国际保藏单位失去国际保藏单位的资格或者不再行使职能的公告日期——条约第4条（1）（e）；参见第70段）；

（ⅲ）向国际保藏单位提交的在先保藏的最新的科学描述和/或建议的分类学命名。（细则6.2（c）将"在先保藏"定义为或者是最近一次接替的在先重新保藏，或者是原始保藏，视具体情况而定。）

签字的声明必须附具之前保藏的存单副本和最近一次的肯定结论的存活性证明副本。

（ⅱ）保藏日

67. 条约第4条（1）续：

（d）除（a）至（c）和（e）另有规定外，如果涉及原始保藏微生物存活能力的所有文件都表明该微生物是存活的，而且交存人是在收到（a）所述通知之日起 3 个月内重新保藏的，该重新保藏的微生物应视为在原始保藏日提出。

这一小段规定的核心是保藏连续性的概念在于无论重新保藏的实际日期是哪天，只要重新保藏的日期是在所述的 3 个月期限内，则允许享有原始保藏日。

68. 应当指出，如前提及（参见第 39 段和第 47 段），只有在在先保藏至少有一个肯定结论的存活性证明的情况下，原始保藏日才能适用于重新保藏。对于从未被证明存活的保藏微生物提交替代微生物不适用条约第 4 条。

（iii）期限

69. 限定的 3 个月时限的确切日期是根据细则 12 之二 .2 的规定进行计算的，其规定：

当期限是以一个月或者几个月表示时，自有关的事件发生之日的后一日起计算，该期限将在随后的相应月份中与上述事件发生的日期相同的日期届满，但是，随后的相关月份无相同日期的，该期限于该月的最后一日届满。

例如，如果交存人在 1 月 15 日收到国际保藏单位的通知，他必须在不迟于 4 月 15 日进行重新保藏；如果他在 1 月 31 日收到通知，重新保藏必须不迟于 4 月 30 日进行。（在计算以年表示的期限时，已作出必要的修正，适用同样的公式（细则 12 之二 .1）。）

70. 从交存人收到国际保藏单位告知其不具备提供样品的能力的通知之日起，此 3 个月的期限才开始，除非国际保藏单位终止了此职能或者失去了资格（条约第 4 条（1）（b）（i））并且没有将该事实通知交存人。在此情况下，条约第 4 条（1）（e）规定，如果国际保藏单位没有在 WIPO 国际局公布其失去资格的 6 个月内通知交存人，则该 3 个月的期限从公布的日期起算。但是，实践中不需要适用条约第 4 条（1）（e），因为在国际保藏单位失去资格或者不再履职的情况下，缔约国被要求保证将所有的保藏微生物转移到另一个国际保藏单位，并确保该不再履职的国际保藏单位通知交存人（细则 5.1；参见第 84 段）。

（iv）存单和存活性证明

71. 国际保藏单位收到并受理了一个重新保藏后，应当检验微生物的存活性并向交存人出具存单和存活性证明。后者与在原始保藏时出具的存活性证明是一样的（参见第 36 ~ 38 段），但存单（细则 7.4）不同，必须用国际性表格 BP/5 作出。根据细则 7.4（i）至（v）所作的说明与原始保藏的存单（参见第 32 段）中的说明是相同的，只是要说明是"重新保藏"，但细则 7.4 继续规定：

（vi）交存人根据本细则 6.2（a）（ii）针对有关原因和有关日期的说明；

这里指的是进行重新保藏的原因和交存人收到国际保藏单位不能提供样品的通知的日期。

72. 细则 7.4 续：

（vii）在本细则 6.2（a）（iii）的规定适用的情况下，指出交存人已说明科学描述和/或建议的分类学命名的事实；

细则 6.2（a）（iii）涉及对于在先保藏提交的最近一次的科学描述/命名。

73. 细则 7.4 最后规定：

（ⅷ）在先保藏……的保藏号。

除非重新保藏是在另一个国际保藏单位进行的，保藏号很可能与在先保藏记录的保藏号相同。

74. 如果重新保藏是在另一个国际保藏单位进行，存单中也应当给出进行在先保藏的国际保藏单位的名称和地址，尽管细则 7.4 没有提及这一点。当国际保藏单位出具重新保藏的存单时，应当同时向交存人提供在先保藏的存单副本和最近一次的肯定结论的存活性证明副本。

（c）　重新保藏指南

75. 如果希望保留原始的保藏日期，应当在不迟于条约第 4 条（1）（d）提及的 3 个月期限的最后一天使国际保藏单位已收到重新保藏的存活微生物样品（参见第 69 段）。如果在此时间之后才收到存活样品，则对于重新保藏所适用的最早保藏日是国际保藏单位实际收到该样品的日期。由于失去原始保藏日对涉及该特定微生物的任何专利或者申请都会产生严重的影响，交存人及时进行重新保藏的行为与进行原始保藏时是同样重要的。最后一分钟的重新保藏与最后一分钟的原始保藏同样冒险（参见第 43 ~ 49 段）。

76. A 节中对原始保藏给出的大多数建议和指导同样适用于重新保藏，但交存人在进行重新保藏时还应当记住下列要点。

77. 国际保藏单位发出的通知。交存人应当知道国际保藏单位发出的它不能再提供样品的通知的重要性，一旦收到此通知就要立即行动。当然，他应当立即记下收到通知的日期，并由此计算出必须进行重新保藏的最后日期。

78. 转移的可能性。如果国际保藏单位由于失去其资格或者不再履职而不能提供样品，交存人应当查明（如果国际保藏单位没有告知他）缔约国是否支持根据细则 5.1（a）（ⅰ）的规定将其保藏微生物转移到另一个国际保藏单位（参见第 54 段）。如果是这种情况，则不具有根据条约第 4 条进行重新保藏的权利（条约第 4 条（2））。

79. 在另一个国际保藏单位保藏。如果交存人要在另一个国际保藏单位进行重新保藏，他要确保他选择的国际保藏单位将接受其微生物，并要明确该国际保藏单位的行政和技术要求（参见本指南 D 节），因为它们可能不同于进行原始保藏的国际保藏单位的规定。但是，只有在国际保藏单位终止或者丧失资格（条约第 4 条（1）（b）（ⅰ））或者受到进口/出口限制（条约第 4 条（1）（b）（ⅱ））的情况下，交存人才有权在另一个国际保藏单位进行重新保藏。

80. 重新保藏的同一性。交存人应当注意确保其提交重新保藏的微生物与在先保藏的微生物是相同的，因为根据条约第 4 条（1）（c）对其提起争议的可能性总是存在的。

81. 声明。除非国际保藏单位的表格设有声明的地方，否则交存人应当附具一份签字的声明，给出进行重新保藏的原因、收到国际保藏单位不能提供样品的通知的日期，及其提交重新保藏的微生物与在先保藏的微生物相同的声明（条约第 4 条（1）（c）和细则

6.2（a）（ⅱ））。有些国际保藏单位对于重新保藏使用 WIPO 的示范表格 BP/2 和 BP/3（参见附录 3），这些表格要求进行上述说明。在这种情况下，就不需要另外声明了。

82. 附加的文件。交存人应当记住，除了适当的表格和声明，还应当向国际保藏单位提交：（a）在先保藏的存单副本；（b）最近的、肯定结论的、在先保藏的存活性证明副本；以及，如果适用的话，和（c）提供给国际保藏单位的对于在先保藏的最新科学描述/分类学命名。

（d） 转移已保藏的微生物

（ⅰ）转移的原因

83. 虽然严格地说它们不是重新保藏，但在此最好还是有必要对从一个国际保藏单位转移到另一个国际保藏单位的保藏微生物的情况进行详细讲述。这种转移可能是下列情形的结果：

——国际保藏单位暂时或者永久地终止其进行微生物保藏的职能；

——原来提交保证书（条约第 6 条（1））使保藏机构获得国际保藏单位资格的缔约国或者政府间工业产权组织撤回了其保证，从而使国际保藏单位的资格终止（条约第 8 条（2））。

——国际保藏单位不履行条约和细则的义务，导致缔约国或政府间工业产权组织成功请求布达佩斯联盟大会终止或者限制其国际保藏单位资格（条约第 8 条（1））；

——根据条约第 6 条（1）提交保证书的缔约国或者政府间工业产权组织不再是条约的成员（条约第 17 条（4）），或者不再承认条约（条约第 9 条（4））的规定，由此造成国际保藏单位失去其资格。

除了在最后一个情形下不可避免地必须转移全部微生物，在上述其他情况下可以转移全部微生物，也可以只转移某些种类的微生物。

（ⅱ）缔约国的义务

84. 细则 5.1 规定，上述任何一种情形下，根据条约第 6 条（1）提交保证书的缔约国或者政府间工业产权组织有义务确保迅速将所有受影响的保藏和全部相关文件等转移至另一个国际保藏单位。缔约国或政府间工业产权组织还应当尽可能确保不再履职的国际保藏单位通知所有受此影响转移的交存人。在这些情况下，由缔约国或组织决定保藏所转移到的接替国际保藏单位，但是如果交存人愿意，可以要求不再履职的国际保藏单位将其保藏的样品和任何相关文件副本等额外送交另一个国际保藏单位。但交存人应当承担这种额外转移的费用（细则 5.1（e））。

（ⅲ）接替的国际保藏单位的义务

85. 根据细则 5.1 转移至该单位的任何微生物，接替的国际保藏单位应当向交存人出具存单，在检验其存活性后要出具存活性证明。存活性证明与原始保藏或重新保藏时出具的一样，但是转移保藏时的存单内容（应当使用国际性表格 BP/6）要符合细则 7.5 的规定。该条要求以下内容：

（ⅰ）该国际保藏单位的名称和地址；

（ⅱ）交存人的姓名和地址；

（ⅲ）国际保藏单位收到转移来的样品的日期（转移日）；

（ⅳ）交存人给予该微生物的识别符号（数字、记号等）；

（ⅴ）该国际保藏单位给予的保藏号；

（ⅵ）发出转移物的国际保藏单位的名称和地址；

（ⅶ）发出转移物的国际保藏单位给予的保藏号；

（ⅷ）本细则6.1（a）或者6.2（a）所述书面声明中包括该微生物的科学描述和/或建议的分类学命名的，或者，该科学描述和/或建议的分类学命名在后来的某个日期根据本细则8.1的规定被说明或者修正的，应注明这一事实。

（ⅳ）交存人的立场

86. 国际保藏单位失去资格或者不再履职的情况下转移保藏，交存人无法控制这些情况的发生，因此，在该过程中他的主动参与非常少。但他需要知道，根据可适用的专利程序，可能需要他将新的保藏号通知给其就原始保藏提出了专利申请的工业产权局（细则5.1（c））。在任何情况下他这样做都是审慎的。此外，要指出的是，细则5.1要求缔约国或政府间工业产权组织确保转移保藏达到"尽可能完全的程度"。因此不能绝对保证转移特定微生物实际上能够实现。因此，当国际保藏单位通知交存人其因为失去资格或者停止执行职能而不能提供样品时（因为根据条约第4条，应当通知交存人），从他自己的利益出发，交存人应当向国际保藏单位确认其保藏是否会根据细则5.1进行转移。如果答案是否定的，他可以行使条约第4条（1）（b）（ⅰ）赋予的权利，在另一个国际保藏单位进行重新保藏。

C节　提供微生物样品

（a）请求提供微生物样品的一般条件

87. 总的一点，为专利目的保藏微生物就是为了使根据专利法的要求有权获得它的人能够得到微生物。本节的目的在于告知交存人根据布达佩斯条约提供他们所保藏的样品的一般条件，以及告知第三人在请求提供某样品时应当遵守的要求。阅读本节应当结合E节，其中列出了各个国家针对提供保藏微生物样品的要求。

88. 应当承认的是，国际保藏单位不可能熟悉世界各国的专利法。因此，通常认为，要求国际保藏单位自己判断某个特定第三方是否在法律上有权获得特定的保藏样品是不合适的。许多工业产权局也认为期望国际保藏单位向有关工业产权局（它可能甚至不知道是哪个局）确认每一个样品请求的合法性是不合理的。因此，布达佩斯条约提供的解决方式是，允许国际保藏单位仅在下述情况下提供特定微生物样品，即该请求附有交存人的书面许可，或者主管工业产权局出具的表明请求合法性的证明，或者主管工业产权局通知国际保藏单位该微生物无需这种许可即可发放。细则第 11 条对这些事项进行了规定，确认了可以提供样品的三种不同情况，即向有关的工业产权局提供（细则 11.1）、向交存人或其允许的人提供（细则 11.2）、向在法律上享有权利的人提供（细则 11.3）。

（b）　有关的工业产权局请求提供

89. 当缔约国的工业产权局或者政府间工业产权组织请求提供微生物保藏样品时，细则 11.1 规定该请求应当附具包含以下内容的声明：

（ⅰ）涉及该项微生物保藏的专利申请已向该局递交，并且该申请的主题包含该种微生物或其利用；

（ⅱ）该申请正在该局审查中或已获专利授权；

（ⅲ）在该缔约国或者在该组织或者其成员国适用的专利程序需要这种样品；

（ⅳ）所述样品以及随同样品或由样品产生的任何信息将只用于所述专利程序。

本条清楚地表明"有关的"工业产权局指的是针对被保藏的微生物正在审查专利申请或者已经授予专利权的局。上述规定还阻止工业产权局为除了其自身程序之外的任何目的使用微生物样品（或其信息）。

（c）　交存人或者交存人允许的人请求提供

90. 细则 11.2 规定：

任何国际保藏单位应当向下述人员提供所保藏的任何微生物的样品：

（ⅰ）应交存人请求，向其提供；

（ⅱ）应任何单位、自然人或者法人（以下统称"被允许方"）的请求，向其提供，但以该请求附具交存人允许提供所要求的样品的声明为前提。

这一规定承认交存人有权在其希望的任何时候获得自己交存的微生物样品，并有权允许向其同意的任何人提供样品，无论其是否是所谓"在法律上享有权利的"人。但是，交存人无权阻止向在法律上享有权利的人提供生物样品，无论他的个人意愿如何。

（d）　在法律上享有权利的人请求提供

（ⅰ）需要工业产权局出具的证明

91. 绝大多数情况下，提供样品是依据细则 11.3 进行的，该条规定了两种相互替代的机制。第一种机制是细则 11.3（a）规定的，具体如下：

　　（a）任何国际保藏单位应任何单位、自然人或者法人（以下统称"被证明方"）的请求，应当向其提供所保藏的任何微生物样品，条件是该请求是使用由大会确定内容的表格提出的，并且在所述表格上工业产权局证明下述事项：

　　（ⅰ）涉及该项微生物保藏的专利申请已向该局递交，并且该申请的主题包含该种微生物或其利用；

　　（ⅱ）除（ⅲ）中第2句适用的情况外，该局已按专利程序进行公布；

　　（ⅲ）被证明方根据该局专利程序适用的法律有权获得该微生物样品，而且如果上述法律规定须满足某些条件才能享有此权利时，该局认为这些条件已经满足；或者被证明方已在该局的一张表格上签字，依照该局专利程序适用的法律，作为在该表格上签字的结果，向被证明方提供样品的条件视为已经满足。如果根据所述法律，被证明方在该局按照专利程序进行公布之前即享有该权利而此种公布尚未进行的，证明中应对此明确予以说明，并应当通过按惯例加以引述的方式，指明所述法律的适用条款，包括任何法院判决。

　　这些规定旨在保护交存人和国际保藏单位免受非法或者错误提供样品的危险。此规定不仅确保了请求方应当从工业产权局获得证明，而且确保了工业产权局应当有效说明其有提供此种证明的职能，即它实际上正在审查涉及该微生物的申请（它是国家局，或者，在依据《专利合作条约》（PCT）提交国际申请的情况下，它是条约意义下的"指定局"（细则11.5）），以及确保请求方满足所适用法律要求的所有条件。此外，当请求方有权在专利申请公布以前获得样品的，工业产权局必须指出法律中赋予此种权利的具体规定。除了适用细则11.1、11.2或11.3（b）的情形外，任何没有使用正确的表格或者没有如上所述由工业产权局批准的请求都将自动被国际保藏单位拒绝。在根据PCT提交国际申请的情况下，根据工业产权局的选择，细则11.3（a）（ⅱ）要求的公布证明可以是证明PCT国际公布，也可以是证明该局依其职能进行的公布（细则11.5）。还需指出的是，除了上述表格之外，一些工业产权局（参见本指南E节）可能要求请求方完成刚刚提及的附加表格，也可能需要出具另外的证明以便遵守其本国法。

　　（ⅱ）不需要工业产权局出具证明的请求

　　92. 细则11.3（b）规定了另一种向法律上享有权利的人提供样品的机制，如下：

　　（b）对于已经由工业产权局授予并公告的专利，该局可以不定期地将所述专利中涉及的、由国际保藏单位保藏的微生物的保藏号列表通知该保藏单位。应任何单位、自然人或者法人（以下统称"请求方"）的请求，国际保藏单位应当向其提供业已如此通知了保藏号的微生物样品。对于业已如此通知了保藏号的微生物，不应要求所述工业产权局提供本细则11.3（a）所述的证明。

　　通过将公告专利中述及的微生物保藏号通知国际保藏单位，对于该国法律要求一旦相关专利被授权公告，其中涉及的微生物就须无限制地被任何人获得的国家的工业产权局，就可以不进行细则11.3（a）要求的证明程序。但实践中，很少有工业产权局发出此种通知，国际保藏单位往往需要自己确认相关的专利是否授权。

（e）共同程序

93. 细则 11.4（a）至（e）规定了所有要求提供样品的请求都应当遵循的共同程序。细则 11.4（a）和（b）规定的是书写细则 11.1、11.2 和 11.3 述及的任何请求、声明、证明或者其他通知所使用的语言。如果向官方语言分别是或包括英文、法文、俄文或西班牙文的国际保藏单位递交，此种文书应当用英文、法文、俄文或西班牙文书写。但是，在官方语言是俄文或西班牙文的情况下，向其递交的文书仍可以是用英文或法文书写的；在此情况下，WIPO 国际局将应请求免费提供经认证的俄文或西班牙文的译文。相反，在官方语言是俄文或西班牙文的工业产权局提出样品请求（细则 11.1）时，无论国际保藏单位的官方语言是什么，所述请求可以俄文或西班牙文提出。在此情况下，WIPO 国际局将应请求免费提供经认证的英文或法文的译文。

94. 细则 11.4（c）要求细则 11.1、11.2 或 11.3 中述及的所有请求等均需以书面形式提交，并应当签字和注明日期。细则 11.4（d）规定，细则 11.1、11.2 或 11.3（a）（不包括 11.3（b））中述及的请求等应当包含：

（ⅰ）视具体情况，提出请求的工业产权局的名称和地址、被允许方的名称和地址或者被证明方的名称和地址；

（ⅱ）对该保藏给予的保藏号；

（ⅲ）属于细则 11.1 规定的情况的，涉及该保藏的专利申请或者专利的日期和号码；

（ⅳ）属于细则 11.3（a）规定的情况时，（ⅲ）中所述应当载明的各项以及根据本细则作出所述证明的工业产权局的名称和地址。

根据细则 11.3（b）提出任何请求时，只需给出请求方的姓名和地址，以及给予该项保藏的保藏号（细则 11.4（e））。但是，如上所述（第 92 段），细则 11.3（b）很少使用。实践中，如果该请求中也附具涉及特定微生物的专利已被授权的证据，则可以避免延误。

（f）提供样品的程序

（ⅰ）国际保藏单位提供的说明

95. 细则 11.4（f）至（h）规定了国际保藏单位实际提供样品时遵循的程序。细则 11.4（f）规定：

放置所提供样品的容器应当由国际保藏单位标明该项保藏的保藏号，并应随附本细则第 7 条所述存单的副本、对能或者可能危及健康或者环境的微生物的任何特性的说明，以及根据请求对国际保藏单位培养或者贮存该微生物的条件的说明。

除了提供存单副本的要求之外，这些规定显然是大多数保藏机构在提供微生物培养物时都适用的规定。

（ii）通知交存人

96. 细则 11.4（g）规定：

国际保藏单位向交存人以外的任何有关方提供了样品后应当立即将此事实以书面形式通知交存人，同时通知提供样品的日期以及接受所提供样品的工业产权局、被允许方、被证明方或者请求方的名称和地址。该通知应随附有关的请求副本、根据本细则 11.1 或者 11.2（ii）提交的与该请求有关的声明副本，以及请求方根据本细则 11.3 规定提交的经签字的表格或者请求的副本。

此条规定确认，在任何情况下交存人享有得到其微生物样品被以何种条件向何人提供的通知的权利。但是，实践中有些交存人书面致信国际保藏单位希望放弃获得此种通知的权利。在此情况下，大多数国际保藏单位会遵从交存人的意愿；事实上，某些保藏单位对于放弃此权利的交存人收取低一些的保藏费用（参见本指南 D 节）。

（iii）费用

97. 除了接受样品人是工业产权局的情况之外，在其他所有情况下，国际保藏单位提供样品可以收取费用（细则 12.1（a）（iv））。在接受样品人是工业产权局的情况下，应当免费提供样品（细则 11.4（h））。

98. 根据细则 11.1、11.2 或 11.3 有权接受微生物保藏样品的人，也有权在其请求下，获得该微生物的最新科学描述和/或建议的分类学命名的副本（细则 7.6），当然，前提是国际保藏单位之前收到了交存人根据细则 6.1（b）、6.2（a）（iii）或 8.1（b）（iii）提供的此类信息（参见本指南 A 节）。在此情况下，允许国际保藏单位就通知科学描述/分类学命名收取费用（细则 12.1（a）（v））。与国际保藏单位收取的其他费用一样，此费用不能因支付方的国籍或居住地不同而不同（细则 12.1（c））。

（g）提出有效的提供样品请求的指南

（i）概述

99.（a）至（f）小节详细解释了有效提供依据布达佩斯条约保藏的微生物样品所必须满足的要求。本小节的目的是将这些要求转换成第三方（不是工业产权局）为获得所述微生物样品应当按序采取的实际步骤。

100. 除了适用细则 11.3（b）的情况之外，没有取得任何允许或证明的人，在简单提出提供某特定微生物样品的请求后，国际保藏单位会要求他做以下事项之一：

——取得交存人的允许（细则 11.2（ii）；参见第 101 段）；

——取得适当的工业产权局出具的证明，在此情况下国际保藏单位可能向其提供也可能不提供相关表格（细则 11.3（a）；参见第 102 段和第 103 段）；

——提供美国专利已经授权的证明。（此要求是因为只有在美国专利已被授权的情况下才能无限制地提供样品，但是国际保藏单位可能并不知晓专利的情况；参见第 105 段。）

（ⅱ）经交存人的允许获得样品

101. 经交存人允许而获得样品的请求方应当遵循的程序是自己提供证明。他应当找到交存人，请其作出一份书面的、署明日期、附具签名的声明，允许国际保藏单位向请求方提供所请求的微生物样品（如果他愿意，可以为此使用表格 BP/11，该表格可在国际保藏单位得到，尽管这并不是必需的）。随后他应当将此声明随同他的请求书（及购买订货单）交给国际保藏单位。但是细则 11.2（ⅱ）预设的前提是请求方知道交存人是谁。如果请求人不知道谁是交存人，则他不能期望国际保藏单位将此信息透露给他（细则 9.2；参见第 41 段）。因此对于不知道交存人身份的人来说，不能期望通过此途径获得样品。

（ⅲ）经工业产权局证明获得样品

102. 经工业产权局证明获得样品，应当提交与表格 BP/12（参见附录 3）相应的表格，以便确保其中包含细则 11.3（a）和 11.4（d）要求的说明。尽管有些工业产权局可能有自己版本的表格，但一般都是使用表格 BP/12。例如，欧洲专利局使用的表格同时包含细则 11.3（a）和 11.4（d）以及欧洲专利公约细则第 33 条的要求。此外，有些局根据其本国程序还可能要求提交另外的表格。表格 BP/12 的对应表格和任何其他适当表格显然可以从相关工业产权局获得。许多国际保藏单位也有备存并应请求提供副本（参见本指南 D 节）。但细则 11.3（a）的假设是，针对其请求提供的特定微生物，请求方知道哪个工业产权局负责出具证明（即专利申请已向其提出）。如果他不知道，他不能因为国际保藏单位可向其提供表格 BP/12 就认定国际保藏单位也能告诉他向哪个工业产权局递送该表格。在许多情况下，国际保藏单位不知道其保藏的微生物已经向何处提交了专利申请。

103. 为了根据细则 11.3（a）获得微生物样品，请求方应当：

（a）向主管工业产权局或者国际保藏单位索取用于根据细则 11.3（a）请求微生物样品的表格；

（b）完成表格中由"请求方"填写的部分；

（c）将整个表格连同可能需要缴纳的费用递送给工业产权局而不是国际保藏单位。

（ⅳ）获得美国专利中记载的保藏样品

104. 在美国，一般来说，在专利被授权之后，该公告专利中涉及的任何微生物应当无限制地被公众获得。

105. 但是在专利被授予专利权之前，在涉及某微生物的专利申请的待审期间，只有美国专利商标局根据美国专利法律法规确定的人才能够获得保藏样品。因此，细则 11.3（a）的证明程序与美国实践的契合点是给予请求方在专利授权之前获得保藏样品的权利。国际保藏单位可能不知道某特定微生物是一项美国专利的主题并由此可以自由获取。因此，请求提供业已授权公告的美国专利涉及的微生物的任何人应当确认国际保藏单位是否知道该专利的授权。如果其不知道，请求人应当随同其请求书提供专利号和日期、申请人的名称以及述及微生物保藏号的页面副本作为专利业已授权的证据。如果请求方无法提供这样的证据，他将延迟获得样品，直到国际保藏单位确认专利已经授权（但不是所有的国际保藏单位都进行此种类型的确认）。但是，如果国际保藏单位已经知晓专利已被授权，其可能按照细则 11.3（b）提供样品。

（ⅴ）根据细则 11.3（b）获得样品

106. 要根据细则 11.3（b）获得样品，请求方只需要提供其姓名、地址及微生物的保藏号。某些国际保藏单位要求使用 WIPO 的示范表格 BP/13。

（ⅵ）健康和安全的要求

107. 需要指出的是，本小节描述的程序仅仅涉及根据专利法有权获得微生物样品的情况。履行这些程序不能不顾及进口检疫规定、健康安全程序、植物病害法规等中需要满足的任何要求。因此，除了获得布达佩斯条约要求的任何证明之外，请求提供样品的任何人应当确保其已获得任何允许或者许可，并遵守处理所请求微生物需要的任何安全要求。

第 II 部分
各国际保藏单位和工业产权局的特殊要求

D 节　国际保藏单位的要求

（A）目前具有国际保藏单位资格的保藏机构

下列 25 个国家的 46 家保藏机构具有国际保藏单位资格：

澳大利亚（AU）

　　Lady Mary Fairfax CellBank Australia（CBA）

　　The National Measurement Institute（NMI）

比利时（BE）

Belgian Coordinated Collections of Microorganisms（BCCM™）

保加利亚（BG）

National Bank for Industrial Microorganisms and Cell Cultures（NBIMCC）

加拿大（CA）

International Depositary Authority of Canada（IDAC）

智利（CL）

Colección Chilena de Recursos Genéticos Microbianos（CChRGM）

中国（CN）

　　中国典型培养物保藏中心（CCTCC）

　　中国普通微生物菌种保藏管理中心（CGMCC）

　　广东省微生物菌种保藏中心（GDMCC）

捷克（CZ）

Czech Collection of Microorganisms（CCM）

芬兰（FI）

VTT Culture Collection（VTTCC）

法国（FR）

Collection Nationale de Cultures de Micro – organismes（CNCM）

德国（DE）

　　Leibniz – Institut DSMZ – Deutsche Sammlung von Mikroorganismen und Zellkulturen GmbH（DSMZ）

匈牙利（HU）

　　National Collection of Agricultural and Industrial Microorganisms（NCAIM）

印度（IN）

　　Microbial Culture Collection（MCC）

　　Microbial Type Culture Collection and Gene Bank（MTCC）

意大利（IT）

　　Advanced Biotechnology Center（ABC）

　　Collection of Industrial Yeasts（DBVPG）

　　Istituto Zooprofilattico Sperimentale della Lombardia e dell' Emilia Romagna "Bruno Ubertini"（IZSLER）

日本（JP）

　　International Patent Organism Depositary（IPOD），National Institute of Technology and Evaluation（NITE）

　　National Institute of Technology and Evaluation，Patent Microorganisms Depositary（NPMD）

拉脱维亚（LV）

　　Microbial Strain Collection of Latvia（MSCL）

墨西哥（MX）

　　Colección de Microorganismos del Centro Nacional de Recursos Genéticos（CM – CNRG）

荷兰（NL）

　　Centraalbureau voor Schimmelcultures（CBS）

波兰（PL）

　　IAFB Collection of Industrial Microorganisms

　　Polish Collection of Microorganisms（PCM）

韩国（KR）

　　Korean Agricultural Culture Collection（KACC）

　　Korean Cell Line Research Foundation（KCLRF）

　　Korean Collection for Type Cultures（KCTC）

　　Korean Culture Center of Microorganisms（KCCM）

俄罗斯（RU）

　　Russian Collection of Microorganisms（VKM）

　　Russian National Collection of Industrial Microorganisms（VKPM）

斯洛伐克（SK）

　　Culture Collection of Yeasts（CCY）

西班牙（ES）

　　Banco Español de Algas（BEA）

　　Colección Española de Cultivos Tipo（CECT）

瑞士（CH）

　　Culture Collection of Switzerland（CCOS）

英国（GB）

CABI Bioscience, UK Centre（IMI）

Culture Collection of Algae and Protozoa（CCAP）

European Collection of Cell Cultures（ECACC）

National Collection of Type Cultures（NCTC）

National Collection of Yeast Cultures（NCYC）

National Collections of Industrial, Food and Marine Bacteria（NCIMB）

National Institute for Biological Standards and Control（NIBSC）

美国（US）

Agricultural Research Service Culture Collection（NRRL）

American Type Culture Collection（ATCC）

Provasoli – Guillard National Center for Marine Algae and Microbiota（NCMA）

（B） 国际保藏单位受理的微生物种类的列表

	ABC (IT)	ATCC (US)	BCCM™ (BE)	BEA (ES)	CBA (AU)	CBS (NL)	CCAP (GB)	CChRGM (CL)	CCM (CZ)	CCOS (CH)	CCTCC (CN)	CCY (SK)	CECT (ES)
藻类		×		×			×			×	×		
动物病毒		×									×		
动物细胞培养物	×	×			×					×	×		
细菌（病原性）		×	×			×			×	×	×		×
细菌（非病原性）		×	×			×		×	×	×	×		×
噬菌体		×				×				×	×		
胚胎		×											
真核 DNA		×								×	×		
真菌（病原性）		×	×			×			×	×	×		
真菌（非病原性）		×	×			×		×	×	×	×		×
人细胞培养物	×	×			×					×	×		
杂交瘤	×	×	×		×					×	×		
霉菌		×						×		×	×		
鼠科动物胚胎		×											
支原体		×									×		
线虫		×								×	×		
原癌基因		×									×		
植物细胞培养物		×									×		
植物病毒		×									×		
质粒（在宿主中的）		×	×			×		×	×	×	×		×
质粒（不在宿主中的）		×	×			×				×	×		×
原生动物（寄生性）		×								×			
原生动物（非寄生性）		×					×			×			
原生动物（病原性）		×								×			
RNA		×	×							×			
种子		×									×		
酵母菌（寄生性）		×	×			×			×	×	×	×	
酵母菌（非寄生性）		×	×			×		×	×	×	×	×	×

* 仅供参考目的。关于国际保藏单位依据布达佩斯条约实施细则 13.2 （a） 所接受的最新微生物列表，请参见布达佩斯条约网站（http：//www.wipo.int/budapest）中 "关于国际保藏单位受理的微生物种类和收取费用的信息"。

续表

	CGMCC（CN）	CM－CNRG（MX）	CNCM（FR）	DBVPG（IT）	DSMZ（DE）	ECACC（GB）	GDMCC（CN）	IAFB（PL）	IDAC（CA）	IMI（GB）	IPOD（JP）	IZSLER（IT）
藻类	×	×					×				×	
动物病毒	×	×	×			×			×			×
动物细胞培养物	×	×	×		×	×			×			
细菌（病原性）	×	×	×		×		×		×			×
细菌（非病原性）	×	×	×		×		×	×	×	×		×
噬菌体	×	×			×				×			
胚胎		×										
真核 DNA		×				×			×			
真菌（病原性）	×	×	×		×		×		×			
真菌（非病原性）	×	×	×	×			×	×		×		
人细胞培养物		×	×		×	×						
杂交瘤		×	×		×	×			×			
霉菌							×					
鼠科动物胚胎												
支原体	×	×			×							
线虫		×								×		
原癌基因												
植物细胞培养物	×	×			×						×	
植物病毒	×	×										
质粒（在宿主中的）	×	×	×		×		×		×			
质粒（不在宿主中的）	×	×			×				×			
原生动物（寄生性）												
原生动物（非寄生性）		×									×	
原生动物（病原性）												
RNA		×										
种子	×										×	
酵母菌（寄生性）	×		×		×		×		×			
酵母菌（非寄生性）	×	×	×	×	×		×	×	×	×		

	KACC（KR）	KCCM（KR）	KCLRF（KR）	KCTC（KR）	MCC（IN）	MSCL（LV）	MTCC（IN）	NBIMCC（BG）	NCAIM（HU）	NCIMB（GB）	NCMA（US）	NCTC（GB）
藻类				×							×	
动物病毒		×		×				×				
动物细胞培养物			×	×				×				
细菌（病原性）					×	×	×			×		×
细菌（非病原性）	×	×		×	×	×	×	×	×	×	×	
噬菌体		×		×			×			×	×	
胚胎				×								
真核 DNA			×	×								
真菌（病原性）					×	×	×					
真菌（非病原性）	×	×		×	×	×	×	×	×	×		
人细胞培养物			×	×								
杂交瘤			×	×				×				
霉菌				×					×			
鼠科动物胚胎				×								
支原体												
线虫												
原癌基因												
植物细胞培养物			×	×						×		
植物病毒	×	×		×				×				
质粒（在宿主中的）	×	×	×	×	×	×	×	×		×		
质粒（不在宿主中的）		×	×	×	×		×			×		
原生动物（寄生性）												
原生动物（非寄生性）				×							×	
原生动物（病原性）												
RNA				×								
种子	×			×						×		
酵母菌（寄生性）				×	×	×	×					
酵母菌（非寄生性）	×	×		×	×	×	×	×	×	×		

	NCYC（GB）	NIBSC（GB）	NMI（AU）	NPMD（JP）	NRRL（US）	PCM（PL）	VKM（RU）	VKPM（RU）	VTTCC（FI）
藻类									
动物病毒									
动物细胞培养物		×		×				×	
细菌（病原性）				×		×			
细菌（非病原性）			×	×	×	×	×	×	×
噬菌体				×		×		×	
胚胎				×					
真核 DNA									
真菌（病原性）				×			×	×	×
真菌（非病原性）			×	×	×		×	×	×
人细胞培养物		×		×				×	
杂交瘤				×				×	
霉菌					×				
鼠科动物胚胎									
支原体									
线虫									
原癌基因									
植物细胞培养物								×	
植物病毒									
质粒（在宿主中的）				×	×			×	
质粒（不在宿主中的）				×				×	
原生动物（寄生性）									
原生动物（非寄生性）									
原生动物（病原性）									
RNA									
种子									
酵母菌（寄生性）				×					
酵母菌（非寄生性）	×		×	×	×		×	×	×

（C） 各国际保藏单位的详细要求和操作

（ⅰ） 概述

本节详细描述了各国际保藏单位对根据布达佩斯条约保藏微生物和提供样品的要求和操作。相关信息基于 WIPO 网站（http：//www. wipo. int/budapest）公开的信件和通知，以及 WIPO 发送给所有国际保藏单位的信件答复。国际保藏单位是根据国家的字母拼写进行排列，且每个的信息按下文（ⅱ）中给出的格式进行排列。注明"样表"和"国际表格"的，表示所述表格是由 WIPO 国际局设计的，公布在 WIPO 文件 BP/A/Ⅱ/12（1981）和 BP/A/Ⅷ/1（1990）中，附录 3 中复制了这些表格。

（ⅱ） 国际保藏单位的信息

每个国际保藏单位的信息如下排列：

国家、国际保藏单位的名称和首字母缩写、地址、电话和传真号码、电子地址和网址（必要时）。

根据 WIPO ST. 3 标准的双字母国家代码列出各国际保藏单位。

1. 保藏的要求

（a） 可以保藏的微生物种类

给出了接受保藏的不同类型的生物学实体和任何特殊例外。对于可以保藏的微生物，陈述了国际保藏单位可接受的最大危险评级和/或物理防范要求。

（b） 技术要求和手续

（ⅰ） 形式和数量

给出了培养物必须符合的提交状态，例如，冻干的、冷冻的、液体悬浮液、琼脂斜面等。陈述了交存人必须提供的最低复制品数和（适当时）每个培养物的最小滴度。

（ⅱ） 存活性检验所需的时间

给出了国际保藏单位对所接受的每种类型的微生物进行存活性检验所需的平均时间和最长时间（按天计算）。

（ⅲ） 交存人复核和更新寄存物

给出以下信息：国际保藏单位是否传代培养交存人提供的材料以提供用于贮存的寄存物样品；国际保藏单位是否贮存交存人最初提供的样品；国际保藏单位如何补充不断减少的寄存物；国际保藏单位是否要求交存人检验自己制备的样品的可靠性。

（c） 管理要求和手续

（ⅰ） 一般原则

语言：给出了国际保藏单位在信件中接受的官方语言和其他任何语言。

合同：给出了国际保藏单位与交存人签订的合同类型（如果存在的话）的信息。

进口和/或检疫规定：给出了以下信息：国际保藏单位接受的任何微生物是否受进口和/或检疫规定的限制、符合这类规定的要求和可以获得进一步建议的政府部门。

（ⅱ）原始保藏

交存人必须满足的要求：提及所有必须完成的表格、所有在保藏前必须告知国际保藏单位的信息和所有的特殊的运输和/或发送安排。

发往交存人的官方通知：提及国际保藏单位用于向交存人发布官方通知的所有表格。

发往交存人的非官方通知：给出了国际保藏单位是否在任何官方通知前与交存人交流信息的说明。

向专利代理人提供信息：给出了国际保藏单位是否向交存人的专利代理人提供文件复印件的说明。

（ⅲ）转移在先保藏

给出的信息涉及交存人必须满足的国际保藏单位的要求和允许交存人将未依照布达佩斯条约提出的在先保藏转移为依照该条约的保藏的程度。

（ⅳ）重新保藏

说明除原始保藏时必须满足的要求外，国际保藏单位的所有额外要求。

2. 提供样品

（a）提供样品的要求

给出了以下信息：国际保藏单位是否为第三人建议必须遵循的正确手续，从而作出有效请求；国际保藏单位是否向请求方提供正确的表格；请求方是否必须满足任何卫生和安全性要求；国际保藏单位提供的样品是否来自自己的制品，或者来自交存人提供的样品。

（b）通知交存人

给出了国际保藏单位通知交存人提供样品的方法。

（c）布达佩斯条约下的保藏物目录

陈述了国际保藏单位是否以及在何种条件下在其公开目录中列出依照布达佩斯条约下的保藏物。

3. 费用表

列出了为依照布达佩斯条约执行的手续，向国际保藏单位缴纳的费用。

4. 对交存人的指导

提及国际保藏单位提供的用于指导潜在交存人的所有出版物。

澳大利亚（AU）

Lady Mary Fairfax Cell Bank Australia（CBA）

Children's Medical Research Institute
214 Hawkesbury Road
Westmead NSW 2145

邮政地址：
Locked Bag 23
Wentworthville NSW 2145

电话：（61 – 2）8865 2850
传真：（61 – 2）9687 2120
电子邮箱： info@ cellbankaustralia. com
网址： www. cellbankaustralia. com

1. 保藏的要求

（a）可以保藏的微生物种类

CBA 受理可以在液氮蒸汽中保存而不会显著破坏或丢失其特性或存活力的人和动物细胞系和杂交瘤的保藏。

CBA 目前不受理需要 3 级或 4 级物理封闭水平（PC3 或 PC4）的经遗传修饰的生物体的保藏。保藏应该附有有利的生物危害风险评估声明。

（b）技术要求和手续

（i）形式和数量

人和动物细胞系和杂交瘤必须以冷冻培养物的状态提交 CBA 进行保藏。CBA 可以拒绝没有包装在足以使其在转运全程保持冷冻的干冰中的保藏案。

交存人保藏时必须提供的最小复制数是 12 份。所有的杂交瘤、人和动物细胞培养物都必须含有至少 4×10^6 个细胞/安瓿。

任何保藏人类胚胎干细胞系的请求都必须遵守现行的澳大利亚政府的规章和准则。

（ii）存活性检验所需的时间

下文给出了 CBA 对所接受的各种类型的微生物进行检验所需的平均时间，但交存人应该认识到，在一些情况下，存活性检验可能需要花费更长的时间。客户将在受理保藏前被告知这一点。

动物细胞培养物	10 天（或多达 15 天）
人细胞培养物	10 天（或多达 15 天）

杂交瘤培养物	10 天（或多达 15 天）

（iii）交存人复核和更新寄存物

CBA 一般不自行制备所保藏的生物批次，当提供的样品耗尽时，交存人将被告知进行新的保藏。交存人将被告知复核由 CBA 制备的样品的可靠性。

（c）**管理要求和手续**

（i）一般原则

语言：CBA 的官方语言是英语。不接受以其他任何语言进行沟通。

合同：交存人必须完成的 CBA 申请表使交存人负有以下义务：

　　——仅提供所要求的形式和数量的材料；

　　——提供生物危害声明；

　　——缴纳所有必需的费用，包括向 CBA 转运保藏物的所有开支；

　　——遵守布达佩斯条约的条款和条件；

　　——接受 CBA 的样品保藏的条款和条件。

进口和/或检疫规定：在受理前，保藏微生物必须符合正确的法规文件。CBA 一旦收到来自客户的关于生物危险的声明，就将建议客户获得所述法规文件。

（ii）原始保藏

交存人必须满足的要求：除上述（i）提及的 CBA 申请表以外，交存人还必须填写 CBA 寄存表格和生物危害声明（可自 CBA 网站上获得）。

在发出微生物的至少 48 小时之前，必须通知 CBA 寄送的安瓿数量、运输方法和预计送达时间。如果是空运，必须告知 CBA 航班号和目的地、运单号和送货的投递员。

CBA 不要求针对日后指出或修正科学描述和/或建议的分类命名，或者针对 CBA 已收到这类信息的证明的请求填写特殊表格。

发往交存人的官方通知：存单和存活性报告分别以强制性的国际性表格 BP/4 和 BP/9 上发出，但其他官方通知不使用标准表格。

发往交存人的非官方通知：如果需要，CBA 可在收到微生物之后，发出官方存单之前，通过电话、传真或电子邮件通知保藏日期和保藏号。仅当保藏微生物的活力非常低以至于无法接受时，CBA 可在存活性报告发出之前，传送存活性检验的结果。

向专利代理人提供信息：CBA 通常不询问交存人其专利代理人的姓名和地址。但是，如果需要，CBA 可向交存人及其专利代理人传送存单和存活性报告的复印件。

（iii）转移在先保藏

在布达佩斯条约规定之外的保藏可以由原始交存人转移为在布达佩斯条约下的保藏，不论最初是否是用于专利目的的保藏。但是，在转移时，任何之前的保藏都必须缴纳布达佩斯条约保藏通常所征收的保藏费。

除了不适用涉及运输手续的规定外，对转移的管理要求与原始保藏应满足的要求完全相同。

（iv）重新保藏

当重新保藏时，交存人需要填写 CBA 保藏表格和生物危害声明，传送相关文件和声明（细则 6.2）的复印件，并依照上述与运输要求相关的手续。

2. 提供样品

（a）提供样品的要求

CBA 不向请求方建议进行有效请求应遵守的正确程序；当请求方要求权利证明时，CBA 也不提供请求表的复印件。这类表格必须从相关的工业产权局获得。

尽管第三方享有在专利规则下或交存人书面授权下获取样品的权利，CBA 将不提供潜在有害的微生物样品，除非请求方已证实其具有操作这类生物体的恰当的防范设备。

当答复来自国外的请求时，CBA 假定请求方已满足其所在国家的进口要求，且由客户负责满足相关文件的规定。

CBA 提供的样品通常来自交存人提供的制品。

（b）通知交存人

当其微生物样品已提供给第三方时，CBA 将通过信件通知交存人。

（c）布达佩斯条约下的保藏物目录

CBA 不在公开目录中列出布达佩斯条约下的保藏物。

3. 费用表（单位：澳元）

（1）细胞系

用于依照条约的微生物保藏，包括证明和存活性报告	2600
发布一项新的或更新的存活性报告	170

（2）一般情况

提供一份样品（不包括运输成本）	210
发布（新的或修订的）证明	110
修订所需的管理费	110

适当时，费用和消费税都缴纳给 CellBank Australia。

4. 对交存人的指导

CBA 申请表格和 CBA 网站（www. cellbankaustralia. com）上提供了对交存人的指导。

澳大利亚（AU）

（AU）NMI/2016

The National Measurement Institute（NMI）

1/153，Bertie Street

Port Melbourne，VIC 3207

Australia

电话：（61 – 3）9644 4841

传真：（61 – 3）9644 4999

电子邮箱：budapest. treaty@ measurement. gov. au

网址：http：//www. measurement. gov. au

1. 保藏的要求

（a）可以保藏的微生物种类

受理除已知的人和动物病原体以外的细菌（包括放线菌）、酵母菌和真菌，其可以通过现有的保藏方法（冷冻和冻干）保藏而特性不会发生显著改变。

如果交存人证明通过普通的实验室程序操作没有危险，并且交存人提供了合适的保藏材料，可受理核酸制品和噬菌体。

目前，NMI 不受理保藏动物、植物、藻类和原生动物培养物、病毒培养物、立克次氏体和衣原体，以及就负责人来看，保藏的操作和准备需要特殊对待的微生物。

（b）技术要求和手续

（ⅰ）形式和数量

微生物必须以冻干制品或置于培养基提交寄存。

交存人寄存时必须提供的最小复制数和必须提交的形式如下：

细菌、真菌和酵母菌	6 个冻干的或置于培养基的样品
噬菌体和质粒	足以保藏的数量和滴度

（ⅱ）存活性检验所需的时间

NMI 受理的各种微生物检验存活性所需的平均时间如下：

细菌	5 天
真菌	10 天
酵母菌	10 天

（ⅲ）交存人复核和更新寄存物

NMI 通过传代培养交存人提供的材料，自行制备细菌、真菌和酵母菌的批量样品。新批量样品的制备来自要求交存人根据条约第 4 条进行重新保藏，经交存人同意传代培养NMI 自行制备的制品，或传代培养交存人原始提供的材料。要求交存人复核 NMI 从其寄存时和之后提供的材料制备的批量样品的可靠性。NMI 贮存交存人提供的原始材料。

（c）**管理要求和手续**

（ⅰ）一般原则

语言：NMI 的官方语言是英语。

合同：目前，NMI 不与交存人签订规定双方的责任的书面合同。

进口和/或检疫规定：NMI 受理寄存的某些微生物种类受进口和检疫规定的限制。NMI 为生物材料进口安排必要的许可证，并清除任何检疫要求。在寄存任何微生物前，交存人必须与 NMI 联系。获得许可证所需的时间因寄存的微生物种类而不同。其他信息可获取自 Australian Quarantine Inspection Service，GPO Box 858，Canberra，A. C. T.，2601 Australia。

（ⅱ）原始保藏

交存人必须满足的要求：交存人被要求填写样表 BP/1。当日后指出或修正科学描述和/或建议的分类学命名时，交存人必须填写样表 BP/7。

发往交存人的官方通知：存单和存活性报告分别以强制性的国际性表格 BP/4 和 BP/9 上发出。日后指出或修正的科学描述和/或建议的分类学命名的存单以样表 BP/8 发出。通知交存人其寄存的微生物样品已提供给有权利方的通知以样表 BP/14 发出。其他通知不使用标准表格。

发往交存人的非官方通知：如果需要，NMI 可在收到微生物之后，发出官方存单之前，通过电话或电报通知保藏日期和保藏号。类似地，NMI 可在存活性报告发出之前，告知存活性检验的结果。

向专利代理人提供信息：NMI 在寄存时要求交存人提供其专利代理人的姓名和地址，如果需要，NMI 可向交存人及其专利代理人提供存单和存活性报告的复印件。

（ⅲ）转移在先保藏

在布达佩斯条约规定之外的保藏可以转移为在布达佩斯条约下的保藏，不论最初是否是用于专利目的的保藏。除了与在布达佩斯条约下的原始保藏应满足的要求完全相同的对转移的管理要求外，NMI 还要求交存人在转移时证实其寄存的材料的可靠性。

（ⅳ）重新保藏

当重新保藏时，交存人需要填写样表 BP/2，并提供细则 6.2 说明的文件的复印件；其他手续与原始保藏时相似。

2. 提供样品

（a）提供样品的要求

NMI 建议请求方遵守正确的程序以进行有效请求。当请求方要求权利证明时，NMI 将为请求方提供标准请求表 BP/12 的复印件和/或各工业产权局使用的请求表。NMI 也将通知请求方关于澳大利亚专利法中规定的要求。

NMI 仅在收到请求方能够安全操作有害微生物的证明后，提供所述微生物的样品。

（b）**通知交存人**

当其微生物样品被提供给第三方时，NMI 将通知交存人。

（c）**布达佩斯条约下的保藏物目录**

目前，NMI 尚未出版目录。

3. 费用表（单位：澳元）

（a）保藏	1000
（b）发布一份现有保藏案的存活性报告	270
（c）提供一份样品	270

4. 对交存人的指导

对潜在交存人的指导性说明正在制作中。

比利时（BE）

Belgian Coordinated Collections of Microorganisms（BCCM™）

BCCM™是服务互补的保藏中心的联合会。下面列出了总部和受理布达佩斯条约下的保藏的保藏中心分部。所有的申请和/或寄存都应直接致函给正确的 BCCM™保藏中心。

其中，对于下列行为，BCCM™联合会的质量管理系统已经过 ISO 9001 标准验证："涉及公众保藏、安全保藏和布达佩斯条约下的专利保藏的生物学材料和相关信息的接收、监控、保存、贮存和提供"。

总部：

BCCM Coordination Cell

Federal Public Planning Service Science Policy

231，avenue Louise

1050 Brussels

电话：（32 - 2）238 36 07

传真：（32 - 2）230 59 12

电子邮箱：bccm. coordination@ belspo. be

网址：http：//bccm. belspo. be/index. php

保藏中心：

BCCM/IHEM 生物医学真菌和酵母菌保藏中心

Scientific Institute of Public Health

Service Mycology and Aerobiology

Rue J. Wytsmanstraat，14

1050 Brussels

电话：（32 - 2）642 55 18

传真：（32 - 2）642 55 19

电子邮箱：bccm. ihem@ wiv - isp. be

BCCM/LMBP 质粒和 DNA 文库保藏中心

Universiteit Gent

Vakgroep Biomedische Moleculaire Biologie

Technologiepark，927

9052 Zwijnaarde

电话：(32 - 9) 331 38 43

传真：(32 - 9) 331 35 04

电子邮箱：bccm. lmbp@ irc. UGent. be

BCCM/LMG 细菌保藏中心

Universiteit Gent

Laboratorium voor Microbiologie

K. L. Ledeganckstraat, 35

9000 Gent

电话：(32 - 9) 264 51 08

传真：(32 - 9) 264 53 46

电子邮箱：bccm. lmg@ UGent. be

BCCM/MUCL 农业 – 工业真菌、酵母菌和丛枝菌根真菌保藏中心

Université catholique de Louvain

Mycothèque de l' Université catholique de Louvain

Croix du Sud, 2 – box L7. 05. 06

1348 Louvain – La – Neuve

电话：(32 - 10) 47 37 42

传真：(32 - 10) 45 15 01

电子邮箱：bccm. mucl@ uclouvain. be

1. 保藏的要求

(a) 可以保藏的微生物种类

BCCM/IHEM：丝状真菌和酵母菌，包括在人和动物中导致真菌病的病原性真菌和酵母菌，以及放线菌。

BCCM/LMBP：重组或非重组的、克隆到宿主中的或作为分离的材料（例如质粒）的遗传材料；天然的或遗传修饰的人和动物细胞系，包括杂交瘤。寄存的遗传修饰的微生物不应超过欧盟指令 2009/41/EC 及其更新中定义的 2 级封闭水平，所述更新涉及遗传修饰生物的受限应用。

BCCM/LMG：细菌，包括放线菌，但属于危险分类高于欧盟指令 2000/54/EC 及其更新中的 2 类风险的病原体除外。

BCCM/MUCL：丝状真菌、酵母菌和丛枝菌根真菌，包括植物病原体，但在人和动物中导致真菌病、属于危险分类高于欧盟指令 2000/54/EC 及其更新中的 2 类风险的病原性真菌除外。

作为一般原则，BCCM™ 保藏中心仅受理在相关保藏中心可行的技术条件下能够培养和保存的样品，和能够在无需处于连续的生命活动状态下保存、且其特征不发生明显变化的样品。

例外的情况是，各 BCCM™ 保藏中心可受理除活培养外无法保存的微生物寄存。受理情况以及这类寄存的费用将与潜在交存人根据个案协商。例外的情况以及根据相同的个案协商手续，各中心还可以受理微生物混合物的寄存。

BCCM™ 保藏中心还保留其拒绝操作或保存涉及被视为过度危险的生物材料寄存的权利，或者拒绝收到的状态不好的材料寄存的权利。

所有的保藏都应直接致函给正确的 BCCM™ 保藏中心。

（b）技术要求和手续

（ⅰ）形式和数量

——细菌、丝状真菌、酵母菌、放线菌：

交存人必须提供 23 支含同一批次的冻干细胞的安瓿。

一个或多个这些安瓿的冻干细胞必须进行存活性检验，之后用于制备 20 个冷冻保存的样品的库存。

当交存人不能提供所需的 23 支安瓿时，他必须提供至少 3 支安瓿的同一批次的冻干细胞。

当交存人不能提供冻干状态的微生物时，他必须提供 3 小瓶冷冻的培养物，或 3 份活培养物，且都是同一批次的。

一支或多支安瓿的冻干细胞、一瓶或多瓶冷冻细胞或一份或多份活培养物必须进行存活性检验，之后用于制备 20 份冷冻保存细胞的库存样品。BCCM™ 将收取额外费用制备一批 20 个冻干细胞的样品。

——丛枝菌根真菌：

最佳情况是，交存人必须提供 2 个同一批次的体外（单菌）培养物。

否则交存人必须提供来自体外培养物或诱捕植物的含繁殖体（即孢子和/或菌根片段）的"接种物"，或含有孢子的诱捕植物培养物❶。规定"接种物"源自单个单孢子培养物。但是，如果材料是源自同一母本单孢子培养物，则也可以受理一个以上的培养物的繁殖体的混合物。

根据交存人的请求，BCCM/MUCL 将在收取额外费用后尝试在体外（单菌）培养条件下生长丛枝菌根真菌。

——细菌宿主中的质粒：

交存人必须提供 3 个同一批次的活的、冻干的或冷冻的培养物，其中的一个或多个将进行存活性检验和之后用于制备冷冻保藏细胞的库存。

——作为分离材料的质粒：

样品必须以冻干、冷冻，或者沉淀在醇类中的状态提供。最少必须提供 $2 \times 20\mu g$。

质粒 DNA 必须具有足够的纯度，保证成功转化。必须说明推荐的细菌宿主菌株，如果寄存库没有，则同时提供包含所述质粒的菌株。在后一情况下，将正确的宿主菌株保藏至少 30 年需另外收费。

---

❶　应注意，在诱捕植物培养物中，仅能够在球囊菌（Glomeromycota phylum）中评估纯度，因为诱捕植物培养物一般不是在无菌条件下生产的。

——人和动物细胞、杂交瘤：

在提交大批量冷冻培养物（每小瓶包含至少 4×10^6 个活细胞）之前，必须检验动物和人细胞培养物或杂交瘤的污染物。BCCM/LMBP 可以拒绝在抵达时已经解冻的培养物。必须提供至少 12 个密封在孔中的同一批次的样品，和清楚、牢固的标记的 ±12 mm 直径的 1~2 ml 冻存管，其中一个或多个将进行存活性检验。

——其他遗传材料：联系 BCCM/LMBP。

（ⅱ）存活性检验所需的时间

BCCM™ 检验各种类型的微生物的存活性所需的最短时间如下（但是，交存人应了解，某些类型的微生物的存活性检验可能需时更长）：

细菌	3 天
丝状真菌	3 天
酵母菌	2 天
丛枝菌根真菌	30 天
质粒❶	±1 周
人和动物细胞系培养物、杂交瘤❷	±3 周
其他遗传材料	联系 BCCM/LMBP

（ⅲ）交存人复核和更新寄存物

寄存时，BCCM™ 根据所提供的微生物的形式和数量，自行制备冷冻保存的批量样品及其冻干的批量样品。从这些冷冻保存的或冻干的批量样品中，向交存人提供 1 份样品，要求交存人复核 BCCM™ 制备的微生物样品的可靠性，并告知该复核结果。

为了更新消耗的库存，必要时，BCCM™ 还要从之前的批量样品中的样品之一制备新的批量样品。

仅对于更新的冻干批量样品和通过常规传代培养维持的培养物即球囊菌（Glomeromycota），要求交存人再次复核可靠性。

一般而言，BCCM™ 不自行制备动物和人细胞系或杂交瘤的批量样品。因此，当提供样品之后出现材料库存耗尽时，将要求交存人重新保藏。

（c）管理要求和手续

（ⅰ）一般原则

语言：BCCM™ 的官方语言是英语。也接受用德语、法语和荷兰语沟通。

合同：交存人必须填写的申请表 BCCM/acron/DBT1❸，构成交存人必须填写的合同：

——传送 BCCM™ 要求的所有信息；

——缴纳所有费用；

---

❶ "存活性检验"包括制备质粒 DNA 和限制性酶切电泳分析。对于以分离的材料保藏的遗传材料，"存活性检验"明显暗示了先转化合适的宿主。如果可以在实验上验证理论预期的片段，则"存活性检验"视为阳性。

❷ "存活性检验"包括对支原体污染的检验。

❸ BCCM™ 使用的所有表格都带有形式为"BCCM/首字母缩写/数字"的编号，"首字母缩写"用相关的保藏中心的首字母缩写（IHEM、LMBP、LMG、MUCL）代替，"数字"用表格的单独编码代替。"BP/……"形式的编号表示这是一份强制性的国际性表格或其他的标准表格。

——在规定的保藏期内，不撤销保藏；

——授权 BCCM™根据适用于专利的规定，提供样本；

——在 BCCM™不能提供样品的条件下，重新保藏；

——免除 BCCM™对保藏期内样品损坏的责任，只要 BCCM™已经采用了交存人描述的关于所述保藏的所有预防措施；

——赔偿 BCCM™由于处理交存人所负责的微生物而可能遭受的任何损失，只要 BC-CM™已经采用了交存人描述的关于所述处理的所有预防措施；

——赔偿 BCCM™在提供样品后可能面临的诉讼，除非所述诉讼是基于 BCCM™的过失。

一旦完成寄存和受理手续，交存人将收到表格 BCCM/acron/DBT2，提醒其受上述订立的合同约束。比利时法律适用于任何争议。

进口和/或检疫规定：BCCM™受理的某些类型的微生物受进口或检疫规定限制。在此情况下，交存人必须将所述微生物的种名通知 BCCM™，使其能够采取必要的措施。

（ⅱ）原始保藏

交存人必须满足的要求：除申请表 BCCM/acron/DBT1（见上文（ⅰ））外，交存人应填写表格 BCCM/acron/BP/1，这是布达佩斯条约要求的寄存表格。

优选在寄送生物学材料之前，将这两份表格发送给正确的 BCCM™保藏中心。如果未能正确填写这两份表格，BCCM™保藏中心保留拒绝生物材料寄存的权利。

在日后传送或修正科学描述或建议的分类学命名的情况下，以及请求出具 BCCM™收到这类信息的证明的情况下，交存人最好填写表格 BCCM/acron/BP/7。

发往交存人的官方通知：存单和存活性报告分别以强制性的国际性表格 BCCM/acron/BP/4 和 BCCM/acron/BP/9 发出。

传送或日后修订科学描述和/或提议的分类学命名的存单以表格 BCCM/acron/BP/8 发出。

向第三方提供样品的通知以表格 BCCM/acron/BP/14 发出。

发往交存人的非官方通知：虽然 BCCM™确认收到寄来的微生物，但这不表示 BCCM™受理其寄存。如果存活性检验生成了阳性结果，在正式存单和存活性报告发出前，BCCM™可应请求告知非官方的结果和微生物的保藏号。

向专利代理人提供信息：为了有关各方的利益，BCCM™要求交存人告知其专利代理人的姓名和地址。BCCM™可应请求向专利代理人提供存单和存活性报告的复印件。

（ⅲ）转移在先保藏

在布达佩斯条约之外的保藏可以转移为在布达佩斯条约下的原始保藏，不论所述微生物最初是否是用于专利程序目的的保藏。在转移时，任何早期保藏（即使之前是免费的保藏）都将缴纳布达佩斯条约下的保藏正常收取的保藏费。转移的管理要求与在布达佩斯条约下的原始保藏应满足的要求完全相同。国际性表格 BCCM/acron/BP/4 上记录了保藏日期和受理请求的日期。

（ⅳ）重新保藏

当重新保藏时，交存人必须填写表格 BCCM/acron/BP/2，并提供细则 6.2 要求的文件的复印件。针对重新保藏的存单和存活性报告分别以强制性的国际性表格 BCCM/acron/

BP/5 和 BCCM/acron/BP/9 发出。

2. 提供样品

（a）提供样品的要求

BCCM™将告知第三方进行有效请求应遵守的程序。对于需要接收样品的权利证明的请求，BCCM™会向请求方提供标准请求表 BCCM/acron/BP/12 的复印件，或指定的工业产权局使用的请求表格（只要所述工业产权局已向 BCCM™传送了相关表格）。

尽管第三方享有在专利规则下获取样品的权利，BCCM™将不向请求方提供潜在有害的微生物样品，除非请求方已证实其具有操作这类生物的授权。同样地，BCCM™只向认证过的微生物实验室提供微生物样品，不向私人地址提供样品。当请求来自国外时，请求方必须满足其所在国家关于进口的要求。

BCCM™提供的所有微生物样品都来自自行制备的批量样品或交存人提供的批量样品。

（b）通知交存人

当将寄存微生物的样品提供给第三方时，BCCM™将以标准表格 BCCM/acron/BP/14 通知交存人，除非交存人放弃了接受这类通知的权利。

（c）布达佩斯条约下的保藏物目录

BCCM™不在其公开的目录中列举布达佩斯条约下的保藏物。

3. 费用表（单位：欧元）

（1）细菌、酵母菌、丝状真菌的培养物，包括放线菌
　　（a）保藏费 　　　　　　　　　　　　　　　　　665
　　（b）制备用于长期保藏的首批 20 个冻干样品 　　300
　　（仅当所述样品不是由交存人提供时）
　　（c）发布一份存活性报告
　　——进行一项存活性检验时 　　　　　　　　　　60
　　——基于最后一次存活性检验 　　　　　　　　　25
　　（d）提供一份样品
　　——真菌和酵母菌 　　　　　　　　　　　　　　120
　　——细菌 　　　　　　　　　　　　　　　　　　90
　　（e）信息通信费 　　　　　　　　　　　　　　　25
　　（f）发布一份证明 　　　　　　　　　　　　　　25
（2）丛枝菌根真菌
　　（a）保藏费 　　　　　　　　　　　　　　　　　1300
　　（b）制备用于长期保藏的冷冻保藏的批量样品 　　600
　　（20 个样品）（如适用，取决于寄存的 AMF 种类）
　　（c）发布一份存活性报告
　　——进行一项存活性检验时 　　　　　　　　　　500
　　——基于最后一次存活性检验 　　　　　　　　　25
　　（d）提供一份样品 　　　　　　　　　　　　　　120

（e）信息通信费	25
（f）发布一份证明	25
（3）质粒	
（a）保藏费❶	665
（b）发布一份存活性报告	
——进行一项存活性检验时	60
——基于最后一次存活性检验	25
（c）提供一份样品	105
（d）信息通信费	25
（e）发布一份证明	25
（4）人细胞、动物细胞和杂交瘤	
（a）保藏费	1300
（b）发布存活性报告	
——进行一项存活性检验时	90
——基于最后一次存活性检验	25
（c）提供一份样品	110
（d）信息通信费	25
（e）发布一份证明	25
（5）其他遗传材料	BCCM/LMBP 应请求报价

费用不包括增值税、运输成本或银行手续费。

4. 对交存人的指导

　　建议交存人就所有请求或保藏直接与相关的 BCCM™ 保藏中心联系。交存人还可以从所述保藏中心或 BCCM™ 网站（http：//bccm. belspo. be/services/deposit）获得必要的表格。

　　毫无疑问地，保藏中心的工作人员将为潜在的交存人提供任何详细信息。各保藏中心的详细联系方式如前所述。

---

　　❶ 当 BCCM/LMBP 不能获得被推荐的宿主菌株时，鼓励交存人保藏携带质粒的培养物。如果不能满足该要求且交存人必须提供宿主，则将对该宿主菌株收取 160.00 欧元的一次性费用，用于保藏时的质量控制测试（纯度、存活性）、批量样品制备、冷冻保藏、在 −80℃ 安全保管最少 30 年以及管理。

保加利亚（BG）

National Bank for Industrial Microorganisms and Cell Cultures（NBIMCC）

49 St Kliment Ohridski Blvd. , Bldg. 3

1756 Sofia

电话：（00359 – 2）872 08 65

传真：（00359 – 2）872 08 65

电子邮箱： info@ nbimcc. org

网址： http：//www. nbimcc. org

1. 保藏的要求

（a）可以保藏的微生物种类

细菌、放线菌、丝状真菌、酵母菌、动物细胞系、动物和植物病毒、含质粒的微生物。

依照保护工作人员免受生物试剂职业暴露风险的法规第 4 条（SJ No. 105 ，颁布于 2002 年 8 月 11 日）或欧盟指令 2000/54/EC，NBIMCC 仅受理属于 1 类和 2 类危险的微生物。

（b）技术要求和手续

（i）形式和数量

NBIMCC 对提交寄存的微生物的培养物的形式和数量具有下列要求：

细菌和真菌（包括含有质粒的）应该以 3 份活性培养物的状态寄存。也受理冻干的培养物，但至少要 10 个样品。

动物细胞系和杂交瘤应该冷冻寄存 12 管液氮冻存管，每管含最少 5×10^6 个细胞。

动物病毒受理 20 个冷冻或冻干的样品。

在植物病毒的情况下，应寄存至少 5 g 新鲜感染的叶。

（ii）存活性检验所需的时间

NBIMCC 受理的各种微生物检验存活性所需的最短和最长时间如下：

细菌	3 ~ 14 天
酵母菌	3 ~ 14 天
含有质粒的微生物	3 ~ 14 天
真菌	5 ~ 21 天
动物细胞系和杂交瘤	7 ~ 14 天
动物病毒	30 天或更久
植物病毒	30 天或更久

（iii）交存人复核和更新寄存物

NBIMCC 通过传代培养交存人提供的材料，自行制备细菌、放线菌、酵母菌、真菌和含有质粒的微生物的冻干和/或冷冻的批量样品。之后为了更新减少的库存，必要时将从上述样品制备新的批量样品。然而，NBIMCC 将始终保藏交存人提供的原始材料。

NBIMCC 不自行制备动物细胞系、动物和植物病毒的批量样品。为了更新库存，从交存人的原始材料制备新的批量样品。

在交 NBIMCC 保存后，要求交存人验证所有批量样品的可靠性。

（c）**管理要求和手续**

（ⅰ）一般原则

语言：NBIMCC 的官方语言是保加利亚语。也接受以英语沟通。

合同：NBIMCC 不与交存人签订规定双方责任的书面合同。

进口和/或检疫规定：NBIMCC 受理的微生物种类不受检疫规定限制。但是，NBIMCC 受理的某些微生物种类必须遵守入境规定。

（ⅱ）原始保藏

交存人必须满足的要求：NBIMCC 要求交存人填写等同于样表 BP/1 的 NBIMCC 登记表。NBIMCC 对微生物（包括含有质粒的微生物）、动物细胞系、动物病毒和植物病毒的寄存使用不同的表格。

发往交存人的官方通知：存单和存活性报告分别以强制性的国际性表格 BP/4 和 BP/9 发出，同时使用保加利亚语和英语。其他官方通知使用 NBIMCC 自己的标准信件。

发往交存人的非官方通知：如果需要，NBIMCC 可在正式存单发出之前，但仅在已经进行了存活性检验并得到阳性结果之后，通过电话或电子邮件通知保藏日期和保藏号。类似地，NBIMCC 可在存活性表格发出之前，告知存活性检验的结果。

向专利代理人提供信息：NBIMCC 不询问交存人的专利代理人的姓名和地址。但是，如果需要，NBIMCC 可向交存人或其专利代理人提供存单和存活性报告的复印件。

（ⅲ）转移在先保藏

在布达佩斯条约规定之外的保藏可以转移为在布达佩斯条约下的保藏。转移的管理要求与在条约下的原始保藏应满足的要求完全相同。

（ⅳ）重新保藏

当重新保藏时，交存人需要填写样表 BP/2，并提供细则 6.2 要求的相关文件的复印件。存单和存活性报告分别以强制性的国际性表格 BP/5 和 BP/9 发出。

2. 提供样品

（a）**提供样品的要求**

NBIMCC 向第三方建议为了进行有效请求应遵守的正确程序。

NBIMCC 在收到证明请求方被允许使用潜在有害的生物体的书面声明后，根据专利法规向请求方提供所述微生物的样品。

当答复国外请求时，NBIMCC 默认请求方已满足其所在国家的进口要求。

（b）**通知交存人**

当将微生物提供给第三方时，NBIMCC 将以样表 BP/14 通知交存人。

（c）**布达佩斯条约下的保藏物目录**

NBIMCC 不在其公开的目录中列出布达佩斯条约下的保藏物。如果交存人或有权利的专利机构通知 NBIMCC 可以将其微生物样品提供给任何对象，该生物将被列入下一版的 NBIMCC 目录中。

3. 费用表（单位：保加利亚列弗）

（a）	保藏	1200
（b）	发布一份存活性报告	120
（c）	提供一份样品	120

4. 对交存人的指导

NBIMCC 没有为交存人提供具体的书面注意事项，但可随时通过电话或通信进行咨询。

加拿大（CA）

International Depositary Authority of Canada（IDAC）

National Microbiology Laboratory

Public Health Agency of Canada

Canadian Science Center for Human and Animal Health

1015 Arlington Street

Winnipeg，MB R3E 3R2

电话：（1 – 204）789 60 30

传真：（1 – 204）789 20 18

网址：http：//www. nml – lnm. gc. ca/IDAC – ADI/index – eng. htm（英文版）

http：//www. nml – lnm. gc. ca/IDAC – ADI/index – fra. htm（法文版）

1. 保藏的要求

（a）可以保藏的微生物种类

IDAC 受理保藏：可以在细胞培养物中增殖的 1 级、2 级和 3 级危险的动物病毒；1 级、2 级和 3 级危险的细菌；所有的噬菌体；所有的哺乳动物细胞系；所有的克隆基因。还受理真菌、杂交瘤、酵母菌、质粒和噬菌体载体、文库和其他 rDNA 材料。

IDAC 仅受理可以在冷冻或冻干条件下保存，而特征不发生显著变异的保藏。在事先协商和确定相关费用的条件下，可以个案受理不能以上述方式保存，或者仅能以活的培养物保存的保藏。

（b）技术要求和手续

（ⅰ）形式和数量

IDAC 仅受理可以在冷冻或冻干条件下保存，而特征不发生显著变异的保藏。在事先协商和确定相关费用的条件下，可以个案受理不能以上述方式保存，或者仅能以活的培养物保存的保藏。

IDAC 鼓励交存人提供冷冻或冻干的材料。但是，可行时，IDAC 也受理活的生长状态的材料，以额外的费用将其冷冻或冻干保存。在上述情况下，保存材料的样品将返回给交存人，以验证其性质。但是，如果保存的材料是活的但不能受理（例如，性质变异的），则必须进行重新保藏，原始保藏日期作废。因此，鼓励交存人提供在其实验室中制备的冷冻或冻干材料，从而避免发生上述情况。

各种类型的保藏必需的材料数量如下：

微生物（包括细菌（包含质粒或不含质粒）、噬菌体、真菌和酵母菌）	10 个冷冻（每个 0.5 ml）或冻干样品

不在宿主内的质粒和载体

（例如，纯化 DNA、文库和 25 小瓶（每瓶最少 100 ng）

相关的 rDNA 材料）

动物病毒 25 个冷冻（每个 1 ml）或冻干样品

细胞系和杂交瘤 25 个冷冻样品

（每个样品 200 万 ~ 600 万个细胞）

（ⅱ）存活性检验所需的时间

下面指出了检验不同类型保藏的存活性所需的时间。但是，交存人应意识到，在某些情况下，存活性检验可能需时较长。

细菌	3 ~ 7 天
真菌、酵母菌	7 ~ 10 天
细胞系、杂交瘤和噬菌体	7 ~ 10 天
质粒、噬菌体和其他 rDNA❶	7 ~ 10 天
动物病毒	30 天或更久

（ⅲ）交存人复核和更新寄存物

交存人的责任包括在特定时间段内提供足量的材料。如果培养物或生物材料在有效保藏期内失活或被破坏，用活性材料对其进行替换是交存人的责任。IDAC 对代表交存人补充材料的行为收费，但是，验证所制备材料的可靠性并将验证结果通知 IDAC 是交存人的责任。不管用何种方法更新库存，IDAC 将始终保藏一部分原始提交寄存的材料。

（c）**管理要求和手续**

（ⅰ）一般原则

语言：加拿大和 IDAC 的官方语言是英语和法语。不接受以任何其他语言沟通。

合同：IDAC 不与交存人签订规定双方责任的书面合同，除非是在受理某些危险生物体的情况下，交存人必须同意以其自己的风险接受和处理这些生物。并且，通过填写 IDAC 的 BP/1 保藏表格，交存人放弃了在规定的保藏期内撤销保藏的所有权利，并同意根据相关的专利法规发放材料。

进口和/或检疫规定：IDAC 遵守管理感染性物质入境、出境和运输的加拿大和国际法规。涉及作用于人的感染性物质的入境和安全性操作的信息可自 Health Canada 网站（http：//www. hcsc. gc. ca/hpb/lcdc/biosafty/index. html）获得，或与安大略省渥太华市疾病控制实验中心的生物安全办公室主任（Director, Office of Biosafety, Laboratory Centre for Disease Control, Ottawa, Ontario, 邮编 K1A 0L2）联系（电话：（613）957 – 1779）。涉及兽医病原体的信息和许可证可获得自安大略省尼平市 Camelot Drive 的加拿大农业及农业食品部（Agriculture and Agri – Food Canada, 59 Camelot Drive, Nepean, Ontario, 邮编 K1A 0Y9）（电话：（613）952 – 8000）。涉及受管控材料运输的问询应针对加拿大危险品运输管理局的局长（Director General of the Transport of Dangerous Goods Directorate of Transport Canada, Canada Building, 344 Slater Street, 14th Floor, Ottawa, Ontario, 邮编 K1A 0N5,

---

❶ 在适用时，通过材料成功转化、感染或其他方式改变宿主细胞的能力来定义寄存案的"存活性"。

电话：(613) 998 - 0517)。上述机构还能够协助提供加拿大以外的其他国家中的相关法规信息，但建议联系所问询国家的恰当机构。

交存人在提交可能涉及上述法规的保藏之前联系 IDAC，以确保获得正确的文件是至关重要的。这一点对于加拿大以外的保藏尤其重要。不进行该环节可能会导致加拿大拒绝该寄存案入境。

（ii）原始保藏

交存人必须满足的要求：IDAC 要求交存人原始保藏声明（表格 BP/1），以满足布达佩斯条约的要求。关于科学描述和/或建议的分类命名的日后修正，交存人必须填写 IDAC 表格 BP/7。根据布达佩斯条约第 4 条的重新保藏，交存人必须填写表格 BP/2。

发往交存人的官方通知：存单和存活性的通知按规定的国际性表格（分别是 BP/4 和 BP/9）发出。科学描述和/或建议的分类学命名的修正的存单证明以表格 BP/8 发出。如果需要，样本向第三方发放的通知以表格 BP/14 发出。

发往交存人的非官方通知：如果需要，IDAC 可在收到保藏物之后，正式存单发出之前通知保藏日期和保藏号。存活性报告的结果仅用官方信函的方式通知。

向专利代理人提供信息：如果需要，IDAC 将向交存人的专利代理人提供存单和存活性报告的复印件。

（iii）转移在先保藏

IDAC 不允许将最初不是用于专利目的的寄存转移为布达佩斯条约下的保藏。在所有情况下，保藏必须遵循上述手续。

（iv）重新保藏

向 IDAC 提交重新保藏时，需要填写重新保藏声明（表格 BP/2）。只要替代的保藏物是活的，其就将保留原始保藏号和保藏日期，要在收到 IDAC 的通知的 3 个月内进行寄存，并且交存人要签署声明声称重新寄存的材料与原始保藏完全相同。重新保藏需要缴纳存活性检验的费用。

2. 提供样品

（a）提供样品的要求

IDAC 仅向布达佩斯条约规定及其实施细则的权利享有方提供保藏材料的样品。IDAC 为请求方提供请求表（必要时），或帮助其获得用于其请求的必需表格。

IDAC 受理有潜在危害并符合卫生和安全规定的生物保藏。当被索取时，IDAC 将不向任何请求方提供这类生物的样品，除非 IDAC 已确信请求方能够遵守这些法规。在某些情况下，在同意发放样品前，IDAC 还可以要求请求方签署承担责任的保证书。因此，为了加快这类样品的发放，建议所有的索取人同时提交文件证明请求方具备操作所索取材料的设备，和同意管控所索取材料操作的法规。

IDAC 将努力确保在运送所索取的材料前获得正确的文件。但是，获得所需要的所有必需许可证是请求方的责任。

（b）通知交存人

每次将寄存的样品提供给第三方时，IDAC 都将以表格 BP/14 通知交存人，除非交存人放弃了他的被通知的权利。

（c）布达佩斯条约下的保藏物目录

目前，IDAC 尚未出版其培养收藏物的目录。

3. 费用表（单位：加拿大元）

（a）发布存活性报告   200

（b）保藏（30 年）   800

（c）为期 30 年的请求方通知   500

（d）提供一份样品（包括加快费）   50

（e）收到科学描述的存单证明   50

（f）通知第三方科学描述   50

（g）超过 30 年后再延长保藏 5 年的费用   125

该列表是基础价格。要求特殊条件或照顾的保藏需要额外收费。所有的费用都按当日汇率缴纳加拿大的商品和服务税。

4. 对交存人的指导

IDAC 正在为交存人制作详细的信息包。在此之前，总办事处负责所有的咨询工作。

智利（CL）

（CL）CChRGM/2015

Colección Chilena de Recursos Genéticos Microbianos（CChRGM）

Avenida Vicente Méndez 515，
Chillán，Region VIII

电话：（56 – 42）209500
传真：（56 – 42）209599
电子邮箱：afrance@ inia. cl
网址：www. cchrgm. cl

1. 保藏的要求

（a）可以保藏的微生物种类

CChRGM 受理用于农业、林业、环境和工业过程应用和影响的微生物的长期保藏。具体而言，CChRGM 受理线虫、真菌（霉菌、丝状真菌、酵母菌、高等真菌）、细菌（包括放线菌）、含有质粒的微生物的保藏；受理通过传代培养的手段和在冷冻保存和冻干中保存，而性质不发生任何变异的微生物的保藏。还受理线虫的保藏，更具体而言，受理可在液体培养基中以及利用冷冻保藏技术体外保藏的昆虫病原性线虫。

CChRGM 受理植物的病原性微生物、植物病原体的拮抗生物、噬线虫菌、昆虫致病性病原体、菌根微生物、植物内生菌、生物修复菌（bioremediators）和来自工业处理方法的微生物。

动物和人的病原性微生物和/或性质未知的对象被排除在保藏范围外。同样还排除培养物的混合物、被污染的培养物、缺少足够科学描述的培养物或尚未鉴别身份的培养物。

目前不受理藻类、原生动物、人细胞系、动物病毒和杂交瘤。

作为一般原则，CChRGM 仅受理属于保藏物名单中的可行的技术条件下能够培养和保存的，且其特性不发生明显变异的菌株。

由于实验室的技术发展水平和程序，目前不受理核酸制品和噬菌体。

CChRGM 的负责人保留对受理或拒绝本质上需要特殊处理或其保存过程的操作和制备中呈现风险的微生物的权利。例外情况是，必要时，可受理需要特殊处理的微生物的保藏，但应根据个案确定和协商这类保藏的费用和条件。

（b）技术要求和程序

（i）形式和数量

生物体必须以液体培养物或位于琼脂中的状态提交保藏。样品应当冻干后寄出，只有当它们在重新水合和阳性培养后才被受理。对于真菌，保藏必须提供的最小复制数量是在已知培养基中的纯培养物，不含污染物和其他生物（污染的培养物将被拒绝，不进行处理）。根据要求保藏的种类，线虫培养物应含有最少 103 年轻单位（耐久型（dauer））。

（ⅱ）存活性检验所需的时间

CChRGM 进行存活性检验所需的平均时间是 15 天，但交存人应考虑到，在一些情况下，检验可能需要 30 天。任何变动都将事先通知交存人。

（ⅲ）交存人复核和更新寄存物

在寄存时，CChRGM 将自行制备生物的传代培养物。培养物将应请求或已确定不同微生物类群的实验室意见进行更新。原始保藏被冷冻保存，同时将通过其传代培养或向交存人索要新的寄存物来更新样品。必须对寄存的第一批样品分析样品的可靠性（但不针对后续批次）。

（c）管理要求和手续

（ⅰ）一般原则

语言：CChRGM 的官方语言是西班牙语和英语。

合同：CChRGM 要求交存人填写申请表作为合同，从而使交存人履行以下义务：

——提供 CChRGM 要求的所有信息；

——缴纳要求的全部费用；

——赔偿对 CChRGM 的任何由于发出信息已被更改的、误导性的、修正过的或属于第三方的样品而造成的权利主张；

——放弃在规定的保藏期内撤销其保藏；

——授权 CChRGM 根据布达佩斯条约第 11 条提供样品。

CChRGM 将通知交存人已受理生物的保藏，并将提醒交存人遵守合同的条款和条件。

进口和/或检疫规定：CChRGM 受理的生物类型受进口和/或检疫规定，以及关于生物安全性的国际认可的操作规范的限制。出于进口和检疫的目的，交存人必须遵守智利畜牧农业部（Servicio Agricola Ganadero）和全国海关部门的法规和条款。

（ⅱ）原始保藏

交存人必须满足的要求：交存人必须填写等同于 BP/1 的、CChRGM 使用的申请和寄存表格进行布达佩斯条约的保存。

发往交存人的官方通知：存单和存活性报告分别以按强制性的国际性表格 BP/4 和 BP/9 发出。科学说明和/或建议的分类学命名的日后指出或修正的存单证明以表格 BP/8 发出，向第三方提供样本的通知以表格 BP/14 发出。其他的官方通知不使用标准表格。

发往交存人的非官方通知：如果提出要求，CChRGM 可在收到微生物之后、正式存单发出之前以电话、传真或电子邮件通知保藏日期和保藏号。但是，交存人应认识到该信息是临时的，且取决于存活性检验的结果。在相关证明发出之前，CChRGM 也会告知存活性检验的结果。

向专利代理人提供信息：CChRGM 通常要求交存人提供其专利代理人的姓名和地址。如果需要，CChRGM 将向交存人及其专利代理人提供存单、存活性报告和任何其他信息的复印件。

（ⅲ）转移在先保藏

CChRGM 不支持布达佩斯条约规定之外的用于专利目的的保藏。

（ⅳ）重新保藏

当交存人进行重新保藏时，要求交存人填写样表 BP/2，并提供细则 6.2 要求的文件。重新保藏的存单和存活性报告照例使用国际性表格 BP/5 和 BP/9 发出。

2. 提供样品

（a）提供样品的要求

CChRGM 将通知第三方用于进行正确的请求的手续。当请求方要求权利证明时，CChRGM 向请求方提供工业产权局使用的请求表或表格 BP/12 的复印件。

当收到来自国外的请求时，CChRGM 默认交存人已知其国家的入境要求。

CChRGM 发送的所有样品都是来自具体制品的样品。

（b）通知交存人

将以信件或电子邮件通知交存人其所寄存的生物样品被提供给第三方。

（c）布达佩斯条约下的保藏物目录

仅当交存人书面授权时，CChRGM 才公开布达佩斯条约下的保藏物名单。

3. 费用表（单位：智利比索）

每株菌株的保藏费	435000（30 年）
发布存活性报告	45000
提供一份样品	60000
信息通信费	15000

（注：数额未考虑智利国内的调度成本和额外开销）

4. 对交存人的指导

CChRGM 目前尚未提供用于指导潜在交存人的具体书面文件，但可随时通过电话、信件或电子邮件咨询。

中国（CN）

中国典型培养物保藏中心（CCTCC）

生命科学学院
武汉大学
武汉 430072

电话：(86 – 27) 6875 2319, 6875 4712, 6875 4052, 6875 4001
传真：(86 – 27) 6875 4833
电子邮箱：cctcc@ whu. edu. cn
网址：http：//www. cctcc. org

1. 保藏的要求

（a）可以保藏的微生物种类

CCTCC 通常受理保藏藻类、动物病毒、动物细胞培养、细菌、噬菌体、真核 DNA、真菌、人细胞培养物、干细胞、杂交瘤、霉菌、原生质体、线虫、原癌基因、植物细胞培养物和植物种子、植物病毒、质粒、原生动物（非寄生性的）和酵母菌。但是，如果微生物是危险的病原体，交存人必须事先咨询 CCTCC，由 CCTCC 决定是否受理生物材料的保藏。CCTCC 不受理 1 类和 2 类风险分类（中国分类）的病原微生物保藏。

此外，CCTCC 不受理根据中国法律限制入境的生物材料保藏，不受理涉及被视为过度危险的生物材料的保藏。CCTCC 还拒绝要求本中心提供根据中国法律限制出境的生物材料的申请。

目前，CCTCC 不受理胚胎、寄生性或病原性原生动物和 RNA 制品的保藏。

尽管有上述规定，CCTCC 保留了拒绝受理任何在负责人看来具有不能承受的风险或难以处置的材料的保藏的权利。

（b）技术要求和手续

（ⅰ）状态和数量

细菌、霉菌、酵母菌、藻类和病毒必须作为冻干制品提交保藏，但也受理琼脂穿刺或斜面培养物。不能冻干的病毒必须是冷冻的。形态为分离的 DNA 制品的质粒或其他载体必须以冷冻干燥的状态或在醇类中沉淀的状态提供。

如果 CCTCC 的公开收藏物中没有相应宿主，则所有的病毒和质粒都必须与合适的宿主一起送达。植物细胞培养物仅能够保藏愈伤组织或具有无分化生长的悬浮培养物的状态。动物细胞培养物受理冷冻培养物的状态。保藏的材料必须不含外源生物污染。在发往 CCTCC 之前，必须检查动物细胞培养物，以确保其不含病毒。

保藏微生物的所有复制品都应来自同一批次的冻干或冷冻制品。

交存人在提交保藏时应当提供的最小复制数如下：

藻类、细菌、真菌、植物病毒、酵母菌	6 份冻干的或含培养基的
噬菌体（至少 10^8 pfu/ml）	11 份
5×0.5 ml（不含细胞裂解物）	
动物细胞系、动物病毒、杂交瘤、质粒	11 份
（DNA 至少 20 meg/管）	
种子	2500 粒

（ⅱ）存活性检验所需的时间

CCTCC 检验所受理的各种微生物的存活性所需的平均时间列出如下，交存人应意识到，在某些情况下，存活性检验可能需时较长，如括号中的数字所示：

细菌	3 天（或多达 14 天）
藻类、霉菌、酵母菌	5 天（或多达 20 天）
动物细胞系、杂交瘤、噬菌体、质粒	7 天（或多达 14 天）
动物病毒、植物细胞培养物、种子	21 天（或多达 30 天）
植物病毒	尚无具体时间

（ⅲ）交存人复核和更新保藏物

CCTCC 从交存人提供的原始材料自行制备冻干或冷冻形式的保藏批量样品。应交存人的请求，还可以通过传代培养原始材料中的微生物制备保藏。CCTCC 一般不自行制备动物和植物病毒、质粒、种子和一些动物细胞系、杂交瘤和植物组织培养物的批量样品。当材料的库存因供应样品而耗尽时，CCTCC 将告知交存人进行新的保藏。

（c）**管理要求和手续**

（ⅰ）一般原则

语言：CCTCC 的官方语言是中文和英语。

合同：CCTCC 不与交存人签订规定双方责任的书面合同，除非是在受理某些危险生物体的情况下，交存人必须同意以其自己的风险接受和处理这些生物体。并且，通过填写 CCTCC 的保藏表并支付必需费用，交存人应提供 CCTCC 要求的所有必要信息，放弃在规定的保藏期内撤销保藏的权利，并认可根据布达佩斯条约的相关规定发放保藏。

进口和/或检疫规定：境外的交存人必须提前联系 CCTCC，咨询关于其微生物运输的信息。微生物必须完全符合中国的进口和/或检疫规定。在此情况下，潜在的交存人必须提供微生物的物种名，CCTCC 将就此向中国有关机构申请入境许可证和/或检验证明。获得这样的许可证通常需要 1～2 周。在获得入境许可证后，CCTCC 将通知交存人或其专利代理人何时获得的入境许可。

（ⅱ）原始保藏

交存人必须满足的要求：交存人必须填写 CCTCC 使用的申请和登记表即样表 BP/1 进行布达佩斯条约下的保藏。涉及日后指定或修正科学描述和/或建议的分类学命名，以及要求 CCTCC 证明收到这类信息的请求，交存人必须填写样表 BP/7 的等同形式。

发往交存人的官方通知：收据和存活性报告分别按规定的国际性表格 BP/4 和 BP/9 发出。收到日后指定或修正科学描述和/或建议的分类学命名的证明以样表 BP/8 的等同形式发出。向第三方发放样品的通知以样表 BP/14 发出。其他官方通知使用个人信件，不使用标准表格。

发往交存人的非官方通知：如果需要，CCTCC 可在收到微生物之后，正式收据发出之前电话或传真通知保藏日和保藏号。在存活性报告发出之前，并且已进行了存活性检验并取得阳性结果之后，CCTCC 也以类似的方式通知存活性检验的结果。

向专利代理人提供信息：CCTCC 通常要求交存人提供其专利代理人的姓名和地址，如果需要，CCTCC 将同时向交存人及其专利代理人提供收据、存活性报告和任何其他信息的复印件。

（ⅲ）转移在先保藏

布达佩斯条约规定之外的保藏可以由原寄存者转移为布达佩斯条约下的保藏，不论其原来是不是用于专利目的。但是，在转移时，任何在先的免费保藏通常要依照布达佩斯条约保藏收取保藏费。转移的管理要求与布达佩斯条约下的原始保藏是相同的（除了可免除进口和/或检疫手续的相关要求外）。

（ⅳ）重新保藏

重新保藏时，交存人需要填写样表 BP/2，并提供细则 6.2 要求的相关文件的复制件。重新保藏的收据和存活性报告分别以强制性的国际性表格 BP/5 和 BP/9 发出。

2. 提供样品

（a）提供样品的要求

CCTCC 建议第三方遵守正确的程序来进行有效请求。在请求权利证明的情况下，CCTCC 向请求方提供标准请求书 BP/12 和/或各工业产权局使用的请求书（当所述工业产权局提供此类表格时）的复印件。

尽管第三方享有根据专利法规获取样品的权利，CCTCC 仍将不发放受卫生和安全法规管制的生物样品，除非请求方已出示其获得了使用这类生物工作的许可。当答复来自国外的请求时，CCTCC 必须获得中国有关机构的出境许可证，并默认请求方已满足其所在国家的入境要求。

除动物病毒、质粒、种子、部分动物细胞系、杂交瘤和植物组织培养物外，CCTCC 提供的微生物样品都是自行制备的微生物批量样品。

（b）通知交存人

当向第三方提供微生物样品时，将以样表 BP/14 通知交存人。

（c）布达佩斯条约下的保藏物目录

如果交存人或适格的专利局通知 CCTCC 制备可以提供给任何对象的微生物样品，该微生物将被列入下一版的 CCTCC 目录中。已授权的和公开的中国专利所涉及的所有微生物都列入了 CCTCC 目录中。

3. 费用（单位：人民币元）

a）保藏	3000
b）发布一份存活性报告	500
c）提供一份样品	500
d）交流信息	200
e）申请进出口许可	根据具体情况

其他货币将根据中国银行的汇率转换为人民币（元）。

4. 对交存人的指导条例

CCTCC 公布了说明其所有活动的小册子，潜在交存人可通过电子邮件、电话、传真或信件获得详细的相关信息。

中国 （CN）

(CN) CGMCC/2016

中国普通微生物菌种保藏管理中心（CGMCC）

微生物研究所
中国科学院
北辰西路 1 号
朝阳区
北京 100101

电话：(86 - 10) 6480 7355
传真：(86 - 10) 6480 7288
电子邮箱：cgmcc@ im. ac. cn
网址：http：//www. cgmcc. net

1. 保藏的要求

（a）可以保藏的微生物种类

除 1 类危险（中国分类）病原微生物以外：古菌、细菌（包括放线菌）、酵母菌、丝状真菌、厌氧微生物、单细胞藻类、动物细胞系、植物细胞系、植物种子支原体、病毒、噬菌体、质粒。CGMCC 可受理由重组 DNA 分子组成或包含重组 DNA 分子的生物材料的保藏，其最高物理封闭水平为 P2 级。

目前，CGMCC 暂不受理下列生物材料的保藏：原生动物。

根据一般的原则，CGMCC 仅受理无须处于连续的生命活动状态，而处于相关 CGMCC 可行的技术条件下的培养物中，其特征不发生明显变异的菌株。

例外情况是，CGMCC 可受理无法利用活培养物以外的方式保藏的保藏物，但这类保藏物的受理必须在与潜在交存人就个案情况事先协商并确定相关费用后再决定。

根据布达佩斯条约第 5 条，CGMCC 保留拒绝保藏以下生物材料的权利：

——中国法律禁止入境的；

——保藏涉及的潜在危险性太大的。

CGMCC 还保留拒绝要求本中心提供中国法律禁止出境的生物材料的申请的权利。

（b）技术要求和手续

（ⅰ）形式和数量

CGMCC 接受任何形式的培养物。交存人进行保藏时应当提供的最小复制数如下：

细菌、酵母菌、丝状真菌、噬菌体、支原体、单细胞藻类	5 支试管斜面
病毒、质粒（没有克隆到寄主中）、动物细胞系、植物细胞系	15 支冻存管
植物种子	2000 粒

（ⅱ）存活性检验所需的时间

CGMCC 检验所受理的各种微生物的存活性所需的平均时间列出如下，交存人应意识到，在某些情况下，存活性检验可能需时较长，如括号中的数字所示：

细菌、酵母菌	3 天（或多达 20 天）
丝状真菌、支原体	6 天（或多达 30 天）
噬菌体、单细胞藻类、动物细胞系	7 天（或多达 14 天）
质粒❶	8 天（或多达 14 天）
动物病毒、植物细胞系、植物种子	21 天（或多达 30 天）
植物病毒	尚无具体时间

（ⅲ）交存人复核和更新寄存物

在保藏细菌、放线菌、酵母菌、丝状真菌、噬菌体、单细胞藻类时以及某些保藏病毒的情况下，CGMCC 将从交存人提供的活材料直接地、或通过传代培养自行制备冻干的和/或冷冻的批量样品。必要时，将制备新的批量样品用于更新减少的保藏物。CGMCC 根据交存人的希望保存和发放由交存人提供的冻干材料。CGMCC 一般不自行制备动物病毒和质粒的批量样品。此时，当材料的寄存物因供应样品而减少时，CGMCC 将告知交存人进行新的保藏。

CGMCC 要求交存人复核其冻干制品的可靠性。CGMCC 发出的存活性报告中包括了供交存人记录该检验结果的栏。如果交存人未将该检验结果在 3 个月内通知 CGMCC，CGMCC 将认为其自行制备的批量样品与交存人的原始寄存物是等同的。

不管用何种方法制备用于供应的批量样品，CGMCC 将始终保藏一部分原始制备和寄存的材料。

（c）**管理要求和手续**

（ⅰ）一般原则

语言：CGMCC 的官方语言是中文和英语。

合同：CGMCC 不与交存人签订规定双方责任的书面合同，除非是在受理某种危险生物体的情况下，交存人必须同意以其自己的风险接受和处理这些生物体。并且：

——向 CGMCC 提供所要求的全部必需信息；

——缴纳所有的必需费用；

——在规定的保藏期间内，不撤销保藏；

——授权 CGMCC，在保藏期内，根据专利程序的要求提供样本。

进口和/或检疫规定：对于来自国外的保藏案，CGMCC 必须从中国的有关机构获得微生物入境中国的入境许可证，获得这样的许可证需要约 7 天（或多达 14 天）。在获得入境许可证后，CGMCC 将通知交存人或其专利代理人。交存人必须缴纳检疫费用。

（ⅱ）原始保藏

交存人必须满足的要求：在所有情况下，交存人必须填写 CGMCC 表格 BP/1 "布达佩斯条约菌种保藏"。关于科学描述和/或建议的分类学命名的日后指出或修正，以及对 CGMCC 接收到这类信息的证明的请求，CGMCC 不要求填写专门的表格。

---

❶ 对于质粒，"存活性"检验在于是否将质粒插入寄主。如果宿主被转化，则"存活性检验"被视为阳性。

发往交存人的官方通知：保藏物存单和存活性报告分别以强制性的国际性表格 BP/4 和 BP/9 发出。样本向第三方发放的通知以表格 BP/14 发出。其他的官方通知不使用标准表格。

发往交存人的非官方通知：如果需要，CGMCC 可在收到微生物之后、正式存单发出之前以电话或传真方式通知保藏日期和保藏号。该项服务收费 10 美元。类似地，在正式的存活性报告发出之前，CGMCC 也以电话或传真通知存活性报告的结果。

向专利代理人提供信息：如果需要，CGMCC 将向交存人的专利代理人提供存单和存活性报告的复印件。

（iii）转移在先保藏

布达佩斯条约规定之外的保藏可以由原保藏转移为布达佩斯条约下的保藏，不论其原来是不是出于专利目的保藏的。但是，在转移时，任何在先的免费保藏通常要依照布达佩斯条约保藏收取保藏费。转移的管理要求与布达佩斯条约下的原始保藏是相同的，除了不适用于进口和/或检疫手续相关的要求外。

（iv）重新保藏

根据布达佩斯条约第 4 条和细则 6.2，CGMCC 受理重新保藏。重新保藏时，CGMCC 不要求交存人填写标准表格，但要求交存人提供重新保藏的培养物与原始保藏物相同的声明（条约第 4 条），并提供相关文件的复制件（细则 6.2）。

2. 提供样品

（a）**提供样品的要求**

依照细则 11.3，CGMCC 将向有关的工业产权局、交存人或交存人授权的人、在法律上享有权利的人提供样品。

CGMCC 向第三方告知进行有效申请所应遵循的正确的手续。当请求方要求权利证明时，向请求方提供标准请求表 BP/12 的复印件。

CGMCC 将不向任何请求方提供受卫生和安全法规控制的微生物样品，除非 CGMCC 已确信请求方能够遵守这些法规。此外，在中国使用被认为是非常危险的某些生物开展工作时，必须先得到中国有关部门的许可；中国的请求方在接受样品前必须获得这样的许可。

当请求来自国外时，CGMCC 将默认相关对象熟悉其所在国家的入境要求。

除动物病毒和质粒外，CGMCC 只提供自行制备的保藏微生物的样品。

（b）**通知交存人**

每次将保藏的样品提供给第三方时，CGMCC 都将以 CGMCC 表格 BP/14 通知交存人，除非交存人放弃了他的被通知的权利。

（c）**布达佩斯条约下的保藏物目录**

如果交存人或被许可的专利机构通知 CGMCC，某微生物样品可以提供给任何对象，该微生物将被列入下一版的 CGMCC 菌种目录中。经中国国家知识产权局授权和公开的专利所涉及的所有微生物都列入了 CGMCC 的菌种目录中。

3. 费用表（单位：人民币元）

（a）保藏	3000
（b）发布一份存活性报告	500
（c）提供一份样品	500
（d）信息通信费	200

其他货币将根据中国银行的汇率换算为人民币（元）。

4. 对交存人的指导

CGMCC 公布了小册子，详细说明了它对用于专利目的的培养物的保藏的要求和规范。

中国 （CN）

广东省微生物菌种保藏中心（GDMCC）

广东省微生物研究所
先烈中路 100 号 59 号楼
广州 510075

电话：(86 – 20) 8713 7633，8713 7636，3765 6629
传真：(86 – 20) 8768 6803
电子邮箱：gdmcc@ gdim. cn
网址：http：//www. gimcc. net

1. 保藏的要求

（a）可保藏的微生物种类

GDMCC 受理以下保藏：细菌和古菌（包括含有质粒的）、真菌（包括霉菌和酵母）、噬菌体、质粒（分离的和位于宿主内的）、脱氧核糖核酸（DNA）、单细胞藻类、植物细胞培养物（包括未分化的细胞培养物、胚性植物细胞培养物和组织、体外芽培养物）、人和动物的细胞培养物（包括杂交瘤）。

目前，GDMCC 不受理胚胎、寄生性和病原性原生动物、动物病毒、植物病毒和 RNA 制剂的保藏。

GDMCC 不受理 1 级和 2 级危险群（中国分类）的病原性微生物和被中国法律或管理规定限制或禁止的其他微生物。

根据一般的原则，GDMCC 仅受理可以通过冻干、液氮或其他一些长期保藏方法保藏，而其特征不发生明显变化的材料。

例外情况是，GDMCC 可受理仅能以活的培养物形式维持的保藏，但这类保藏的受理及相关费用必须在与潜在交存人就个案情况事先协商后再决定。

如果 GDMCC 认为保藏可能产生无法承受的风险，或者保藏在技术上难以实施，GDMCC 保留拒绝受理上述保藏的权利。

（b）技术要求和手续

（i）形式和数量

在允许的情况下，细菌、古菌、真菌（包括霉菌和酵母）、单细胞藻类和位于宿主内的质粒应该保藏 5 份活的生长状态的培养物。但是，偶尔也可以受理冻干或冷冻的培养物。

噬菌体应该保藏的最低数量是 10×5 ml，每 ml 的最小滴度为 1×10^9 pfu。

作为分离的 DNA 制剂的质粒应该最少有 10×10 微克。

在宿主不能从 GDMCC 的公众保藏中获得的情况下，噬菌体和质粒必须与合适的宿主同时提交。

植物材料可以以未分化的植物细胞培养物、胚性植物细胞培养物和组织以及体外芽培养物的形式保藏。保藏需要 25 个冷冻安瓿瓶。在冷冻保藏芽尖或分生组织的情况下，安瓿瓶应含有每份分生组织共计最少 100 个存活最高峰（surviving apices）。

动物和人的细胞培养物应该以冷冻培养物的方式装入在 15 个安瓿瓶（都来自同一批次）中保藏，每瓶含有至少 5×10^6 个细胞（悬浮生长的细胞）或每瓶 2×10^6 个细胞（贴壁细胞）。

保藏的材料必须未被外源生物污染。在被送往 GDMCC 之前，动物和人的细胞培养物必须经检验确保其不含病毒。

（ⅱ）存活性检验所需的时间

GDMCC 检验所受理的各种生物材料的存活性所需的平均时间列出如下，交存人应意识到，在某些情况下，存活性检验可能需时较长，如括号中的数字所示：

古菌、细菌	3 天（或多达 14 天）
真菌、酵母	5 天（或多达 20 天）
藻类	10 天（或多达 30 天）
质粒	7 天（或多达 14 天）
噬菌体	7 天（或多达 14 天）
植物细胞培养物	7 天（或多达 30 天）
人和动物的细胞系	7 天（或多达 20 天）

（ⅲ）交存人复核和更新保藏物

GDMCC 通过传代培养交存人提供的微生物，自行制备用于保藏的冻干或冷冻形式的批量样品。应交存人的要求，也可以用原始材料进行保藏。但是，GDMCC 一般不自行制备分离的质粒、噬菌体、DNA、植物细胞培养物、人和动物的细胞系的批量样品。当因提供样品导致耗尽储藏的生物材料时，GDMCC 将要求交存人制作新的寄存物。

交存人可以从其寄存物的由 GDMCC 制备的冻干或冷冻的批量样品中索要一份样品，用于检验可靠性。

（c）管理要求和手续

（ⅰ）一般原则

语言：GDMCC 的工作语言是中文。也接受英语沟通。

合同：GDMCC 不与交存人签订规定双方责任的书面合同，除非是在受理某些危险生物体的情况下，交存人必须同意自行承担接受和处理这些生物体的风险。并且，通过签署 GDMCC 保藏表格并支付必要费用，交存人应提供 GDMCC 要求的所有必要信息，放弃在规定的保藏期内撤销保藏的权利，并同意根据布达佩斯条约的相关规定提供寄存物。

进口和/或检疫规定：国外的交存人必须就其微生物的运输提前联系 GDMCC 进行咨询。微生物必须完全符合中国的进口和/或检疫规定。在上述情况下，潜在交存人必须提供微生物的种名，GDMCC 借此向中国的相关机构申请入境许可证和/或检疫。获得这类许可通常需要 1~2 周时间。在获得入境许可后，GDMCC 将通知交存人或交存人的专利代理人。

（ⅱ）原始保藏

交存人必须满足的要求：根据细则 6.3（a），GDMCC 在能够受理微生物保藏之前要求以下条件：

寄存的微生物应该处于恰当的形式和数量，使 GDMCC 能够实现细则规定的义务；

提供由 GDMCC 确定并由交存人正确填写的用于管理手续的表格；

以英文或中文正确填写细则 6.1（a）或 6.2（a）中提到的书面陈述；

支付细则 12.1（a）提到的保藏费用；

交存人获得用于运输寄存物的所有必要许可。

交存人必须填写申请和登记表格 GDMCC – BP/1（等同于样表 BP/1）进行布达佩斯条约下的保藏。在日后指出或修正科学描述和/或建议的分类学命名的情况下，以及在请求出具 GDMCC 收到这类信息的证明的情况下，交存人必须填写表格 GDMCC – BP/7（等同于样表 BP/7）。

发往交存人的官方通知：存单和存活性报告分别以强制性的国际性表格 BP/4 和 BP/9 发出。日后指出或修正科学描述和/或建议的分类学命名的存单证明以表格 BP/8 发出。向第三方提供样品的通知以表格 BP/14 发出。其他的官方通知使用个人信件，而不使用样表。

发往交存人的非官方通知：如果需要，GDMCC 可在收到生物材料之后、正式存单发出之前以电子邮件或电话通知保藏日期和保藏号。可在存活性报告发出之前，以电子邮件或电话通知存活性检验的结果。

向专利代理人提供信息：GDMCC 通常不要求交存人提供专利代理人的姓名和地址。但是，如果需要，GDMCC 将同时向交存人及其专利代理人提供存单和存活性报告的复印件。

（ⅲ）转移在先保藏

布达佩斯条约规定之外的保藏可以由原始寄存人转移为布达佩斯条约下的保藏，不论其原来是不是出于专利目的保藏。但是，在转移时，任何在先的免费保藏通常要依照布达佩斯条约保藏收取保藏费。除了进口和/或检疫手续相关的要求不适用外，转移的管理要求与布达佩斯条约下的原始保藏是相同的。

（ⅳ）重新保藏

重新保藏时，要求交存人填写样表 BP/2，并提供根据细则 6.2 要求的相关文件的复印件。重新保藏的存单和存活性报告分别以强制性的国际性表格 BP/5 和 BP/9 发出。

2. 提供样品

（a）提供样品的要求

GDMCC 告知第三方为进行有效请求而要遵循的正确手续。当请求方要求权利证明时，GDMCC 向请求方提供标准请求表 BP/12 和/或各工业产权局使用的请求表（当所述工业产权局提供此类表格时）的复印件。

尽管第三方享有在专利法规下获取样品的权利，GDMCC 将不向任何请求人提供受卫生和安全法规控制的生物样品，除非请求方已出示其获得了用这类生物工作的许可证。当答复来自国外的请求时，GDMCC 假定请求方已满足其所在国家的入境要求。

GDMCC 提供的生物材料样品一般是自行制备的批量样品。对于分离的质粒、DNA、植物细胞培养物、人和动物的细胞系，GDMCC 提供原始的保藏材料。

（b）**通知交存人**

将以样表 BP/14 通知交存人其所寄存的生物材料已经被提供给第三方。

（c）**布达佩斯条约下的保藏物目录**

根据细则 9.2，GDMCC 通常不在其出版目录中列出布达佩斯条约下的保藏物。如果交存人或被许可的专利机构通知 GDMCC，某寄存样品可以提供给公众，该寄存物将被列入下一版的 GDMCC 目录中。

3. 费用表 （单位：人民币元）

（a）保藏	3000
（b）发布一份存活性报告	500
（c）提供一份样品	500
（d）信息通信费	200
（e）出入境许可证申请	根据实际情况收取费用

其他货币将根据中国银行的汇率换算为人民币（元）。

4. 对交存人的指导

GDMCC 公布了小册子，详细说明了它对用于专利目的的培养物的保藏的要求和规范，还可以通过电话或电子邮件咨询。

捷克（CZ）

Czech Collection of Microorganisms（CCM）

Kamenice 5/building A25

625 00 Brno

电话：（420）549 491 430
传真：（420）549 498 289
电子邮箱：ccm@ sci. muni. cz
网址：www. sci. muni. cz/ccm

1. 保藏的要求

（a）可以保藏的微生物种类

受理能够长期保存而初始性质不发生实质性改变的细菌（包括放线菌）、丝状真菌、酵母菌样微生物、酵母菌和宿主内的质粒。

CCM 仅受理符合实验室生物安全手册（世界卫生组织，Geneva 1983）、属于Ⅰ类或Ⅱ类危险的细菌、丝状真菌、酵母菌样微生物和酵母菌。

不受理 CCM 在技术上不能执行其特殊培养要求的微生物。

不受理缺少科学描述的培养物和不能鉴别的培养物。

当寄存的菌株含有质粒时，CCM 要求质粒及其宿主菌株涉及性质和分类的信息（即 P1、P2、P3 或 P4 类）。CCM 仅受理属于 P1 类的质粒。

（b）技术要求和手续

（ⅰ）形式和数量

CCM 受理冻干的或生长的活培养物状态的细菌和真菌，包括含有质粒的细菌和真菌，但琼脂穿刺培养物除外（因其易于在运输过程中损坏）。

要求交存人在进行保藏时提供 2 个冻干的或琼脂培养物。

（ⅱ）存活性检验所需的时间

CCM 检验所受理的各种微生物的存活性所需的平均时间是 5 天，但交存人应意识到，在一些情况下，存活性检验可能需时长达 14 天，尤其是对于生长缓慢的微生物。

（ⅲ）交存人复核和更新寄存物

在保藏时，CCM 通过传代培养交存人提供的材料自行制备细菌和真菌的冻干的和/或冷冻的批量样品。之后，在必要时，制备新的批量样品用于更新减少的库存。交存人被要求复核 CCM 制备的所有微生物批量样品的可靠性。

不管用何种方法制备用于发放的批量样品，CCM 将始终保藏交存人提供的原始材料。

（c）管理要求和手续

（ⅰ）一般原则

语言：CCM 的官方语言是捷克语。也接受以英语沟通。

　　合同：CCM 不与交存人签订规定双方责任的书面合同，但通过签署 CCM 保藏表格，交存人放弃了在规定的保藏期内撤销保藏的所有权利，并同意根据相关的专利法规提供微生物。

　　进口和/或检疫规定：目前，CCM 在布达佩斯条约下受理的微生物中还没有受进口或检疫规定限制的微生物。但上述情况可能在未来发生改变。

　　（ⅱ）原始保藏

　　交存人必须满足的要求：交存人必须填写表格 CCM－BP/1（等同于样表 BP/1 的表格），这是布达佩斯条约下保藏使用的登记表。

　　发往交存人的官方通知：存单和存活性报告分别以强制性的国际性表格 BP/4 和 BP/9 发出，二者均使用捷克语和英语。样本向第三方发放的通知以样表 BP/14 发出。其他官方通知使用 CCM 自己的标准信件。

　　发往交存人的非官方通知：如果需要，CCM 可在正式存单发出之前，但仅在获得阳性的存活性检验之后，以电话或传真方式通知保藏日期和保藏号。

　　向专利代理人提供信息：CCM 通常不询问交存人的专利代理人的姓名和地址。但是，如果需要，CCM 将向交存人及其专利代理人提供存单和存活性报告的复印件。

　　（ⅲ）转移在先保藏

　　布达佩斯条约规定之外的保藏可以由原保藏转移为布达佩斯条约下的保藏，但仅当其原来是出于专利目的的保藏。转移的管理要求与布达佩斯条约下的原始保藏应满足的要求相似。

　　所有的转移都应缴纳布达佩斯条约下的保藏通常征收的保藏费。

　　（ⅳ）重新保藏

　　在重新保藏时，交存人需填写等同于样表 BP/2 的表格，并提供细则 6.2 要求的相关文件的复印件。重新保藏的存单和存活性报告分别以强制性的国际性表格 BP/5 和 BP/9 发出。

2. 提供样品

　　（a）**提供样品的要求**

　　CCM 将告知第三方进行有效请求应遵守的程序。对于需要权利证明的索取要求，CCM 向请求方提供标准请求表 BP/12 的复印件和/或各工业产权局使用的请求表（当所述工业产权局提供这类表格时）。

　　当答复来自国外的索取要求时，如果 CCM 知晓某个特定国家需要入境许可，则其会要求请求方提供该入境许可。

　　CCM 提供的所有样品都来自其自行制备的批量样品。

　　（b）**通知交存人**

　　当微生物样品提供给第三方时，CCM 将以样表 BP/14 通知交存人。

　　（c）**布达佩斯条约下的保藏物目录**

　　CCM 不在其出版的目录中列出布达佩斯条约下的保藏物。

3. 费用表（单位：捷克克朗）

培养物的专利保藏

（a）寄存和保藏 30 年　　　　　　　　　　　　　　　　　23000

（b）发布一份存活性报告　　　　　　　　　　　　　　　700

（c）提供一份样品　　　　　　　　　　　　　　　　　1000

适用时，还将收取增值税（21%）。操作、邮寄和银行手续也应支付额外的费用。来自国外的订单需要预付款。

4. 对交存人的指导

目前，CCM 没有用于指导交存人的具体书面文件，但可随时通过电话或通信提供建议。

芬兰（FI）

VTT Culture Collection（VTTCC）

VTT Technical Research Centre of Finland

Tietotie 2

Espoo

邮政地址：

P. O. Box 1000

02044 VTT

电话：（+358 20）722 4526

传真：（+358 20）722 7071（联系：Erna Storgårds）

电子邮箱： culture. collection@ vtt. fi

网址： http：//culturecollection. vtt. fi/

1. 保藏的要求

（a）可以保藏的微生物种类

受理能够在 –150℃或冻干状态下保存，而性质或活力不发生显著改变或丢失的细菌（包括放线菌）和真菌（包括酵母菌）。

VTTCC 仅受理属于保护工作人员免受生物试剂职业暴露风险的欧盟指令 2000/54/EC 规定的 1 类或 2 类危险的生物和属于遗传修饰的微生物封闭使用欧盟理事会指令 98/81/EC 规定的 1 类的遗传修饰的微生物。

不受理被外源生物污染的生物材料。不受理两种以上微生物的混合物或微生物培养物。仅当 a）无法作为纯培养物单独培养和 b）在宏观或微观上易于区分时，受理两种微生物的混合物。

VTTCC 保留拒绝受理据 VTTCC 看来具有不能承受之危险或无法处理的材料保藏的权利。

（b）技术要求和手续

（ⅰ）形式和数量

提交 VTTCC 寄存的细菌、酵母菌和丝状真菌应提供 3 个同一批次的活培养物或冻干培养物。提交保藏的培养物应不含外源生物体。委托过程中应遵守包装和运输微生物的国际规定。

（ⅱ）存活性检验所需的时间

VTTCC 所受理的各种微生物的存活性检验所需的最短时间是 7 天。交存人应意识到，在检验生长缓慢的生物和存在特殊生长要求的生物的存活性时耗时更长。

（ⅲ）交存人复核和更新寄存物

VTTCC 通过传代培养交存人提供的材料，制备寄存生物的冷冻的和/或冻干的批量样品。交存人被要求复核从提供的材料制备各批量样品的可靠性。一部分原始材料经冷冻或冻干后保留和保藏。必要时，制备新的批量样品用于更新库存。

（c）管理要求和手续

（ⅰ）一般原则

语言：VTTCC 的官方语言是英语。书面报告和填写表格必须使用英语，但沟通中可接受芬兰语和瑞典语。

合同：VTTCC 的专利保藏表格 BP/1 是交存人与 VTTCC 之间的合同，交存人必须签字。通过合同签字，交存人承担了以下义务：

——提供 VTTCC 样品和 VTTCC 要求的所有必需信息；

——在规定的保藏期内，不得撤销保藏；

——向 VTTCC 缴纳与该合同下的保藏相关的所有必需费用；

——授权 VTTCC 根据适用的专利程序规定和目的供应样品；

——不追究 VTTCC 在保藏期内与样品损坏相关的任何责任，只要 VTTCC 已经采用了交存人说明过的所有涉及保藏的预防措施；

——赔偿 VTTCC 由于处理样品而可能遭受的任何损失，只要 VTTCC 已经采用了交存人说明过的涉及样品处理的所有预防措施。

进口和/或检疫规定：VTTCC 受理寄存的微生物种类不受进口或检疫规定的限制。

（ⅱ）原始保藏

交存人必须满足的要求：为了在 VTTCC 进行专利保藏，交存人必须填写表格 BP/1，表格可自 VTTCC 的网站获得。日后指出或修正科学描述和/或建议的分类学命名时，交存人必须填写表格 BP/7。

发往交存人的官方通知：存单和存活性报告分别以强制性的国际性表格 BP/4 和 BP/9 发出。日后提出或修正科学描述和/或建议的分类学命名的存单以表格 BP/8 发出。样本向第三方发放的通知以表格 BP/14 发出。

发往交存人的非官方通知：如果需要，VTTCC 可在正式存单发出之前，但仅在获得阳性的存活性检验之后，通知保藏日期和保藏号。同样地，VTTCC 可在正式的存活性报告发出之前，通知存活性检验的结果。

向专利代理人提供信息：如果需要，VTTCC 将同时向交存人及其专利代理人提供存单和存活性报告的复印件。

（ⅲ）转移在先保藏

布达佩斯条约规定之外的保藏可以由原保藏转移为布达佩斯条约下的保藏，不论其原来是否是出于专利目的保藏的。在转移时，所有的早期保藏都应缴纳布达佩斯条约下的保藏通常征收的保藏费。转移的管理要求与布达佩斯条约下的原始保藏应满足的要求是完全相同的。

（ⅳ）重新保藏

在重新保藏时，交存人需填写等同于样表 BP/2 的表格，并提供细则 6.2 要求的相关

文件的复印件。重新保藏的存单和存活性报告分别以强制性的国际性表格 BP/5 和 BP/9
发出。

2. 提供样品

（a）提供样品的要求

VTTCC 将告知第三方进行有效请求应遵守的程序。对于需要权利证明的索取要求，
VTTCC 向请求方提供标准请求表 BP/12 的复印件。样品仅提供给已认证的微生物实验室，
而不提供给私人地址。当索取要求来自国外时，VTTCC 默认请求方已满足了其所在国家
的入境要求。

VTTCC 提供的所有寄存微生物的样品都来自 VTTCC 制备的批量样品。

（b）通知交存人

当微生物样品提供给第三方时，VTTCC 将以表格 BP/14 通知其交存人。

（c）布达佩斯条约下的保藏物目录

VTTCC 不在其出版的目录中列出布达佩斯条约下的保藏物。

3. 费用表（单位：欧元）

（1）（a）登记和寄存（包括初始的存活性检验、保存和贮存 30 年）	900
（b）将布达佩斯条约规定之外的一项保藏转移为布达佩斯条约下的保藏	900
（c）延长保藏期，按年计算	50
（2）发布存活性报告	
（a）需要进行一项存活性检验	120
（b）基于最后一次存活性检验	50
（3）提供一份样品	170
（4）信息通信费	50
（5）发布一份证明	120

费用不包括增值税、运输成本或银行手续费。

4. 对交存人的指导

VTTCC 没有出版用于指导布达佩斯条约下的交存人的具体信息。建议交存人在寄存
前联系 VTTCC，获得关于手续的进一步信息。

法国（FR）

Collection Nntionale de Cultures de Micro – organismes（CNCM）

Institut Pasteur

25 – 28，rue du Docteur Roux

75724 Paris Cedex 15

电话：（33 – 1）45 68 82 50

传真：（33 – 1）45 68 82 36

电子邮箱：georges. wagener@ pasteur. fr

网址：http：//www. pasteur. fr/recherche/unites/Cncm

1. 保藏的要求

（a）可以保藏的微生物种类

受理动物细胞培养物，包括人细胞系、遗传修饰的细胞系和杂交瘤、细菌（包括放线菌）、含有质粒的细菌、丝状真菌和酵母菌，以及病毒；但以下除外：

——植物细胞；

——根据美国国立卫生研究院（National Institute of Health，NIH）《关于重组 DNA 分子的研究指南》（*Guidelines for Research Involving Recombinant DNA Molecules*）和《实验室安全规定》（*Laboratory Safety Monograph*）提供的信息，操作需要按照 P3 或 P4 级标准进行物理隔离的微生物；

——可能需要 CNCM 的技术上不能执行的存活性检验的微生物；

——未定义的和/或不能鉴别的微生物的混合物。

CNCM 保留拒绝受理以下任何细胞培养物的权利：据负责人看来，涉及不能承受之风险，或出于技术原因、操作原因的细胞培养物，和出于保密原因不恰当的微生物；对人类、动物、植物和环境具有特殊风险。

对于寄存未冻干的或不能冻干的培养物的可能性，必须在传送微生物前就此咨询 CNCM 受理样品的可能性和条件；但明智的做法是对一切情况都提前咨询。

（b）技术要求和手续

（i）形式和数量

交存人必须提供 12 个来自同一制品的冷冻的或冻干的复制品，其含有至少 10^6 个活单位/ml。在例外的情况下可能允许较低的浓度。

交存人还应该提供寄存微生物的复核和/或保藏所必需的任何活的材料，如果所述材料不能获得自 CNCM 的开放收藏，以及任何用于上述目且无法得到或无法简单得到的物质。

（ⅱ）存活性检验所需的时间

CNCM 检验各种微生物的存活性所需的平均时间列出如下（但交存人应意识到，在某些生长缓慢的微生物或那些存活性检验需要特别长的准备期的生物的情况下，可能会超过所给出的时间）：

细菌、噬菌体	14 天
丝状真菌、酵母菌	25 天
动物或人细胞培养物	40 天
病毒（噬菌体除外）	60 天

（ⅲ）交存人复核和更新寄存物

CNCM 在保藏时，或在此之后任何其他必要的时间，通过传代培养交存人提供的材料，自行制备批量样品。这些库存计划用于满足索要样品的请求。交存人被要求复核 CNCM 制备的他所提交的微生物的所有批量样品都持续具有其所有已知的具体性质。

在任何情况下，CNCM 都保藏了交存人提供的原始材料的一部分。

（c）管理要求和手续

（ⅰ）一般原则

语言：CNCM 的官方语言是法语。也接受以英语沟通。所有需要填写的表格都有英语和法语格式。信件和通知也以法语或英语书写。

合同：CNCM 与交存人签订合同。通过在合同上签字，交存人承认他注意到了布达佩斯条约下的微生物保藏的管理条件、CNCM 的相关操作中应遵守的手续要求，以及发生事故后的相关责任。

进口和/或检疫规定：对于来自国外的感染性材料，CNCM 为交存人提供贴在包裹上的标签，以确保装在符合危险物质运输的国际法规的包裹中的微生物自由地进入法国领土，和符合微生物出境必需的一切手续。

极少数的微生物在法国领土上进行操作和保藏需要特殊授权。申请人必须提供有关机构要求的所有细节，之后 CNCM 将立即提交必要的授权请求。

目前没有适用于微生物的检疫规定。

（ⅱ）原始保藏

交存人必须满足的要求：交存人必须填写和签署保藏表格和合同表格（参见上文 1 （c）（ⅰ））。CNCM 根据寄存的是细菌、在细胞系统上培养的细菌、噬菌体、丝状真菌和酵母菌、病毒或细胞培养物，使用不同的保藏表格。填写的每一份保藏表格都含有交存人的说明，说明其已经在原始国家中作出了现行国家法规要求的涉及保藏微生物的用途和传播的所有通知，并且已经获得了所述行为的必要授权。

CNCM 强烈建议交存人在寄出微生物前，将保藏表格传真回 CNCM，并不延迟地通知预期的保藏日期和运输方法。保藏文件的原件应在微生物寄出前或同时寄出。

日后指出或修正科学描述和/或建议的分类学命名时，交存人必须填写表格 BP/7。该表格可通过邮件或传真从 CNCM 索取。

发往交存人的官方通知：存单和存活性报告分别以强制性的国际性表格 BP/4 和 BP/9 发出。所有的其他官方通知使用专用信件。

发往交存人的非官方通知：在收到没有可用显而易见的理由拒绝受理的条件下的微生

物时，CNCM 会将保藏日期和保藏号传真给交存人。如果之后受理保藏，则保藏号与注册号相同。

向专利代理人提供信息： CNCM 不要求交存人提供专利代理人的姓名和地址；但是，如果需要，CNCM 将根据具体请求，向其专利代理人提供存单和存活性报告的原件或复印件。

（ⅲ）转移在先保藏

如果保藏原来是用于专利程序目的的或用于具有保密特征的安全性目的的，则布达佩斯条约规定之外的保藏可以转移为布达佩斯条约下的保藏。任何转移布达佩斯条约之外的保藏的请求都必须具有原始交存人的签名，并给出受理原始保藏的日期、CNCM 赋予它的保藏号、交存人的姓名和地址、请求转移至布达佩斯条约下的明示，以及在细则 9.1 所述期间内不撤销保藏的保证。CNCM 与交存人签订合同（参见上文 1（c）（ⅰ））。所有的转移都应缴纳布达佩斯条约下的保藏通常征收的保藏费。

（ⅳ）重新保藏

在重新保藏时，交存人必须填写样表 BP/2，该表格由 CNCM 提供，并且部分内容已经填写，并传送细则 6.2 提及的文件复印件。CNCM 与交存人签订合同（参见上文 1（c）（ⅰ））。对于寄送微生物，交存人必须遵守与原始保藏时完全相同的要求（参见上文 1（b）（ⅰ）和 1（c）（ⅰ））。重新保藏的存单和存活性报告分别以强制性的国际性表格 BP/5 和 BP/9 上发出。

2. 提供样品

（a）提供样品的要求

CNCM 将告知第三方进行有效请求应遵守的程序。对于需要权利证明的索取要求，CNCM 向请求方提供标准请求表 BP/12 的复印件，但不提供各工业产权局使用的请求表。

尽管享有在专利规则下获取样品的权利，CNCM 将不向任何请求方提供潜在有害的微生物样品，除非请求方签署声明称其已完成了其所在国家的相关法规要求的所有通知行为，并且其因此而已收到了所有必需的授权。当答复来自国外的请求时，CNCM 要求请求方提供其具有足够的入境授权，或声明指出所述微生物的合法运输不需要所述授权。

（b）通知交存人

当 CNCM 收到样品请求或将保藏微生物的样品发送到第三方时，CNCM 将立即通知交存人相关事实。

（c）布达佩斯条约下的保藏物目录

CNCM 不在任何目录中列出布达佩斯条约下的保藏物。

3. 费用表（单位：欧元）

（a）保藏
    ——细菌、丝状真菌、酵母菌、噬菌体
    ——冻干 609.80
    —— -80℃冷冻 701.27
    ——液氮冷冻 1448.27

　　——细胞培养

　　——动物病毒

　　——在鸡胚中增殖　　　　　　　　　　　788.92

　　——在培养细胞中增殖　　　　　　　　　1086.9

（b）发布一份存活性报告

　　——需要进行一项新的存活性检验　　　　106.71

　　——其他情况　　　　　　　　　　　　　18.29

（c）提供一份样品（包括运输成本）　　　　106.71

（d）发布一份证明的信息通信费　　　　　　38.11

费用将征收现行法国法规规定的增值税。

4. 对交存人的指导

可以通过邮件或传真向 CNCM 索取保藏程序的详细信息，而且 CNCM 会一直在能力范围内通过电话提供额外的信息和指导。

德国（DE）

Leibniz – Institut DSMZ – Deutsche Sammlung von Mikroorganismen und Zzllkulturen GmbH（DSMZ）

Inhoffenstr. 7 B

38124 Braunschweig

电话：（49 – 531）2616 254

传真：（49 – 531）2616 418，2616 225

电子邮箱：Vera. Bussas@ dsmz. de

网址：http：//www. dsmz. de

1. 保藏的要求

（a）可以保藏的微生物种类

受理细菌（包括放线菌）和古菌（包括包含质粒的细菌和古菌）、真菌（包括酵母菌）、噬菌体、质粒 DNA、植物病毒、植物细胞培养物（未分化的植物细胞培养物、胚性植物细胞培养物和组织、体外的芽培养物）、人和动物细胞培养物（包括杂交瘤）。

DSMZ 仅受理属于保护工作人员免受生物试剂职业暴露风险的欧盟指令 2000/54/EC（OJ No. L262，第 21 ~ 45 页，2000 年 9 月 18 日）或相应的德国法（*Biostoffverordnung*（BGBI. 1pp. 2514，2014 年 7 月 15 日））规定的 1 类或 2 类危险的生物寄存。

遗传操作过的生物体和分离的 DNA 必须是根据遗传修饰的微生物封闭使用欧盟理事会指令 98/81/EC 规定的 1 类或 2 类可操作的，或者是《德国基因工程管理条例》（*German Law Regulating Genetic Engineering*）中的 S1 或 S2 安全分级的（BGBI. 1，第 2066 ~ 2083 页，1993 年 12 月 21 日，末次修改于 2013 年 8 月 7 日的 Art. 2 abs. 27 和 Art. 4 Abs 14 G，I 3154）。

不受理被外源生物污染的上述生物材料。

不受理两种以上成分的微生物培养物的混合物。仅当无法作为纯培养物单独培养和在宏观或微观上易于区分时，受理两种成分的混合物。

不受理不能通过机械感染植物来增殖的植物病毒保藏。

DSMZ 保留拒绝受理据 DSMZ 看来具有不能承受之危险或无法处理的材料寄存的权利。

在所有情况下，必须能够通过冻干或保藏在液氮中或其他一些长期保藏的方法保藏寄存材料，而不发生显著变异。

（b）技术要求和手续

（i）形式和数量

DSMZ 对提交保藏的微生物的状态有下列具体要求：

　　——细菌、古菌和真菌应该尽可能寄存 2 个活的生长中的培养物。也受理冻干的培养物。

　　——噬菌体应该寄存最少数量为 2×5 ml，最小滴度为 1×10^9 pfu/ml。

　　——作为分离的 DNA 制品的质粒应该寄存最少数量为 2×20 ［微］克。

　　——噬菌体和质粒需要与合适的宿主一起寄送，如果 DSMZ 的公开收藏物中无法获得所述宿主。

　　——植物病毒应该以干燥的或冷冻的材料状态，同时与宿主的种子一起寄存，除非宿主是可普遍获得的。还应该寄存 100 ［微］升适合免疫电镜的血清，用于纯度和同一性检验。

　　——植物材料可以以未分化的植物细胞培养物、胚性植物细胞培养物和组织，以及体外的芽培养物的状态寄存。寄存需要 25 个冷冻的安瓿。在冷冻保藏的芽尖端或分生组织的情况下，这些安瓿应该含有总计至少 100 个存活的芽尖或分生组织。如果需要在 DSMZ 进行冷冻保藏程序（由交存人缴纳费用），则必须提供活的生长中的植物材料，该材料状态是未分化的细胞培养物或组织（5 个 Petri 培养皿）、或悬浮培养物（3 个培养容器）、或活的生长中的体外试管苗（芽或芽状结构，至少 10 个）。

　　——动物和人细胞培养物应该以冷冻培养物的状态保藏在 12 个安瓿（均同时制备）中，每个安瓿含有至少 5×10^6 个细胞（生长在悬浮液中的细胞）或 2×10^6 个细胞（贴壁细胞）。

　　用于保藏的材料必须不被外源生物污染。在寄往 DSMZ 之前，必须检验动物和人细胞培养物，以确保其不含病毒。培养物应该装在正确的容器中寄送。

　　（ⅱ）存活性检验所需的时间

　　DSMZ 检验所受理的各种微生物的存活性所需的平均时间列出如下，但交存人应意识到，在一些情况下，尤其是对于生长缓慢的微生物，存活性检验可能需时更长，如括号中的数字所示：

细菌、古菌、酵母菌、噬菌体和质粒	2 天（或多达 3 周）
真菌	3 天（或多达 3 周）
植物病毒	2 周
植物细胞培养物	3~4 周（或多达 6 个月）
人和动物细胞培养物（包括检测支原体污染）	2 周

　　（ⅲ）交存人复核和更新寄存物

　　DSMZ 在保藏时，通过传代培养交存人提供的材料，自行制备细菌、古菌、真菌和酵母菌的冻干的和/或冷冻的批量样品（但不制备质粒、噬菌体、植物细胞培养物、植物病毒或动物和人细胞培养物的批量样品）。之后，必要时，从这些样品制备新的批量样品用于更新减少的库存。交存人被要求复核 DSMZ 制备的他所提交的微生物的所有批量样品的可靠性。

　　不论用于制备供发送的批量样品的方法是什么，只要所提供的培养物条件允许，DSMZ 在任何情况下都保藏了交存人提供的原始材料的一部分。

　　（c）**管理要求和手续**

　　（ⅰ）一般原则

　　语言：DSMZ 的官方语言是德语。也接受以英语沟通。接受以法语沟通，但表格例外。

　　合同：DSMZ 不与交存人签订规定双方责任的书面合同，但通过在 DSMZ 的保藏表格上签字，交存人同意了 DSMZ 的通用条款和条件，并放弃在规定的保存期内撤销其保藏的微生物的权利。

　　进口和/或检疫规定：在极少数的情况下，进口规定适用于 DSMZ 受理的微生物。在此情况下，交存人必须提供微生物的种名，DSMZ 将借此申请获得必要的许可证。DSMZ 受理的微生物类型不受检疫规定的限制。关于进口要求的其他信息可获得自德国食品农业和消费者保护部（Bundesminister für Ernährung, Landwirtschaft und Verbraucherschutz, Wilhelmstr. 64, 10117 Berlin, Germany）。

　　（ii）原始保藏

　　交存人必须满足的要求：交存人必须填写表格 DSMZ – BP/1（等同于样表 BP/1 的表格），该表是用于布达佩斯条约保藏的保藏表格。DSMZ 对于细菌、古菌或真菌、噬菌体、质粒、植物病毒、植物细胞培养物和动物和人细胞培养物的寄存使用不同的表格。日后指出或修正的科学描述和/或建议的分类学命名时，以及向 DSMZ 索取收到这类信息的证明时，交存人必须填写等同于样表 BP/7 的表格。

　　发往交存人的官方通知：存单和存活性报告分别以强制性的国际性表格 BP/4 和 BP/9 发出，同时有德语和英语形式。日后指出或修正科学描述和/或建议的分类学命名的存单以等同于样表 BP/8 的表格发出。向第三方提供样品的通知以样表 BP/14 发出。其他官方通知不使用标准表格。

　　发往交存人的非官方通知：DSMZ 在发出正式的存活性报告和存单之前，且仅在进行了存活性和纯度检验并获得了阳性结果之后，以电子邮件通知保藏日期和保藏号。

　　向专利代理人提供信息：DSMZ 通常不要求交存人提供专利代理人的姓名和地址。但是，如果需要，DSMZ 将同时向交存人及其专利代理人提供存单和存活性报告的复印件。

　　（iii）转移在先保藏

　　原始交存人可以将其在布达佩斯条约规定之外的保藏转移为布达佩斯条约下的保藏，不论其原来是否是出于专利目的保藏的。但是，当在先的保藏是出于科学目的并且已经可自 DSMZ 普遍获得时，交存人需要授权 DSMZ 继续供应，并放弃被通知样品发放的权利。如果交存人不同意该要求，则他只能在布达佩斯条约下对同一生物进行再次保藏。上述约束条款不适用于之前出于专利目的的保藏和用于安全性保管的机密保藏。在转移时，所有之前免费的保藏都应缴纳布达佩斯条约下的保藏通常征收的保藏费。除上述例外情况以外，关于转移的管理要求与在布达佩斯条约下的原始保藏应满足的要求完全相同。

　　（iv）重新保藏

　　在重新保藏时，交存人必须填写等同于样表 BP/2 的表格，并提供细则 6.2 要求的相关文件的复印件。重新保藏的存单和存活性报告以强制性的国际性表格 BP/5 和 BP/9 发出。

2. 提供样品

（a）提供样品的要求

DSMZ 将告知第三方进行有效请求应遵守的程序。对于需要权利证明的索取要求，

DSMZ 向请求方提供标准请求表 BP/12 的复印件和/或各工业产权局使用的请求表（当所述产权局已经提供了这类表格时）。

当相应专利局已经通知了由国际保藏单位就所述专利中提及的保藏微生物所给出的保藏号列表时，使用标准请求表 BP/13 来索取保藏微生物。

尽管第三方享有在专利规则下获取样品的权利，DSMZ 将不向任何第三方提供潜在有害的微生物样品，除非请求方提供了证明其被允许使用所述生物进行工作的证据。当答复来自国外的请求时，对于已知需要入境许可证的特定国家，DSMZ 要求请求方提供入境许可证。

DSMZ 提供的所有的细菌、古菌和真菌的样品都来自自行制备的微生物批量样品。

（b）通知交存人

当寄存的微生物的样品被提供给第三方时，以样表 BP/14 通知交存人。

（c）布达佩斯条约下的保藏物目录

根据细则 9.2，DSMZ 不在其公开的目录中列出布达佩斯条约下的保藏物。

3. 费用表（单元：欧元）

（1）（a）根据细则 12.1（a）（i）的保藏（包含初次存活性检验、暂存和保藏生物材料）

  ——古菌、细菌、真菌、质粒、噬菌体和植物病毒 800

  ——植物细胞培养物、人和动物细胞培养物 1400

（b）将布达佩斯条约外保藏转为根据条约的保藏

  ——古菌、细菌、真菌、质粒、噬菌体和植物病毒 800

  ——植物细胞培养物、人和动物细胞培养物 1400

（c）延长根据细则第 9 条的保藏期，每延长一年

  ——古菌、细菌、真菌、质粒、噬菌体和植物病毒 30

  ——植物细胞培养物、人和动物细胞培养物 50

（2）根据细则 12.1（a）（iii）发布一份存活性报告

（a）需要进行存活性检验 120

（b）基于最近一次的存活性检验 50

（3）根据细则 12.1（a）（iv）提供一份样品（含最新运费） 120

（4）根据细则 7.6 的信息通信费 50

（5）根据细则 8.2 的证明 50

对于德国境内的消费者，上述费用不含增值税，目前该税率为 7%。必须根据欧盟法令缴纳 7% 的流转税，不引用增值税登记号。

所有发票都收取 5~30 欧元的手续费以支付人工和银行收费。

4. 对交存人的指导

DSMZ 在主页（www.dsmz.de）上为潜在交存人提供具体的书面注意事项。此外，还可以通过电话或电子邮件咨询。

匈牙利（HU）

（HU）NCAIM/2016

National Collection of Agricultural and Industrial Microorganisms（NCAIM）

Faculty of Food Sciences

Szent István University of

Somlói út 14 – 16

1118 Budapest

电话：（36 – 1）482 63 22

传真：（36 – 1）482 63 22

电子邮箱： judit. tornai@ uni – corvinus. hu

网址： http：//ncaim. uni – corvinus. hu

1. 保藏的要求

（a）可以保藏的微生物种类

受理细菌（包括链霉菌），但专性的人类病原菌（例如白喉棒杆菌、麻风分枝杆菌、鼠疫耶森氏菌等）例外。

受理真菌，包括酵母菌和霉菌，但一些病原菌（子囊酵母菌、球孢子菌、组织胞浆菌等）和某些不便保存的担子菌和植物病原性真菌例外。

目前暂不受理下列生物保藏：

——病毒、噬菌体、立克次氏体；

——藻类、原生动物；

——细胞系、杂交瘤。

（b）技术要求和手续

（ⅰ）形式和数量

NCAIM 受理冻干制品或活的培养物的微生物保藏。保藏时，交存人必须提供的最小复制数是 25 个冻干制品或 3 个活的培养物。

（ⅱ）存活性检验所需的时间

NCAIM 检验所受理的微生物的存活性所需的平均时间是 7 天，但交存人应意识到，在一些情况下，存活性检验需要 14 天。

（ⅲ）交存人复核和更新寄存物

当保藏活的培养物时，NCAIM 通过传代培养交存人提供的材料，自行制备批量样品。交存人被要求复核所有这些批量样品的可靠性。NCAIM 不自行制备交存人以冻干制品提供的微生物的批量样品。

在所有情况下，NCAIM 通过提醒交存人提交新的保藏来更新寄存微生物的减少的库存。

不论用于制备供发送的批量样品的方法是什么，NCAIM 都会保藏交存人提供的原始材料的一部分。

（c）管理要求和手续

（ⅰ）一般原则

语言：NCAIM 的官方语言是匈牙利语。也接受用英语、法语、德语和俄语沟通。

合同：NCAIM 不与交存人签订规定双方责任的书面合同。但通过在 NCAIM 的保藏表格上签字，交存人放弃了在规定的保藏期内撤销其保藏微生物的权利。

进口和/或检疫规定：NCAIM 受理的微生物类型不受进口或检疫规定的限制。

（ⅱ）原始保藏

交存人必须满足的要求：交存人必须填写样表 BP/1，这是 NCAIM 使用的布达佩斯条约保藏的登记表。日后指出或修正科学描述和/或建议的分类学命名时和向 NCAIM 索取收到这类信息的证明时，交存人必须填写样表 BP/7。

发往交存人的官方通知：存单和存活性报告分别以强制性的国际性表格 BP/4 和 BP/9 发出，收到日后指出或修正科学描述和/或建议的分类学命名的证明按样表 BP/8 发出。向第三方提供样品的通知以表格 BP/14 发出。其他官方通知使用 NCAIM 自己的标准邮件。

发往交存人的非官方通知：如有要求，NCAIM 可以在受到微生物之后，发出正式存单之前，通过电话或传真通知保藏日期和保藏号。类似地，NCAIM 可在发出存活性报告之前，通知存活性检验的结果。

向专利代理人提供信息：NCAIM 通常不要求交存人提供专利代理人的姓名和地址。但是，如果需要，NCAIM 将同时向交存人及其专利代理人提供存单和存活性报告的复印件。

（ⅲ）转移在先保藏

原始交存人可以将其在布达佩斯条约规定之外的保藏转移为布达佩斯条约下的保藏，不论其原来是否是出于专利目的保藏的。所有的转移都需缴纳布达佩斯条约下的保藏通常征收的保藏费，不论这些保藏之前是否已缴纳过任何费用。

关于转移的管理要求与在布达佩斯条约下的原始保藏应满足的要求完全相同。

（ⅳ）重新保藏

在重新保藏时，交存人必须填写样表 BP/2，并提供细则 6.2 要求的相关文件的复印件。存单和存活性报告分别以强制性的国际性表格 BP/5 和 BP/9 发出。

2. 提供样品

（a）提供样品的要求

NCAIM 将告知第三方进行有效请求应遵守的程序。对于需要权利证明的索取要求，NCAIM 会向请求方提供标准请求表 BP/12 的复印件和/或各工业产权局使用的请求表（当所述工业产权局已经提供了这类表格时）。尽管享有在专利规定下获取样品的权利，请求方必须通过商业信件抬头或请求表或其他方式表明其接受过微生物学的培训并能使用正确配备的实验室。当答复来自国外的请求时，NCAIM 默认请求方已经满足了所在国家的入境要求。

    NCAIM 提供的样品来自交存人提供的制品，或者来自其自行制备的样品，取决于微生物的寄存状态。

（b）通知交存人

当保藏的微生物的样品已被提供给第三方时，以样表 BP/14 通知交存人。

（c）布达佩斯条约下的保藏物目录

NCAIM 不在其公开的目录中列出布达佩斯条约下的保藏物。

3. 费用表（单位：匈牙利福林）

（a）保藏   150000

（b）发布一项依照细则 8.2 的证明和细则 7.6 的通知   10000

（c）发布一份存活性报告，除细则 10.2（e）第一句中的例外情况   25000

（d）提供一份样品，除细则 11.4（h）第一句中的例外情况   30000

4. 对交存人的指导

NCAIM 目前尚未为潜在交存人提供标准信件和注意事项。

印度（IN）

Microbial Culture Collection（MCC）

National Centre for Cell Science（NCCS）

University of Pune Campus，Ganeshkhind

Pune – 411007，Maharashtra

India

电话：（ +91 20）257 08 237

传真：（ +91 20）256 92 259

电子邮箱：yogesh@ nccs. res. in

网址：http：//www. nccs. res. in

1. 保藏的要求

（a）可以保藏的微生物种类

MCC 目前受理属于印度当局分类中的 1 类和 2 类危险的细菌、真菌、酵母菌和位于宿主内的和/或作为分离的 DNA 制品的质粒。

可以受理遗传修饰的微生物和分离的 DNA，如果其可以在 BSL – 1 或 BSL – 2 级设备中处理或者属于 1 类或 2 类生物。

MCC 保留拒绝受理就 MCC 看来具有不可接受之危险或者 MCC 不能处理的微生物保藏的权利。可受理来自其他国家的植物或动物的病原性细菌和真菌，仅当其获得了印度有关当局的批准时。

保藏的材料一般通过冷冻干燥保存或储存在液氮中，或通过其他长期保藏方法保藏。

（b）技术要求和手续

（ⅰ）形式和数量

保藏的材料必须是纯的（无污染的），且应该寄送其以下的状态：

细菌和真菌（包括酵母菌）：2 支斜面活培养物；

质粒：5×20 微克分离的和纯化的 DNA 制品。

还需寄存活的状态的适当的质粒宿主和含有质粒的宿主（各 2 支斜面）。寄存物应该附有交存人正确填写的恰当的表格。这些表格可自 MCC 获得。细菌、真菌（包括酵母菌）和质粒应使用不同的表格。每项保藏需缴纳保藏费（细则 12.1（a））。

（ⅱ）存活性检验所需的时间

MCC 将尽快检验存活性。由于微生物的生长速率不同，因此不同微生物的存活性检验所需时间会相应地不同。存活性检验所需的平均时间如下：

细菌、酵母菌和质粒	4 天至 3 周
放线菌、真菌	7 天至 4 周

（ⅲ）交存人复核和更新寄存物

必要时，MCC 通过传代培养可利用的材料，制备甘油库存、冻干的和冷冻的（在液氮中）培养物。MCC 会将新的批量样品寄给交存人，并要求其复核这类微生物的可靠性。

（c）**管理要求和手续**

（ⅰ）一般原则

语言：MCC 的沟通语言和表格是英语。也接受以印度语沟通。但是，任何争端都以英语内容为准。

合同：MCC 不与交存人签订规定双方责任的书面合同，但通过在 MCC 的保藏表格上签字，交存人同意了一般性的条款和条件，并且放弃了在规定的保藏期内撤销其保藏微生物的权利。交存人还同意根据相关的专利规定发放所述微生物。

进口和/或检疫规定：来自印度国外的微生物培养物需要入境批文和/或遵守检疫规定。来自印度国外的交存人应在寄送培养物之前，就这类保藏与 MCC 沟通。

（ⅱ）原始保藏

交存人必须满足的要求：交存人必须发送完整的表格 BP/1，这是布达佩斯条约下保藏的登记表。关于科学描述或分类学命名的修正，交存人必须发送完整的表格 BP/7。

发往交存人的官方通知：存单和存活性报告分别用英语以强制性的国际性表格 BP/4 和 BP/9 发出。修正科学描述或分类学命名的存单以表格 BP/8 发出。向第三方提供样品的通知以表格 BP/14 发出。

发往交存人的非官方通知：如有要求，MCC 可以在发出正式存单之前，在完成了存活性检验并获得阳性结果之后，通知保藏日期和保藏号。

向专利代理人提供信息：应交存人的要求，MCC 将同时向交存人及其专利代理人发送存单和存活性报告的复印件。

（ⅲ）转移在先保藏

原始交存人可以将其早期在 MCC 中的布达佩斯条约规定之外的保藏转移为布达佩斯条约下的保藏。但是，如果原始保藏是在普通目录中，并列于 MCC 名录（印刷版或电子版）中，且对于 MCC 的供应没有任何限制，则交存人将被要求授权 MCC 不限制这类保藏的发放，并放弃其被通知样品发放的权利。如果不接受该条件，则必须在布达佩斯条约下进行新的材料保藏。之前在 MCC 中用于专利程序或安全保存之目的的保藏也可以转移为布达佩斯条约下的保藏。

转移的管理要求和费用都与在布达佩斯条约下的原始保藏完全相同。

（ⅳ）重新保藏

重新保藏需要提交完整的表格 BP/2，以及细则 6.2 要求的相关文件。这类保藏的存单和存活性报告分别以表格 BP/5 和 BP/9 发出。

2. 提供样品

（a）提供样品的要求

MCC 将按布达佩斯条约规定的程序向第三方提供样品。提供样品时的权利证明使用表格 BP/12，索菌使用表格 BP/13。对于危险微生物，请求方必须提供证明其可使用用于处理这类微生物的正确设备及其具有使用这类生物工作的必要许可的证据。

来自印度国外的请求方也必须提供进口许可证，如果该许可证是该国所需要的。

MCC 提供由其从寄存样品制备的样品。

（b）通知交存人

当保藏的微生物的样品已经被提供给第三方时，以表格 BP/14 通知交存人。

（c）布达佩斯条约下的保藏物目录

不在 MCC 名录（印刷版或电子版）中出版或在互联网上展示在布达佩斯条约下保藏的材料。

3. 费用表（单位：印度卢比）

菌、真菌、酵母菌和质粒

（a）在细则 12.1（a）（ⅰ）下的保藏	20000
（b）转移保藏	20000
（c）延长存续期超过细则第 9 条规定的期限（按年计算）	2000
（d）基于检验，发布存活性报告	3000
（e）基于最后一次存活性检验，发布存活性报告	1000
（f）提供样品	3000
（g）通知细则 7.6 的信息	1000
（h）细则 8.2 相关的证明	1000

4. 对交存人的指导

MCC 乐于为潜在交存人提供书面的注意事项和建议。

印度（IN）

Microbial Type Culture Collection and Ggne bank（MTCC）

Institute of Microbial Technology（IMTECH）

Council of Scientific and Industrial Research（CSIR）

Sector 39 – A

Chandigarh – 160 036（Union Territory）

电话：(91 –172) 263 66 80 至 94

传真：(91 –172) 269 05 85, 269 06 32

电子邮箱：idamtcc@ imtech. res. in, curator@ imtech. res. in

网址：http：//mtcc. imtech. res. in

1. 保藏的要求

（a）可以保藏的微生物种类

MTCC 受理属于印度当局分类中的 1 类和 2 类危险的细菌、真菌、酵母菌、噬菌体、位于宿主内的和/或作为分离的 DNA 制品的质粒。

可以受理遗传修饰的微生物和分离的 DNA，如果其可以在 S1 或 S2 级设备中处理或者属于 1 类或 2 类生物。

MTCC 保留拒绝受理就 MTCC 看来具有不可接受之危险或者 MTCC 不能处理的微生物寄存的权利。可受理能够在 S1 或 S2 级设备中处理的、来自其他国家的对植物或动物致病的细菌和真菌，仅当其获得了印度有关当局的批准时。

（b）技术要求和手续

（ⅰ）形式和数量

保藏的材料必须是纯的（无污染的），且应该寄送其以下的状态：

细菌和真菌（包括酵母菌）	10 支冻干的安瓿和 2 支活培养物（斜面）。如果不能提交冻干的培养物，MTCC 可以在交存人付费后进行冻干。
噬菌体	$5 \times 2ml$，最小滴度为 1×10^9 pfu/ml。还需要寄存噬菌体的活的状态的合适宿主（2 支斜面）。
质粒	5×20 微克分离的和纯化的 DNA 制品。还需要寄存质粒的活的状态的合适宿主（2 支斜面）。

寄存物应该附有交存人正确填写的恰当的表格。这些表格可自 MTCC 获得。细菌、真菌

（包括酵母菌）、噬菌体和质粒应使用不同的表格。每项保藏需缴纳保藏费（细则 12.1（a））

（ⅱ）存活性检验所需的时间

MTCC 将尽快检验存活性。由于微生物可能生长得很慢，不同微生物的存活性检验需要的时间不同。存活性检验所需的平均时间如下：

细菌、酵母菌、噬菌体和质粒	4 天至 3 周
放线菌、真菌	7 天至 4 周

（ⅲ）交存人复核和更新寄存物

必要时，MTCC 会通过传代培养交存人提供的材料，制备冻干的和冷冻的（在液氮中）培养物的新批量样品。MTCC 会将新的批量样品的样品寄给交存人，并要求其复核这类微生物的可靠性。

（c）**管理要求和手续**

（ⅰ）一般原则

语言：MTCC 的沟通语言和表格是英语。也接受以印度语沟通。但是，任何争端都以英语内容为准。

进口和/或检疫规定：来自印度国外的微生物培养物需要入境批文和/或遵守检疫规定。来自印度国外的交存人应在寄送培养物之前，就这类寄存与 MTCC 沟通。

（ⅱ）原始保藏

交存人必须满足的要求：交存人必须发送完整的表格 BP/1，这是布达佩斯条约保藏的登记表。关于科学描述或分类学命名的修正，交存人必须发送完整的表格 BP/7。

发往交存人的官方通知：存单和存活性报告分别用英语以强制性的国际性表格 BP/4 和 BP/9 发出。修正科学描述或分类学命名的存单以表格 BP/8 发出。向第三方提供样品的通知以表格 BP/14 发出。

发往交存人的非官方通知：在必要时，MTCC 可以在发出正式存单之前，且仅在完成了存活性检验并获得阳性结果之后，通知保藏日期和保藏号。

向专利代理人提供信息：应交存人的要求，MTCC 将同时向交存人及其专利代理人发送存单和存活性报告的复印件。

（ⅲ）转移在先保藏

原始交存人可以将其早期在 MTCC 中的布达佩斯条约规定之外的保藏转移为布达佩斯条约下的保藏。但是，如果原始保藏是在普通目录中，并列于 MTCC 名录（印刷版或电子版）中，且对于 MTCC 的供应没有任何限制，则交存人会被要求必须授权 MTCC 不限制这类保藏的供应，并放弃其被通知样品发放的权利。如果不接受该条件，则必须在布达佩斯条约下进行新的材料保藏。之前在 MTCC 中用于专利程序或安全保存目的的保藏也可以转移为布达佩斯条约下的保藏。

转移的管理要求和费用都与在布达佩斯条约下的原始保藏完全相同。

（ⅳ）重新保藏

重新保藏需要提交完整的表格 BP/2，以及细则 6.2 要求的相关文件。这类保藏的存单和存活性报告分别以表格 BP/5 和表格 BP/9 发出。

2. 提供样品

（a）提供样品的要求

MTCC 将按布达佩斯条约规定的程序向第三方提供样品。提供样品时的权利证明使用表格 BP/12，索菌使用表格 BP/13。对于危险微生物，请求方必须提供证明其可使用用于处理这类微生物的正确设备及其具有使用这类生物工作的必要许可的证据。

来自印度国外的请求方也必须提供该国必需的进口许可证。

MTCC 会提供由其从寄存样品制备的样品。

（b）通知交存人

当寄存的微生物的样品被提供给第三方时，以表格 BP/14 通知交存人。

（c）布达佩斯条约下的保藏物目录

不在 MTCC 名录（印刷版或电子版）中出版或在互联网上展示在布达佩斯条约下保藏的材料。

3. 费用表 （单位：印度卢比）

（a）保藏	15000
（b）转移一项寄存	15000
（c）延长存续期（按年计算）	2000
（d）基于检验，发布一份存活性报告	3000
（e）基于最后一次存活性检验，发布一份存活性报告	1000
（f）提供一份样品	3000
（g）信息通信费	1000
（h）发布一份证明	1000

4. 对交存人的指导

MTCC 乐于为潜在交存人提供书面的注意事项和建议。

意大利（IT）

Advanced Biotechnology Center（ABC）

Interlab Cell Line Collection（ICLC）
S. S. Banca Biologica e Cell Factory
Largo Rosanna Benzi，10
16132 Genova

电话：（39 –010）5558 474/289
传真：（39 –010）5558 293
电子邮箱：iclc@ istge. it
网址：http：//www. iclc. it/iclceng. html

1. 保藏的要求

（a）可以保藏的微生物种类

人和动物细胞系和杂交瘤，如果其可以贮存在液氮蒸汽中，且没有明显丧失活力。还受理遗传修饰的细胞系，如果所述细胞系属于 I 类遗传修饰的微生物，且如果其已经由交存人进行了登记。不受理任何高于 2 级防范目录的细胞系和杂交瘤的保藏。

ICLC 保留拒绝受理其操作代表了不能承受之危险或技术困难的材料保藏的权利。ICLC 要求交存人在保藏时填写关于细胞系/杂交瘤特征的表格。

（b）技术要求和手续

（i）形式和数量

细胞系和杂交瘤。每个寄存的细胞系必须提供至少 12 个冷冻的安瓿，每个安瓿含有不少于 2×10^6 个细胞。安瓿必须与足以在运输全程中保持其冷冻的干冰一起寄送。拒绝受理包装量不足的培养物。

（ii）存活性检验所需的时间

用于控制细胞系和杂交瘤的存活性所需的平均时间是 10 ~ 14 天（交存人应意识到，在一些情况下，控制可能需时更长）。

（iii）交存人复核和更新寄存物

一般而言，ABC 不自行制备细胞系/杂交瘤的库存；当库存由于发放样品而消耗时，ABC 要求交存人重新保藏。在一些特殊的情况下，通过与交存人达成一致意见，ABC 可以自行制备材料库存，并要求交存人复核材料的可靠性和质量。

（c）管理要求和手续

（i）一般原则

语言：ABC 的官方语言是意大利语。也受理英语和法语的保藏案。

合同：交存人必须填写表格，声明其同意以下内容：

——仅保藏所要求的形式和数量的材料；

——说明细胞系/杂交瘤与危险和致病性相关的特征；

——缴纳所有的规定费用，包括用于向 ABC 运输细胞系/杂交瘤的邮费；

——遵守布达佩斯条约的规定；

——遵守 ABC 对微生物保藏的规定。

进口和/或检疫规定：ABC 受理保藏的材料类型不需要遵守任何特殊规定。

（ⅱ）原始保藏

交存人必须满足的要求：交存人必须填写保藏表，其包括对细胞系/杂交瘤的致病性的声明。

在材料运输前 48 小时，交存人必须通知 ABC 其送往保藏的样品数量、所选择的运输方式和预计送到时间。如果材料是空运的，必须通知 ABC 航班号、目的地、运单号和运送者。

发往交存人的官方通知：存单和存活性报告以强制性的国际性表格 BP/4 和 BP/9 发出。

发往交存人的非官方通知：如有要求，ABC 可在发出正式存单之前，电话通知细胞系/杂交瘤的保藏日期和保藏号。

向专利代理人提供信息：如果需要，ABC 将专利代理人发送存活性报告的复印件。

（ⅲ）转移在先保藏

原始交存人可以将其在布达佩斯条约之外的保藏转移为布达佩斯条约下的保藏。在此情况下，必须缴纳布达佩斯条约下的保藏通常应缴纳的费用。其他要求与原始保藏应满足的要求完全相同。

（ⅳ）重新保藏

在重新保藏时，交存人必须填写包括关于细胞系/杂交瘤的致病性声明的保藏表，并发送细则 6.2 所述文件和声明的复印件。就运输而言，交存人必须遵守上文第 1 点（b）所述的技术规定和手续。

2. 提供样品

（a）提供样品的要求

ABC 不告知请求方进行请求应遵守的程序，也不提供请求表，所述表格可自相关专利局获得。

ABC 默认请求方已满足了相应国家的所有入境规定。

（b）通知交存人

当 ABC 向第三方发放寄存微生物的样品时，以信件通知交存人。

（c）布达佩斯条约下的保藏物目录

ABC 的目录中不包括在布达佩斯条约下的保藏物。

3. 费用表（单位：欧元）

细胞系和杂交瘤

（a）保藏 　　　　　　　　　　　　　　　　　1350

（b）发布一份存活性报告　　　　　　　　　　　　100

（c）提供一份样品　　　　　　　　　　　　　　　150

（d）通知和向主管当局请求授权　　　　　　　　　130

费用以及相关增值税可缴纳给 Centro di Biotecnologie Avanzate（Cassa di Risparmio di Genova e Imperia, n. 49, c/c 21624/20, cod. ABI 6175, cab 1594）。

4. 对交存人的指导

ABC 的保藏用表格包括对交存人的建议。

意大利（IT）

Collection of Industrial Yeasts（DBVPG）

Department of Agricultural, Food and Environmental Science

Borgo XX Giugno, 74

06121 Perugia

电话：（39 - 075）585 64 87, 585 64 55

传真：（39 - 075）585 64 70

电子邮箱：benedetta. turchetti@ unipg. it, pietro. buzzini@ unipg. it

网址：http://www. dbvpg. unipg. it

1. 保藏的要求

（a）可以保藏的微生物种类

受理酵母菌和酵母菌样真菌，但具有对人类健康有害性质的类型例外。

（b）技术要求和手续

（ⅰ）形式和数量

样品必须以液体或凝胶形式装在试管中或放在置于硬面容器内的冻干安瓿中发送。冷冻或深度冷冻的培养物必须在含有足以保证48小时不受室温影响的干冰的发泡聚苯乙烯容器中运输。寄送的细胞株必须是纯培养物，并具有高度活性。在被细菌、霉菌、其他酵母菌和古菌污染的情况下，寄送的培养物将被立即消毒。

（ⅱ）存活性检验所需的时间

用于检验寄存培养物的存活性所需的平均时间是20天。

（ⅲ）交存人复核和更新寄存物

在保藏时，DBVPG通过传代培养交存人提供的材料自行制备微生物的批量样品。之后必要时，将从这些批量样品制备新的批量样品用于更新减少的库存。DBVPG将一直保存交存人提供的原始材料的一部分。

（c）管理要求和手续

（ⅰ）一般原则

语言：DBVPG的官方语言是意大利语。也受理英语和法语的保藏案。

合同：交存人必须填写表格，声明其同意以下内容：

——仅保藏所要求的形式和数量的材料；

——说明酵母菌培养物与危险和致病性相关的特征；

——缴纳所有的规定费用；

——遵守布达佩斯条约的规定；

——遵守DBVPG对酵母菌保藏的规定。

进口和/或检疫规定：DBVPG 受理保藏的材料类型不需要遵守任何特殊规定。

（ii）原始保藏

交存人必须满足的要求：交存人必须填写保藏表，其包括对酵母菌培养物的致病性的声明。在材料运输前 48 小时，交存人必须通知 DBVPG 其送往保藏的样品数量、所选择的运输方式和预计送到时间。在空运的情况下，必须通知 DBVPG 航班号、目的地、运单号和运送者。

发往交存人的官方通知：存单和存活性报告以强制性的国际性表格 BP/4 和 BP/9 发出。

发往交存人的非官方通知：如有需求，DBVPG 可在发出正式存单之前，电话通知酵母菌培养物的保藏日期和保藏号。

向专利代理人提供信息：如果需要，DBVPG 将向专利代理人发送存活性报告的复印件。

（iii）转移在先保藏

原始交存人可以将其在布达佩斯条约之外的保藏转移为布达佩斯条约下的保藏。在此情况下，必须缴纳布达佩斯条约下的保藏通常应缴纳的费用。要求与原始保藏应满足的要求完全相同。

（iv）重新保藏

在重新保藏时，交存人必须填写包括关于酵母菌培养物的致病性声明的保藏表，并发送细则 6.2 所述声明文件的复印件。就运输而言，交存人必须遵守上文第 1 点（b）所述的技术规定和手续。

2. 提供样品

（a）提供样品的要求

DBVPG 不告知请求方进行请求应遵守的程序，也不提供请求表，所述表格可自相关专利局获得。

DBVPG 默认请求方已满足了相应国家的所有入境规定。

（b）通知交存人

当 DBVPG 向第三方发放保藏微生物的样品时，以信件通知交存人。

（c）布达佩斯条约下的保藏物目录

DBVPG 的目录中不包括在布达佩斯条约下的保藏物。

3. 费用表（单位：欧元）

（a）保藏 30 年	650
（b）发布一份存活性报告	50
（c）提供一份样品	
——琼脂斜面	40
——冻干样品	15
（d）信息通信费	25

4. 对交存人的指导

DBVPG 的保藏用表格含有对交存人的建议。

意大利（IT）

Istituto Zooprofilattico Sperimentale della Lombardia e dell' Emilia Romagna "Bruno Uberti-ni"（IZSLER）

Via Bianchi，9
25124Brescia

电话：（39 - 030）22901
传真：（39 - 030）2425251
电子邮箱：info@ izsler. it
网址：http：//www. izsler. it

负责处理布达佩斯条约下的保藏的实体机构
IZSLER Biobank of Veterinary Resource（IZSLER BVR）

Via Bianchi，9
25124Brescia
Italy

电话：（39 - 030）2290 248/536
传真：（39 - 030）2290 392/386
电子邮箱：substr@ izsler. it
网址：http：//www. ibvr. org

1. 保藏的要求

（a）可保藏的微生物种类
——从组织、器官和食物分离的动物细菌；
——人和动物病毒；
——噬菌体和质粒。
例外：具有威胁或可能威胁到人/动物的健康或环境的特性的微生物和质粒。
IZSLER 受理符合颁布于 2000 年 9 月 18 日的保护工作人员免受生物试剂职业暴露风险的欧盟指令 2000/54/EC（OJ L262 第 21 ~ 45 页）的微生物保藏。IZSLER 受理属于 1 类和 2 类危险的动物病原体。不受理分别列在《卫生法律汇编》（*Testo Unico delle Leggi Sanitarie*）第 265 条和第 265 条之二中的保藏。
IZSLER 受理属于 1 类和 2 类危险的人病毒。
IZSLER 不受理混合的微生物培养物。但如果它们是分离寄送的，则受理。不受理具有威胁或可能威胁到人/动物的健康或环境特性的微生物和质粒。

IZSLER 保留拒绝受理任何表现出高风险或在技术上难以处理的生物资源的权利。

寄出的生物资源可以是冷冻的或冻干的，并且将根据能够长期保存其活力和维持材料特征的方法，保藏在 -20℃ 或 -80℃。

(b) 技术要求和手续

（ⅰ）形式和数量

IZSLER BVR 对提交保藏的微生物和质粒的形式有下列要求：

细菌和病毒应该寄出冷冻的或冻干的培养物。每个制剂必须提供 12 小瓶，浓度不少于每小瓶 10^5 个活性单位；

交存人必须检验保藏的材料，使其不含外源微生物的污染；

噬菌体　　　　　　　　12 个冷冻小瓶（每小瓶 1 ml，每 ml 的滴度至少为 10^8 pfu）

质粒（位于宿主内）　12 个冻干小瓶加 3 份琼脂培养物

质粒（纯化的 DNA）　12 个冷冻小瓶（每小瓶 25μg 分离的纯化 DNA 制剂）

还需要以活性形式保藏质粒的合适宿主（2 支斜面）。

（ⅱ）存活性检验所需的时间

检验不同种类的微生物的存活性所需的时间列出如下，必须指出的是，对于生长缓慢的微生物，存活性检验必然耗时更久，如括号中所示：

细菌　　　　　　　　　　平均 14 天（多达 3 周）

人和动物病毒　　　　　　平均 20 天

噬菌体　　　　　　　　　平均 14 天

宿主内的或纯化的 DNA[1]　平均 8 天或多达 10 天（生长缓慢的宿主时间更久）

（ⅲ）交存人复核和更新保藏物

IZSLER 一般不制备细菌和病毒的批量样品，当批量样品耗尽时，将要求交存人重新保藏。仅在特殊情况下，根据与交存人事先的书面约定，IZSLER 可以制备材料的新的批量样品。但是，交存人必须控制材料的质量特征。

交存人提交的每份原始材料都有一部分被保留作为主保藏。

(c) 管理要求和手续

（ⅰ）一般原则

语言：IZSLER 的官方语言是意大利语。可接受意大利语和英语沟通与信件。

合同：IZSLER 与交存人之间必须签订合同。合同必须由双方签字，并且告知交存人布达佩斯条约下保藏的条件、应遵守的规定和要求以及偶发事件下的相对责任。

特别是交存人应声明以下内容：

待保藏材料的数量和形式；

——材料的特征和生物学风险；

——待缴费用的支付；

——遵守布达佩斯条约的规定和 IZSLER 已通知 WIPO 的规定。

进口和/或检疫规定：IZSLER 要求意大利卫生部的入境授权。

---

[1] 质粒的"存活性检验"由用质粒转化合适的宿主构成。如果宿主被转化，则"存活性检验"被视为阳性。

IZSLER 受理的微生物不需要遵守任何检疫规定。

感染性材料在意大利运输的包装应符合危险材料运输的国际规定。

（ⅱ）原始保藏

交存人必须满足的要求：交存人必须为布达佩斯条约下的保藏填写并签署合同和保藏表。每类生物资源的表格都是特定的。

在日后指出或修正科学描述和/或建议的分类学命名的情况下，交存人必须填写表格 BP/7，可通过电子邮件向 IZSLER 索要该表格。

寄送交存的生物资源必须事先征得双方的同意。

原始的保藏文件应与生物资源一同寄出，但提倡在寄出生物资源前发送电子邮件。

发往交存人的官方通知：存单和存活性报告分别通过传送国际性表格 BP/4 和 BP/9 发出。其他通知通过个人信件发出。

涉及技术描述和/或建议的分类学命名变化的证明都以表格 BP/8 发出。

此外，向第三方提供样品的通知都以表格 BP/14 发往交存人。

官方表格仅在存活性检验有结果之后和受理保藏时发出。保藏号与登记号相同。

发往交存人的非官方通知：IZSLER 可在作出官方存单声明和存活性检验之前通过电子邮件通知保藏日和保藏号。

向专利代理人提供信息：如果需要，IZSLER 将向专利代理人提供信息。

（ⅲ）转移在先保藏

其他类型的保藏（公开保藏、安全保藏）可以由交存人转移为布达佩斯条约下的保藏。在此情况下，交存人应指出受理原始保藏的日期、生物资源的登记号、交存人的姓名和地址以及转移保藏的请求，并在细则 9.1 指出的时间内维持微生物的保藏和用于研究目的的发放。在此情况下，批量样品必须从在先保藏转移成新保藏。可选地，交存人制备新的批次用于布达佩斯条约下的保藏。新保藏应遵守布达佩斯条约实施细则和管理要求。

（ⅳ）重新保藏

交存人必须填写样表 BP/2 以进行重新保藏，并提供根据细则 6.2 提到的文件的复印件。

存单和存活性报告分别以强制性的国际性表格 BP/5 和 BP/9 发出。

2. 提供样品

（a）提供样品的要求

IZSLER 通知第三方订购专利微生物的正确手续。在需要权利证明的情况下，IZSLER 向请求方提供标准请求表 BP/12 的复印件。

根据专利规定，当第三方提供了其被允许使用这类微生物的证据后，将收到该微生物。

此外，当答复来自国外的请求时，IZSLER 要求包括入境许可在内的所有文件，或陈述该微生物的正确运输不需要任何授权的声明。

（b）通知交存人

将以表格 BP/14 通知交存人专利微生物被提供给第三方。

（c）布达佩斯条约下的保藏物目录

IZSLER 不在任何出版物目录中公布列出布达佩斯条约下的保藏物。

3. 费用表（单位：欧元）

人和动物的细菌
    冷冻干燥的   608.80
    -80℃冷冻的   701.27
    液氮冷冻的   1448.27

人和动物的病毒
    来自鸡胚   788.92
    来自细胞培养物   1086.96

噬菌体
    -80℃冷冻的   701.27
    液氮冷冻的   1448.27
    质粒（在宿主内的或分离的 DNA）
    冷冻干燥的   608.80
    -80℃冷冻的   701.27

存活性
    基于最后一次检验发布存活性报告   60.00
    存活性检验（细菌）   100.00
    存活性检验（病毒）   150.00
    存活性检验（噬菌体）   100.00
    存活性检验（在宿主内的或作为分离的 DNA 的质粒）   110.00

发放
    提供一份样品（噬菌体）（加运费）   400.00
    提供一份样品（病毒）（加运费）   400.00
    提供一份样品（噬菌体）（加运费）   400.00
    提供一份样品（质粒）（加运费）   105.00
    信息通信费或发放一份证明   50.00

根据意大利法规增加增值税（VAT）。

4. 对交存人的指导

IZSLER 在其主页（http：//www.ibvr.org）上为布达佩斯条约下的保藏请求提供书面的注意事项。还可以通过电子邮件咨询其他信息。

日本（JP）

International Patent Organism Depositary（IPOD）

National Institute of Technology and Evaluation（NITE）

#120，2 – 5 – 8 Kazusakamatari

Kisarazu – shi

Chiba 292 – 0818

电话：（81）438 20 5910

传真：（81）438 20 5911

电子邮箱：ipod@ nite. go. jp

网址：http：//www. nite. go. jp/en/nbrc/patent/pod/index. html

1. 保藏的要求

（a）可以保藏的微生物种类

受理原生动物、植物细胞培养物、种子和藻类，但是以下除外：

——根据 NITE 的《微生物实验操作指导条例》（*Guidelines for the Handling of the Experiment of Microorganisms*）分类为生物安全等级（BSL）3 级或 4 级的微生物；

——实验室需要 P3 或 P3P 级的封闭手段的微生物，如《对 Ⅱ 类活体转基因生物的研发采取封闭措施的部长法令（2004）》（*Ministerial Ordinance stipulating Containment Measures to be Taken in Type 2 Use of Living Modified Organisms for Research and Development (2004)*）所述，该法令是基于《关于通过管制活体转基因生物使用来保护和持续利用生物多样性的法律（2003）》（*Conservation and Sustainable Use of Biological Diversity through Regulations on the Use of Living Modified Organisms (2003)*）；

——未定义和/或未鉴别的微生物的混合物。

IPOD 保留拒绝受理在技术上或法律上难以管控的保藏的权利。

（b）技术要求和手续

（ⅰ）形式和数量

微生物应该以冷冻样品或琼脂穿刺或斜面培养物提交保藏。在保藏时，交存人必须提供的最小复制数以及必须提交的形式如下：

植物细胞培养物	5 支斜面培养物
原生动物和藻类	10 支试管或 5 支琼脂穿刺或 5 支斜面培养物
种子	100 包，每包 25 粒种子

（ⅱ）存活性检验所需的时间

IPOD 用于检验所受理的各种微生物的存活性所需的平均时间是 20 天，但交存人应认识到，在一些情况下，存活性检验需要花费长达 60 天的时间。

（ⅲ）交存人复核和更新寄存物

在保藏时，IPOD 通过传代培养交存人提供的材料自行制备微生物的批量样品。之后必要时，将从这些批量样品制备新的批量样品用于更新减少的库存。对于交存人提供的种子和作为冷冻样品的样品，IPOD 保藏交存人最初提供的样品。

（c）**管理要求和手续**

（ⅰ）一般原则

语言：IPOD 的官方语言是日语。但是，代理人资格和其他附加文件可以是其他语言，但应附日语翻译。索取样品的请求可以用日语或英语。

合同：IPOD 不与交存人签订规定双方责任的书面合同。但通过签署 IPOD 的保藏表，交存人放弃了在规定的保藏期内撤销其保藏的微生物的权利。

进口和/或检疫规定：某些植物和动物病原体应遵守进口和/或检疫规定。IPOD 向这类微生物的潜在交存人建议为了获得必需的许可而必须遵守的程序。获得许可平均需要约 3 周时间。其他信息可自日本农林水产省横滨植物检疫站（Yokohama Plant Protection Station, Ministry of Agriculture, Forestry and Fisheries, 5－57 Kitanankadori, Naka－ku, Yokohama, Japan）和动物检疫所（Animal Quarantine Service, Ministry of Agriculture, Forestry and Fisheries, 11－1 Hara－machi, Isogo－ku, Yokohama, Japan）获得。

（ⅱ）原始保藏

交存人必须满足的要求：交存人必须填写等同于样表 BP/1 的表格，这是 IPOD 作为布达佩斯条约的登记表使用的表格。在日后指出或修正科学说明和/或建议的分类学命名时，以及索取 IPOD 收到这类信息的存单时，交存人必须填写样表 BP/7。

发往交存人的官方通知：存单和存活性报告分别以强制性的国际性表格 BP/4 和 BP/9 发出。收到日后指出或修正科学说明和/或建议的分类学命名的通知以等同于样表 BP/8 表格发出。向第三方发放样品的通知以表格 BP/14 发出。IPOD 使用自己的标准表格进行其他的官方通知。

发往交存人的非官方通知：IPOD 可在发出正式存单之前，通知保藏日期和临时保藏号，但交存人必须意识到，仅当完成存活性检验和缴费之后，该信息才成为正式信息。

向专利代理人提供信息：IPOD 通常不要求交存人提供其专利代理人的姓名和地址。如果需要，IPOD 可以向交存人或其专利代理人，但不会同时向双方发送存单和存活性报告的复印件。

（ⅲ）转移在先保藏

原始交存人可以将其在布达佩斯条约规定之外的保藏转移为布达佩斯条约下的保藏，仅当其最初是出于专利目的进行的保藏之时。转移的管理要求与在条约下的原始保藏应满足的要求相似，例外的情况是交存人还被要求提供在先保藏的存单的复印件。不论之前在条约规定之外的用于专利目的的保藏是否缴纳过任何费用，转移必须缴纳布达佩斯条约下的保藏应缴纳的正常保藏费用。

（ⅳ）重新保藏

在重新保藏时，交存人必须填写样表 BP/2，并提供细则 6.2 规定的相关文件的复印件。存单和存活性报告分别以强制性的国际性表格 BP/5 和 BP/9 发出。

2. 提供样品

（a）提供样品的要求

IPOD 向第三方建议进行有效请求应遵守的正确程序。当请求方要求权利证明时，IPOD 将为请求方提供标准请求表 BP/12 的复印件和/或各工业产权局使用的请求表（当相关工业产权局提供了这类表格时）。

请求方需要填写 IPOD 表格 BP/14（提供和使用样品的承诺与协议），以遵守健康和安全规定。当答复来自国外的请求时，IPOD 默认请求方已满足了所在国家的入境规定。

IPOD 提供的所有微生物样品都来自其自行制备的微生物制品的批量样品，但交存人以冻干的或冷冻的样品提供的种子和样品除外。

（b）通知交存人

当已经向第三方提供保藏微生物的样品时，以样表 BP/14 通知交存人。

（c）布达佩斯条约下的保藏物目录

IPOD 不在公开的目录中列出布达佩斯条约下的保藏物。

3. 费用表（单位：日元）

（a）保藏（30 年）*	
——原始保藏	175000
——重新保藏	33000
（b）发布一份细则 8.2 规定的证明	3000
（c）发布存活性报告：	
（ⅰ）需要进行存活性检验*	29000
（ⅱ）基于最后一次存活性检验	3000
（d）提供一份样品*,**	41000
（e）发布细则 7.6 规定的通知	3000

　*（a）、（c）（ⅰ）和（d）需要缴纳日本消费税。

　**运往国外，需要分别缴纳处理费和运输费。

4. 对交存人的指导

IPOD 为潜在交存人提供注意事项。

日本（JP）

（JP）NPMD/2015

National Institite of Technology and Evaluation，Patent Microorganisms Depositary（NPMD）

#122，2 – 5 – 8 Kazusakamatari

Kisarazu – shi

Chiba 292 – 0818

电话：（81）438 20 55 80

传真：（81）438 20 55 81

电子邮箱：npmd@ nite. go. jp

网址：http：//www. nite. go. jp/en/nbrc/patent/npmd/index. html

1. 保藏的要求

（a）可以保藏的微生物种类

受理放线菌、动物细胞培养物（包括杂交瘤和人细胞培养物）、古菌、细菌、噬菌体、胚、真菌、质粒（位于或不位于宿主内）和酵母菌，但以下情况例外：

——根据 NITE（日本国立技术和评估机构）的分类，属于生物安全等级 3 级或 4 级的微生物；

——需要 P3、P3A 或 P3P 级的物理封闭手段的微生物，如《对 Ⅱ 类活体转基因生物的研发采取封闭措施的部长法令（2004）》（*Ministerial Ordinance stipulating Containment Measures to be Taken in Type 2 Use of Living Modified Organisms for Research and Development* (*2004*)）所述，该法令是基于《关于通过管制活体转基因生物使用来保护和持续利用生物多样性的法律（2003）》（*Conservation and Sustainable Use of Biological Diversity through Regulations on the Use of Living Modified Organisms* (*2003*)）；

——未定义和/或未鉴别的微生物的混合物。

NPMD 保留拒绝受理在技术上或法律上难以管控的保藏的权利。

（b）技术要求和手续

（ⅰ）形式和数量

NPMD 受理任何以冻干的或冷冻的样品保藏的微生物。在微生物难以作为冻干或冷冻的样品贮存的情况下，也受理琼脂穿刺培养或斜面。交存人应按以下内容给 NPMD 发送保藏物：

放线菌、古菌、细菌、噬菌体、真菌	10 支安瓿、10 支试管
质粒（位于或不位于宿主中）和酵母菌	5 支琼脂穿刺培养或
	5 支斜面培养物
动物细胞培养物（包括杂交瘤和人细胞培养物）和胚	12 支试管

（ⅱ）存活性检验所需的时间

检验微生物的存活性所需的平均时间如下，但在一些情况下，存活性检验需要花费比下面所示数字更长的时间。

质粒	1 天
细菌	3 天
酵母菌	5 天
放线菌、真菌和噬菌体	7 天
胚	7 天
动物细胞培养物（包括杂交瘤和人细胞系）	3～4 周

（ⅲ）交存人复核和更新寄存物

NPMD 贮存由交存人原始提供的样品，不对交存人提供的材料进行传代培养。NPMD 要求交存人提供样品补充减少的库存。必要时，NPMD 通过传代培养交存人提供的材料自行制备样品，该项内容额外收费。在此情况下，NPMD 要求交存人复核由 NPMD 制备的样品的可靠性，并将结果通知 NPMD。

（c）管理要求和手续

（ⅰ）一般原则

语言：NPMD 的官方语言是日语。索取样品的请求可以用日语或英语。

合同：NPMD 与交存人签订书面合同，规定交存人应：

——提供 NPMD 要求的必需信息；

——如果 NPMD 不能再提供样品，自费补充微生物；

——在规定的保藏期间，不能撤销保藏。

进口和/或检疫规定：某些植物和动物病原体应遵守进口和/或检疫规定。其他信息可自由日本农林水产省（Ministry of Agriculture, Forestry and Fisheries of Japan）管理的横滨植物检疫站（Yokohama Plant Protection Station）或动物检疫所（Animal Quarantine Service）获得。

（ⅱ）原始保藏

交存人必须满足的要求：除 NPMD 表格 2（布达佩斯条约下的原始保藏的承诺和协议）外，交存人必须填写等同于样表 BP/1 的表格。在日后指出或修正科学描述和/或建议的分类学命名时，以及索取 NPMD 收到这类信息的存单时，交存人必须填写样表 BP/7。

发往交存人的官方通知：存单和存活性报告分别以强制性的国际性表格 BP/4 和 BP/9 发出。收到日后指出或修正科学描述和/或建议的分类学命名的通知以样表 BP/8 发出。

发往交存人的非官方通知：NPMD 可在发出正式存单之前，通知保藏日期和"临时"保藏号，但交存人必须意识到，仅当完成存活性检验和缴费之后，该信息才成为正式信息。

向专利代理人提供信息：NPMD 通常不要求交存人提供其专利代理人的姓名和地址。如果需要，NPMD 可以通过交存人的专利代理人提供存单和存活性报告。

（ⅲ）转移在先保藏

原始交存人可以将其在布达佩斯条约规定之外的保藏转移为布达佩斯条约下的保藏，只要其最初是出于专利目的进行的保藏。转移的管理要求与在条约下的原始保藏应满足的要求相同，例外的情况是交存人还被要求提供在先保藏的存单的复印件。原始交存人必须为转移缴纳保藏费。

（ⅳ）重新保藏

在重新保藏时，交存人必须填写样表 BP/2，并提供细则 6.2 所述相关文件的复印件。重新保藏的存单和存活性报告分别以强制性的国际性表格 BP/5 和 BP/9 发出。

2. 提供样品

（a）提供样品的请求

NPMD 向第三方建议进行有效请求所应遵守的正确程序，并提供日本特许厅使用的请求表。其他工业产权局使用的请求表必须自相应的工业产权局获得。请求方需要填写 NPMD 表格 14（提供和使用样品的承诺与协议），以遵守健康和安全规定。当答复来自国外的请求时，NPMD 默认请求方已满足了所在国家的入境规定。

NPMD 提供的所有微生物样品都来自交存人提供的制品，但交存人没有以冻干的或冷冻的样品提供的微生物除外。

（b）通知交存人

当向第三方提供寄存微生物的样品时，以样表 BP/14 通知交存人。

（c）布达佩斯条约下的保藏物目录

NPMD 不公布任何目录。

3. 费用表（单位：日元）

（a）保藏（30 年）*
　　——原始保藏　　　　　　　　　　　　　　　　　　175000
　　——重新保藏　　　　　　　　　　　　　　　　　　33000
（b）发布一份实施细则第 8.2 条的证明　　　　　　　　3000
（c）发布一份存活性报告：
　　（ⅰ）需要进行存活性检验*　　　　　　　　　　29000
　　（ⅱ）基于最后一次存活性检验　　　　　　　　　3000
（d）提供一份样品*,**　　　　　　　　　　　　　　　41000
（e）发布细则 7.6 的通知　　　　　　　　　　　　　　3000

　　*（a）、（c）（ⅰ）和（d）需要缴纳日本消费税。

　　**运往国外，需要分别缴纳处理费和运输费。

4. 对交存人的指导

NPMD 提供用于指导潜在交存人的小册子。

拉脱维亚（LV）

Microbial Strain Collection of Latvia（MSCL）

Jelvagas str. 1

Riga LV – 1004

电话：（371）6703 39 25

电子邮箱：collect@ lanet. lv

网址：http：//mikro. daba. lv

1. 保藏的要求

（a）可以保藏的微生物种类

受理细菌、真菌（包括酵母菌）、在宿主内的质粒，但危险级别为 3 级或 4 级的病原性微生物除外。不受理有 MSCL 在技术上不能执行的特殊培养要求的微生物。

（b）技术要求和手续

（ⅰ）形式和数量

提交给 MSCL 保藏的培养物必须是琼脂穿刺培养（斜面）或冻干的形式。交存人必须提供的最小复制数是 5 支穿刺培养（斜面）或 25 支冻干的安瓿。

（ⅱ）存活性检验所需的时间

MSCL 检验所受理的各种微生物的存活性所需的平均时间是 7 天，但在一些情况下，存活性检验可能需要花费 20 天。

（ⅲ）交存人复核和更新寄存物

MSCL 通过传代培养交存人原始提供的材料自行制备批量样品。制备的新的批量样品用于更新减少的库存。MSCL 通常要求交存人复核由 MSCL 在保藏时从交存人提供的材料制备的样品的可靠性。MSCL 常规地检查新收到的保藏的污染情况，如果发现被污染，则会退还给交存人。MSCL 保藏交存人提供的原始材料。

（c）管理要求和手续

（ⅰ）一般原则

语言：MSCL 的官方语言是拉脱维亚语。也接受以英语、德语和俄语沟通。

合同：MSCL 不与交存人签订规定双方责任的书面合同。通过在 MSCL 的保藏表上签字，交存人放弃了在规定的保藏期内撤销其保藏的权利，并同意根据相关的专利规定发放微生物。

进口和/或检疫规定：MSCL 受理的微生物类型不受进口或检疫规定的限制。MSCL 不向交存人建议其获得进口许可证必须遵循的程序。

（ⅱ）原始保藏

交存人必须满足的要求：交存人必须填写表格 MSCL – BP/1（等同于样表 BP/1 的表格），这是布达佩斯条约下的保藏使用的登记表。在重新保藏时，交存人必须填写等同于样表 BP/2 的表格，在通知日后指定或修正科学描述和/或分类学命名时，交存人必须填写等同于样表 BP/7 的表格。

发往交存人的官方通知：官方通知只使用强制性的国际性表格发出，而不以标准表格发出。

发往交存人的非官方通知：如果需要，MSCL 可在发出正式存单之前，且仅在获得了阳性的存活性检验之后，以电话或传真方式通知保藏日期和保藏号。类似的是，MSCL 可在发出存活性报告之前，通知存活性检验的结果。

向专利代理人提供信息：MSCL 通常不要求交存人提供其专利代理人的姓名和地址。但是，如果需要，MSCL 可以同时向交存人及其专利代理人提供存单和存活性报告的复印件。

（ⅲ）转移在先保藏

原始交存人可以将其在布达佩斯条约规定之外的保藏转移为布达佩斯条约下的保藏，只要其最初是出于专利目的进行的保藏。转移的管理要求与在条约下的原始保藏应满足的要求相似。

所有转移都应缴纳布达佩斯条约下的保藏通常征收的保藏费。

（ⅳ）重新保藏

在重新保藏时，要求交存人填写等同于样表 BP/2 的表格，并提供细则 6.2 要求的相关文件的复印件。重新保藏的存单和存活性报告以强制性的国际性表格 BP/5 和 BP/9 发出。

2. 提供样品

（a）提供样品的要求

MSCL 向第三方建议进行有效请求应遵守的正确程序。在要求权利证明的情况下，MSCL 为请求方提供标准请求表 BP/12 的复印件和/或各工业产权局使用的请求表（如果其已提供了所述表格）。MSCL 提供的所有样品都来自自行制备的批量样品。

（b）通知交存人

当已向第三方提供寄存微生物的样品时，以样表 BP/14 通知交存人。

（c）布达佩斯条约下的保藏物目录

MSCL 不在公开目录中列出布达佩斯条约下的保藏物。

3. 费用表（单位：欧元）

（a）保藏	426.86
（b）发布一份存活性报告	42.69
（c）提供一份样品（含加快费）	42.69

费用需缴纳税率为 21% 的增值税（VAT）。

4. 对交存人的指导

目前，MSCL 没有用于指导交存人的书面注意事项，但可随时通过电话、传真或电子邮件进行咨询。

墨西哥（MX）　（MX）CM – CNRG/2016

Colección de Microorganismos del Centro Nacional de Recursos Genéticos（CM – CNRG）

Boulevard de Biodiversidad No. 400

Col. Rancholas Cruces

Tepatitlan de Morelos，Jalisco，C. P. 47600

Mexico

电话：+52378 – 1065020　**分机**：5107，5207，5202

电子邮箱：cm – cnrg@ inifap. gob. mx

delatorre. fernando@ inifap. gob. mx（Jose Fernando de la Torre Sanchez，Principal，管理人 CNRG – INIFAP）

arteaga. ramom@ inifap. gob. mx（Ramon Ignacio Arteaga Garibay，管理人 CM – CNRG）

网址：建设中，位于 CIRPAC – INIFAP 的网站（http：//www. inifapcirpac. gob. mx）上

1. 保藏的要求

（a）可保藏的微生物种类

CM – CNRG 受理下列微生物和材料的保藏：微藻、动物病毒、植物病毒、细菌（非病原性的）、细菌（病原性的）、噬菌体、哺乳动物胚胎和配子、真核 DNA、杂交瘤、真菌（病原性的）、真菌（非病原性的）、人细胞培养物、酵母（非病原性的）、线虫、类病毒、动物细胞培养物、植物细胞培养物、支原体、质粒（在宿主内的）、质粒（无宿主）、原生动物（非寄生性的）、微生物的 DNA、微生物的 RNA、基因组文库、微生物群落。

（b）技术要求和手续

（ⅰ）形式和数量

CM – CNRG 受理可以在液氮中冷冻低温保存或冻干，而特性不会显著改变的保藏。在事先协商和确定相关费用的条件下，可以个案受理不能以上述方式保存，或者仅能以活的培养物保存的保藏。

CM – CNRG 鼓励交存人提供冷冻或冻干的材料。但是，CM – CNRG 也受理活的生长状态的材料，在支付额外的费用后将其冷冻或冻干保存。在上述情况下，保存材料的样品将返回给交存人，交存人应检查和确认保存材料的可靠性，验证其性质。但是，如果保存的材料是活的但不能受理（例如，性质变异的），则必须进行重新保藏，原始保藏日期作废。因此，鼓励交存人提供在其实验室中制备的冷冻或冻干材料，从而避免发生上述情况。

用于保藏的材料应该是纯的（未被污染的），并且应该根据保藏的类型寄送如下要求的材料数量：

保藏的类型	所需材料的数量
微生物［包括细菌（包含质粒/载体或不含质粒/载体）、支原体、噬菌体、真菌和酵母菌］	25 个冷冻（每份 1 ml）或冻干样品*
DNA 和 RNA（真核和原核）、不在宿主内的质粒和载体（例如，纯化 DNA、文库和相关的 rDNA 材料）	25 小瓶（每瓶最少 100 ng）
动物和植物病毒和类病毒	25 份冷冻（每份 1 ml）或冻干样品
细胞系（人、动物和植物）和杂交瘤	25 份冷冻样品（每份样品 200 万 ~ 600 万个细胞）
哺乳动物胚胎和配子	10 个冷冻胚胎* 10 个冷冻麦管（0.5 ml/2000 万个精子）* 10 个冷冻麦管（每管 10 个卵子）*
微藻	25 份冷冻样品（每份 1 ml）*
原生动物	25 份冷冻样品（每份 1 ml）*
线虫	25 份冷冻样品（每份 1 ml）*
微生物群落	25 小瓶（每瓶 10 g 或 10 ml）

*在必要时或基于请求，CM – CNRG 可以从可获得的材料通过冷冻、液氮或冻干法制备用于保存的大量样品。

　　保藏应该附有交存人正确填写的恰当的表格。这些表格可自 CM – CNRG 获得。每项保藏应使用不同的表格。

　　每项保藏需缴纳保藏费（细则 12. 1（a）（ⅰ））。

　　CM – CNRG 保留拒绝受理 CM – CNRG 认为可能具有不能承受的危险的保藏或可能是 CM – CNRG 无法处理的保藏的权利。可受理来自其他国家的对植物和动物致病的细菌和真菌，仅当其获得了墨西哥有关当局的批准时。

　　（ⅱ）存活性检验所需的时间

　　CM – CNRG 将尽快检验存活性。由于微生物的生长速度可变，因此，不同微生物的存活性检验所需的时间也相应改变。下面列出了检验不同类型保藏的存活性所需的时间。但是，交存人应意识到，在某些情况下，存活性检验可能耗时更长。

　　检验不同种类的微生物的存活性所需的时间列出如下，必须指出的是，对于生长缓慢的微生物，存活性检验必然耗时更久，如表中所示：

保藏的类型	检验所需的时间
细菌	3 ~ 7 天
真菌和酵母	7 ~ 15 天
原生动物	7 ~ 15 天
动物和植物病毒和类病毒	30 天或更久

保藏的类型	检验所需的时间
细胞系（人、动物和植物）、杂交瘤和噬菌体	30 天或更久
哺乳动物胚胎和配子	30 天或更久
微藻	30 天或更久
线虫	30 天或更久
质粒、噬菌体和其他 rDNA	7～10 天
微生物群落 *	不适用

* 在保藏之前表征微生物群落并验证其存活性是交存人的责任。保藏后，CM – CNRG 不对群落性质特征的改变负责。

（ⅲ）交存人复核和更新保藏物

在特定时间段内提供足量的材料是交存人的责任。如果培养物或其他生物材料在有效保藏期内失活或被破坏，用活性材料对其进行替换是交存人的责任。CM – CNRG 对代表交存人补充材料的行为收费，但是，验证所制备材料的可靠性并将验证结果通知 CM – CNRG 是交存人的责任。不管用何种方法更新库存，CM – CNRG 将始终保藏一部分原始提交保藏的材料。

（c）**管理要求和手续**

（ⅰ）一般原则

语言：CM – CNRG 的官方语言是西班牙语和英语。不接受用任何其他语言沟通。

合同：CM – CNRG 不与交存人签订规定双方责任的书面合同，除非是在受理某些危险生物体的情况下，交存人必须同意自行承担接受和处理这些生物体的风险。并且，通过填写 CM – CNRG 的保藏表格 BP/1（依照细则 6.1 的原始保藏的情况下的声明），交存人放弃了在规定的保藏期内撤销保藏的所有权利，并同意根据相关的专利法规提供材料，以及 CM – CNRG 要求的所有信息。

当生物体被受理保藏时，CM – CNRG 将通知交存人，重申条约的条款和条件中提到的义务。

进口和/或检疫规定：CM – CNRG 不负责进出境手续，也不负责材料交存所需的检疫手续。从墨西哥境外输入的生物材料需要入境批文和/或遵守墨西哥的检疫规定。

墨西哥境外的交存人应在寄送生物材料之前，就这类保藏与墨西哥相关部门沟通。交存人在提交可能涉及上述法规的保藏之前联系 CM – CNRG，以确保获得正确的文件。不进行该环节可能会导致墨西哥拒绝该保藏入境。

（ⅱ）原始保藏

交存人必须满足的要求：交存人必须满足 CM – CNRG 对布达佩斯条约下的保藏所执行的申请和登记的正式规定，类似于表格 BP/1（依照细则 6.1 在原始保藏情况下的声明）。

发往交存人的官方通知：存单和存活性报告分别用强制性的国际性表格 BP/4（依照细则 7.1 出具的原始保藏的存单）和 BP/9（依照细则 10.2 出具的存活性报告）发出。涉及日后指出或修正科学描述和/或建议的分类学命名的证明用表格 BP/8（依照细则 8.2 的日后指出或修正科学描述和/或建议的分类学命名的证明）发出。提供保藏微生物的样品的通知用表格 BP/14（依照细则 11.4（g）发出提供保藏微生物的样品的通知）发出。其他通知不使用标准表格。

发往交存人的非官方通知：CM－CNRG 尊重在受理生物体和发出官方存单之间的时间段进行非官方通知的请求，通过电话、传真或电子邮件提供保藏日和保藏号。但是，交存人也应该认识到这些信息是临时的，且取决于存活性/同一性检验的结果。在通过相关证明公开之前，CM－CNRG 也会告知存活性检验的结果。

向专利代理人提供信息：CM－CNRG 将要求交存人提供其法律代表或专利代理人的姓名和地址。基于请求，CM－CNRG 将向交存人、法律代表和/或专利代理人提供样品存单、存活性声明和任何其他信息的复印件。

（ⅲ）转移在先保藏

CM－CNRG 不允许将最初不是用于专利目的的保藏转移为布达佩斯条约下的保藏。在所有情况下，保藏必须遵循上述手续。

（ⅳ）重新保藏

提交重新保藏时，CM－CNRG 要求交存人填写表格 BP/2（向同一国际保藏机构提交重新保藏时的声明（细则 6.2））。只要替换的保藏是活的，保藏就将继续保留原始保藏号和日期，应在收到 CM－CNRG 的通知后 3 个月内作出保藏。

交存人必须向 CM－CNRG 寄送交存人签字的声明，声称新的保藏材料与原始保藏的相同。重新保藏需缴纳存活性检验的费用。

2. 提供样品

（a）提供样品的要求

CM－CNRG 仅向布达佩斯条约及其实施细则的条款的权利享有方提供保藏材料的样品。CM－CNRG 将通知第三方申请的正确手续。在请求权利证明的情况下，CM－CNRG 将向请求方提供知识产权局使用的申请表。

CM－CNRG 受理有潜在危险的生物体的保藏，但要符合卫生和安全方面的规定（仅指保藏，不包括处理和存活性检验）。当被索取时，CM－CNRG 将不向任何请求方提供这类生物的样品，除非 CM－CNRG 已确信请求方能够遵守这些规定。在某些情况下，在同意发放样品前，CM－CNRG 还可以要求请求方签署承担责任的保证书。因此，为了加快这类样品的发放，建议所有请求方在提出请求时提交文件证明其具备操作所请求材料的设备，和同意规制所请求的材料操作的规定。

对于来自国外的请求，CM－CNRG 将假设请求方熟知其所在国家的入境要求。CM－CNRG 寄出的所有样品都将制备成独立的批次。

（b）通知交存人

当向第三方提供保藏的生物样品时，将以书面表格 BP/14（依照细则 11.4（g）发出提供保藏微生物的样品的通知）或电子邮件的形式，官方通知交存人。

（c）布达佩斯条约下的保藏物目录

只有当交存人根据 CM－CNRG 规定的条款（网站正在建设中）发出书面授权后，CM－CNRG 才发布达佩斯条约下的保藏列表。

3. 费用表（单位：墨西哥比索）

CM – CNRG 制定了其保藏服务、寄送证书、声明存活性、寄送样品等的价格如下：

服务类型	费用
保藏细胞培养物（细则 6.1）	12650
保藏其他类型的微生物（细则 6.1）	每株 10450
重新保藏	每株 1430
超过布达佩斯条约规定的保藏期的保藏（细则 9）	每株每年 440
发布存活性报告（基于请求）	每株每份证书 2145
重新发布存活性报告	1870
提供样品（细则 11）	2145
提供信息（细则 7.6）	每株每次 2145

所有费用都是按墨西哥比索计。

价格不包括增值税，最终价格中会计入增值税。

4. 对交存人的指导

（1）交存人必须在寄出样品前，通过电子邮件/电话联系 CM – CNRG，确定是否受理所述材料。发给 CM – CNRG 的电子邮件请发给 cm – cnrg@ inifap. gob. mx、arteaga. ramom @ inifap. gob. mx，或联系 01 800 088 2222 转 84818、84805、84824，和（ +52）378 1065 020 转 5107、5202、5207。

（2）一旦 CM – CNRG 同意受理微生物或任何其他材料，将通过电子邮件发送表格 BP/1（依照细则 6.1 的原始保藏的情况下的声明），或直接送交交存人。

（3）交存人在寄出微生物或任何其他材料的同时，寄出正确填写的表格 BP/1（依照细则 6.1 的原始保藏的情况下的声明）和必需费用的复印件。

（4）交存人必须对微生物或任何其他材料样品的包装（试管、平板、盒子、长颈瓶等）采取正确的防护，使其在运输过程中不被损坏。这对于保证接触材料的人的安全是关键的。CM – CNRG 不处理在收到时处于损坏状态的样品。

（5）微生物或任何其他材料经处理用于检查存活性、纯度和同一性。存活性检验所需的时间参见第 1 条项下"（b）技术要求和手续"之"（ⅱ）存活性检验所需的时间"。

（6）纯的和活的微生物或材料被赋予 CM – CNRG 登录号，并于 – 80℃保存在液氮中和/或冻干保存。当微生物或材料不纯或失活时，立刻通过电子邮件通知交存人。如果交存人没有在寄出生物材料前联系过 CM – CNRG，则可能导致对专利保藏的处理延迟。

（7）CM – CNRG 向交存人发出关于 CM – CNRG 登录号的非官方通知。

（8）将寄出两份被保藏的微生物或材料的样品给交存人。交存人打开其中一份样品，且必须检查保藏的材料是否代表了原始保藏。交存人的检查结果用验证表格寄回。

（9）CM – CNRG 登录号、存单和存活性报告分别用强制性的国际性表格 BP/4（依照细则 7.1 出具的原始保藏的存单）和 BP/9（依照细则 10.2 出具的存活性报告）官方发出，语言使用西班牙语（或基于请求使用英语）。

荷兰（NL）

Centraalbureau Voor Schimmelcultures（CBS）

Uppsalalaan 8

3584 CT Utrecht

邮政地址：

P. O. Box 85167

3508 AD Utrecht

电话：（31 – 30）212 26 00

传真：（31 – 30）251 20 97

网址： http：//www. cbs. knaw. nl

1. 保藏的要求

（a）可以保藏的微生物种类

受理真菌、酵母、细菌、处于纯的形式或位于 CBS 受理的宿主类型中的质粒，和可用常规的实验室技术维持而在低温、液氮或冻干形式下的合适的贮存期内不发生明显变化的噬菌体。在特殊条件下可以受理需要特殊培养条件的菌株（应请求），但需收取额外费用。

受理下列 I 类病原性细菌（PG I：世界卫生组织（WHO）），仅当其可被 Rijks Instituut voor Volksgezondheid en Milieuhygiene（RIVM）、Centraal Diergeneeskundig Instituut（CDI）或皇家热带学研究所（Royal Institute for Tropical Research）保持时：博德特氏菌属（所有种）、布鲁氏菌属（所有种）、丹毒丝菌属（所有种）、钩端螺旋体属（所有种）、利斯特氏菌属（所有种）、副结核分枝杆菌、巴氏杆菌属（所有种）、密螺旋体属（所有种）。

受理下列 II 类病原性细菌，仅当其可被 RIVM 或 CDI 保持时：巴尔通氏体属（所有种）、弗朗西丝氏菌属（所有种）、牛分枝杆菌、结核分枝杆菌、鼻疽假单胞菌、类鼻疽假单胞菌。

不受理下列细菌：炭疽杆菌和鼠疫杆菌。

（b）技术要求和手续

（i）形式和数量

CBS 优先受理以冻干制品提交寄存的微生物。当提供冻干制品是不理想或不可能提供冻干制品时，可受理在合适的营养培养基之内或之上生长的活培养物。在寄存时，交存人必须提供的最小复制数如下：

真菌	12 个冻干培养物；或 2 个琼脂培养物
酵母菌	12 个冻干培养物和 1 个琼脂培养物；或 2 个琼脂培养物

细菌	12 个冻干培养物和 1 个琼脂培养物；或 3 个琼脂培养物
质粒（宿主内的）	12 个冻干培养物和 1 个琼脂培养物；或 3 个琼脂培养物
质粒（纯化 DNA）	最少 50 g
噬菌体	10 ml，滴度至少是 10^9 pfu/ml

在交存人不能提供冻干制品的情况下，CBS 在寄存时从交存人提供的材料制备冻干培养物，费用为 125 欧元制备 10 个安瓿的冷冻干燥材料的批量样品。当材料无法进行冷冻干燥时，CBS 制备 10 个冷冻管为一批次，费用为 175 欧元。可以缴纳 500 欧元，制备具有足够高滴度的噬菌体裂解液制品。CBS 不制备质粒库存。

交存人被要求复核 CBS 制备的批量样品的可靠性，并将结果通知 CBS。

（ii）存活性检验所需的时间

CBS 检验所受理的各种微生物的存活性所需的平均时间如下，但交存人应意识到，存活性检验有时可能耗时更久。尤其是当培养基中必须添加不常见的抗体或其他添加剂时。

| 真菌、细菌、宿主内的质粒或纯化的 DNA❶、噬菌体 | 2 周 |
| 酵母菌 | 1 周 |

（iii）交存人复核和更新寄存物

CBS 通常要求交存人复核运输后的保藏制品的可靠性。每当必须更新减少的库存时，制备培养物的新批量样品。

不论用于制备供发放的批量样品的方法是什么，CBS 都保藏交存人提供的原始材料的一部分。

（c）**管理要求和手续**

（i）一般原则

语言：CBS 的官方语言是英语。也接受以荷兰语、德语和法语通知。优选的答复语言是英语。

合同：CBS 不与交存人签订规定双方责任的书面合同。通过在 CBS 的保藏表上签字，交存人放弃了在规定的保藏期内撤销其保藏的权利，并同意根据相关的专利规定发放微生物。

进口和/或检疫规定：某些微生物受进口和/或检疫规定的限制。CBS 就此为交存人提供咨询，并为运输，必要时还为批文（应请求，需缴费）进行必要的安排。应就这方面内容以及植物病原体联系 CBS，获得准确的指示说明。其他信息可自 Plantenziektenkundige Dienst（PD）（Geertjesweg 15，Postbus 9102，6700 NC Wageningen，Netherlands）获得。

如果想要保藏下列植物病原性细菌，应提前联系 CBS：

发根农杆菌（Agrobacterium rhizogenes）、萎蔫棒杆菌（Corynebacterium flaccumfaciens）、诡谲棒杆菌（C. insidiosum）、密执安棒杆菌（C. michiganense）、坏腐棒杆菌（C. sepedonicum）、解淀粉欧文氏菌（Erwinia amylovora）、斯氏欧文氏菌（E. stewartii）、黄瓜欧文氏菌（E. tracheiphila）、石竹假单胞菌（Pseudomonas caryophylli）、茄假单胞菌（P. solanacearum）、丁香假单胞菌（P. syringae）、丁香假单胞菌大豆致病变种（pv glycinae）、丁香假单胞菌桃致病变种（pv persicae）、丁香假单胞菌豌豆致病变种（pv pisi）、

---

❶ 质粒的"存活性检验"包括用质粒转化合适的宿主。如果宿主被转化，则"存活性检验"视为阳性。

伍氏假单胞菌（P. woodsii）、葡萄酒黄单胞菌（Xanthomonas ampelina）、野油菜黄单胞菌（X. campestris）、野油菜黄单胞菌柑橘病原变种（pv citri）、野油菜黄单胞菌榛致病变种（pv corylina）、野油菜黄单胞菌水稻致病变种（pv oryzae）、野油菜黄单胞菌栖稻致病变种（pv oryzicola）、野油菜黄单胞菌菜豆病原变种（pv phaseoli）、野油菜黄单胞菌桃李致病变种（pv pruni）、野油菜黄单胞菌疱病致病变种（pv vesicatoria）、草莓黄单胞菌（X. fragariae）、白杨黄单胞菌（X. populi）。

（ⅱ）原始保藏

交存人必须满足的要求：交存人必须填写 CBS 用于专利保藏的登记表和样表 BP/1。在日后指出或修正科学描述和/或建议的分类学命名时，交存人必须填写样表 BP/7。

发往交存人的官方通知：存单和存活性报告分别以强制性的国际性表格 BP/4 和 BP/9 发出。收到日后指出或修正科学描述和/或建议的分类学命名的通知以表格 BP/8 发出。其他官方通知不使用标准表格。

发往交存人的非官方通知：如果需要，CBS 可在发出正式存单之前，在收到微生物之后，电话或传真通知保藏日期和保藏号。类似的是，CBS 可在发出正式的存活性报告之前，通过电话或传真通知存活性检验的结果。

向专利代理人提供信息：CBS 不要求交存人提供其专利代理人的姓名和地址。但根据交存人的要求，CBS 可以向交存人或其专利代理人提供存单和存活性报告的复印件，但不同时向两者提供。

（ⅲ）转移在先保藏

原始交存人可以将其在布达佩斯条约规定之外的保藏转移为布达佩斯条约下的保藏，不论其最初是否是出于专利目的进行的保藏。所有转移的寄存都应缴纳布达佩斯条约下的保藏通常征收的保藏费，但之前是在《欧洲专利公约》下的寄存例外。转移的管理要求与在条约下的原始保藏应满足的要求相同，但不适用与进口和/或检疫程序相关的规定。

（ⅳ）重新保藏

在重新保藏时，交存人必须填写样表 BP/2，并发送相关文件的复印件（细则 6.2）；其余程序与原始保藏时的程序相似。

2. 提供样品

（a）提供样品的要求

CBS 向第三方建议进行有效请求应遵守的正确程序。在要求权利证明的情况下，CBS 为请求方提供样表 BP/12 的复印件和/或各工业产权局使用的请求表（如果其已提供了所述表格）。

尽管第三方享有在专利规则下获取样品的权利，对于潜在有害的微生物，CBS 将首先确认请求方有能力操作所述微生物。样品不发放给不从事相关职业的个人。当答复来自国外的请求时，CBS 默认请求方已满足其所在国家关于进口的要求。

CBS 提供的酵母菌和细菌的样品通常来自自行制备的批量样品，其他微生物的样品通常来自交存人提供的制品。

（b）通知交存人

当已向第三方提供寄存微生物的样品时，CBS 将信件通知交存人，除非交存人已放弃了被通知的权利。CBS 对放弃通知样品发放的权利的交存人给予减少的保藏费用。

（c）布达佩斯条约下的保藏物目录

CBS 不在公开目录中列出布达佩斯条约下的保藏物。

3. 费用表（单位：欧元）

（a）保藏（30 年）	650
（b）转移一项寄存	650
（c）贮藏库存材料 30 年	
——10 安瓿的冷冻干燥材料	125
——10 个冷冻管	175
（d）发布一份存活性报告，但适用细则 10.2（e）的情况例外	
——需要进行一项存活性检验	80
——基于最后一次存活性检验	25
（e）信息通信费	25
（f）发布一份证明	25
（g）提供一份样品	
——根据细则 11.2（ii）、11.3（a）和 11.3（b）	100
——根据细则 11.2（i）	
——琼脂斜面	40
——冷冻干燥的安瓿	15
（h）包括银行和行政费用的附加费	10

4. 对交存人的指导

目前，CBS 没有用于潜在交存人的标准信件或注意事项，但 CBS Newsletter 中时常提供指导信息。

波兰（PL）

IAFB Collection of Industrial Microorganisms

Institute of Agricultural and Food Biotechnology（IAFB）

Ul. Rakowiecka 36

02 – 532 Warsaw

电话：（48 – 22）606 36 91，606 36 00

传真：（48 – 22）849 04 28

电子邮箱： kolekcja@ ibprs. pl

　　　　　 misiewicz@ ibprs. pl

1. 保藏的要求

（a）可以保藏的微生物种类

受理能够长期保存而初始性质不发生实质性改变的细菌、酵母菌和丝状真菌。

注意：

——不受理对人和动物有害的危险病原体和物种；

——不受理有 IAFB 工业微生物保藏中心在技术上不能实施的特殊培养要求的微生物；

——不受理没有科学描述的混合物和培养物，以及不能鉴别的培养物；

——当寄存含有质粒的菌株时，IAFB 工业微生物保藏中心要求对质粒及其宿主菌株（即 P1、P2、P3 或 P4 类）的性质和分类的信息。保藏中心仅受理属于 P1 类的质粒和宿主菌株。

（b）技术要求和手续

（ⅰ）形式和数量

IAFB 工业微生物保藏中心优先接收以冻干制品提交保藏的微生物。当提供冻干制品是不理想或无法提供冻干制品时，可受理在合适的营养培养基之内或之上生长的活培养物。

在寄存时，交存人必须提供的最小复制数是 20 个冻干制品或 3 个活的培养物（琼脂斜面）。

（ⅱ）存活性检验所需的时间

检验存活性的平均时间是 7 ~ 14 天，但存活性检验有时可能耗时更久，特别是当培养基中必须添加不常见的抗体或其他添加剂时。

（ⅲ）交存人复核和更新保藏物

当微生物作为活的培养物保藏时，IAFB 工业微生物保藏中心通过传代培养交存人提供的材料自行制备批量样品。IAFB 工业微生物保藏中心常规上要求交存人复核传代培养后的寄存制品的可靠性。

每当必须更新减少的库存时，制备培养物的新批量样品。不论用于制备供应用的批量样品的方法是什么，IAFB 工业微生物保藏中心都对交存人提供的原始材料的一部分进行保藏。

（c）管理要求和手续

（ⅰ）一般原则

语言：IAFB 工业微生物保藏中心的官方语言是波兰语。也接受以英语和俄语沟通。

合同：IAFB 工业微生物保藏中心不与交存人签订规定双方责任的书面合同。但是，通过在 IAFB 工业微生物保藏中心的保藏表上签字，交存人放弃了在规定的保藏期内撤销其保藏的权利。

进口和/或检疫规定：IAFB 工业微生物保藏中心受理的微生物不受进口和/或检疫规定的限制。

（ⅱ）原始保藏

交存人必须满足的要求：交存人必须填写样表 BP/1。在日后指出或修正科学描述和/或建议的分类学命名时，交存人必须填写样表 BP/7。

发往交存人的官方通知：存单和存活性报告分别以强制性的国际性表格 BP/4 和 BP/9 发出。收到日后指出或修正科学描述和/或建议的分类学命名的存单以表格 BP/8 发出。向第三方提供样品的通知以样表 BP/14 发出。其他官方通知使用 IAFB 工业微生物保藏中心自己的标准信件。

发往交存人的非官方通知：如果需要，IAFB 工业微生物保藏中心可在收到微生物时和发出正式存单之前，通过电话、传真或电子邮件通知保藏日期和保藏号。IAFB 工业微生物保藏中心还可以在发出正式的存活性报告之前，通过电话、传真或电子邮件通知存活性检验的结果。

向专利代理人提供信息：IAFB 工业微生物保藏中心常规上不要求交存人提供其专利代理人的姓名和地址。但是，如果需要，IAFB 工业微生物保藏中心可以同时向交存人及其专利代理人发送存单和存活性报告的复印件。

（ⅲ）转移在先保藏

转移的管理要求与在条约下的原始保藏应满足的要求相同。

（ⅳ）重新保藏

在重新保藏时，交存人必须填写样表 BP/2，并发送相关文件的复印件（细则 6.2）；其余程序与原始保藏时的程序相似。

2. 提供样品

（a）提供样品的要求

IAFB 工业微生物保藏中心向第三方建议进行有效请求应遵守的正确程序。在要求权利证明的情况下，IAFB 工业微生物保藏中心为请求方提供标准请求表 BP/12 的复印件和/或各工业产权局使用的请求表。

（b）通知交存人

当已向第三方提供保藏微生物的样品时，IAFB 工业微生物保藏中心将通过信件通知交存人，除非交存人已放弃了被通知的权利。

（c）工业微生物布达佩斯条约下的保藏物目录

IAFB 工业微生物保藏中心不在其培养物列表中列出布达佩斯条约下的保藏物。

3. 费用表（单位：波兰兹罗提）

（a）保藏	3400
（b）发布一份存活性报告	350
（c）提供一份样品	400

4. 对交存人的指导

目前，IAFB 工业微生物保藏中心不为潜在交存人提供标准信件或指导条例，但当然可以就特定信息进行联系。所有查询都应致电工业微生物保藏中心。

波兰（PL）

（PL）PCM/2004

Polish Collection of Microorganisms（PCM）

Institute of Immunology and Experimental Therapy

Polish Academy of Sciences

Ul. Weigla 12

53 – 114 Wroclaw

电话：（48 – 71）337 11 72

传真：（48 – 71）337 13 82

电子邮箱：gamian@ immuno. iitd. pan. wroc. pl

网址：http：//immuno. iitd. pan. wroc. pl

1. 保藏的要求

（a）可以保藏的微生物种类

受理能够长期保存而初始性质不发生实质性改变的细菌（包括放线菌）和噬菌体。

注意：

——有条件地受理对人和动物有害的危险病原体和物种；

——不受理有 PCM 在技术上不能实施的特殊培养要求的微生物；

——不受理没有科学描述的混合物和培养物，以及不能鉴别的培养物；

——当寄存含有质粒的菌株时，PCM 要求对质粒及其宿主菌株（即 P1、P2 或 P4 类）的性质和分类的信息。PCM 仅受理属于 P1 类的质粒和宿主菌株。

（b）技术要求和手续

（ⅰ）形式和数量

细菌（包括含有质粒的细菌）必须以冻干制品或在培养运输基质上提交，琼脂穿刺培养物例外（在运输中太容易损坏）。噬菌体必须与合适的宿主一起发送。用于保藏的材料必须不被外源生物污染。保藏的所有微生物的复制必须都来自同一批次。保藏必须附有恰当填写的正确表格。表格可自 PCM 获得。

在保藏时，交存人必须提供的最小复制数及其必须提交的形式如下：

细菌　　　　　　10 个冻干的，或位于培养基上的，或冷冻的（各 0.5 ml）

噬菌体　　　　　对于保藏而言足够的数量和滴度（至少 10^8 pfu/ml，10 × 10 ml 或 2 × 5 ml 无细胞裂解液）

交存人被要求复核 PCM 制备的批量样品的可靠性，并将结果通知 PCM。

（ⅱ）存活性检验所需的时间

PCM 检验所受理的微生物的存活性的平均时间如下，但交存人应意识到，在一些情况下，存活性检验可能耗时更久，如括号中的数字所示：

细菌	3 天（或多达 14 天）
放线菌和其他生长缓慢的生物	5 天（或多达 20 天）
噬菌体	7 天（或多达 14 天）

（iii）交存人复核和更新寄存物

PCM 通过传代培养交存人提供的材料自行制备批量样品。交存人被要求复核 PCM 从其在保藏时提供的材料制备的批量样品的可靠性。PCM 保藏交存人提供的原始材料。

（c）**管理要求和手续**

（i）一般原则

语言：PCM 的官方语言是波兰语。也接受以英语沟通。

合同：PCM 不与交存人签订规定双方责任的书面合同。但是，通过在保藏表上签字，交存人放弃了在规定的保藏期内撤销其保藏的权利，并同意根据相关的专利发放供应材料。

进口和/或检疫规定：目前，PCM 受理的布达佩斯条约下保藏的微生物不受进口或检疫规定的限制。

（ii）原始保藏

交存人必须满足的要求：交存人必须填写在布达佩斯条约下保藏的申请和登记表，这是等同于样表 BP/1 的表格。在 PCM，细菌和噬菌体使用不同的表格。在日后指出或修正科学描述和/或建议的分类学命名时，交存人必须填写样表 BP/7。

发往交存人的官方通知：存单和存活性报告分别以强制性的国际性表格 BP/4 和 BP/9 发出。向第三方发放样品的通知以表格 BP/14 发出。其他官方通知使用标准表格。

发往交存人的非官方通知：如果需要，PCM 可在收到微生物时和发出正式存单之前，通过电话、传真或电子邮件通知保藏日期和保藏号。但是，交存人应注意，所通知的信息是临时的，受存活性检验结果的约束。类似地，PCM 可以在发出正式的存活性报告之前，通知存活性检验的结果。

向专利代理人提供信息：PCM 在常规上不要求交存人提供其专利代理人的姓名和地址。但是，可以应要求同时向专利代理人发送存单和存活性报告的复印件。

（iii）转移在先保藏

可以将不在布达佩斯条约下的保藏转移为布达佩斯条约下的保藏，不论最初是否是用于专利目的保藏的。转移的管理要求与在布达佩斯条约下的原始保藏应满足的要求相同。

（iv）重新保藏

在重新保藏时，交存人必须填写样表 BP/2，并提供细则 6.2 所述文件的复印件。重新保藏的存单和存活性报告分别以强制性的国际性表格 BP/5 和 BP/9 发出。

2. 提供样品

（a）**提供样品的要求**

PCM 向第三方建议进行有效请求应遵守的正确程序。对于需要证据证明接收样品的权利的请求，PCM 为请求方提供标准请求表 BP/12 的复印件和/或各工业产权局使用的请求表（当其已提供了这类表格时）。

尽管第三方享有在专利规则下获取样品的权利，PCM 将不向任何请求方提供潜在有害的样品，除非请求方已证实其能够操作这类生物。当答复来自国外的请求时，PCM 默认请求方已满足了其所在国家的进口要求。

PCM 提供的细菌样品通常是其自行制备的批量样品；噬菌体的样品可来自自行制备的批量样品或交存人提供的材料。

（b）通知交存人

当已向第三方提供保藏微生物的样品时，以样表 BP/14 通知交存人。

（c）布达佩斯条约下的保藏物目录

PCM 不在其公开的目录中列出布达佩斯条约下的保藏物。

3. 费用表 （单位：波兰兹罗提）

（a）保藏	1200
（b）发布一份存活性报告	40
（c）提供一份样品	100

4. 对交存人的指导

目前，PCM 不为潜在交存人提供标准信件或指导条例，但可通过电话、传真或电子邮件提供咨询。

韩国（KR）

Korean Agricultural Culture Collection（KACC）

Agricultural Microbiology Division

National Academy of Agricultural Science

Rural Development Administration

166，Nongsaengmyeong‐ro，Iseo‐myeon

Wanju‐gun

Jeollabuk‐do 55365

电话：（+82）63 238 3024

传真：（+82）63 238 3845

电子邮箱： kacc@ korea. kr

网址： http：//www. genebank. go. kr

1. 保藏的要求

（a）可保藏的微生物种类

KACC 受理细菌（非病原性的，包括放线菌）、真菌（非病原性的）、酵母（非病原性的）、蘑菇、在宿主内的质粒、植物病毒、噬菌体和植物种子。

KACC 仅受理属于保护工作人员免受生物试剂职业暴露风险的欧盟指令 2000/54/EC 规定的 1 类或 2 类危险的生物。

KACC 保留拒绝受理据 KACC 看来具有不能承受之危险或无法处理的材料寄存的权利。

必须提前就受理条件咨询 KACC。

（b）技术要求和手续

（ⅰ）形式和数量

KACC 受理以冻干或冷冻形式提交保藏的微生物。保藏的微生物的所有复制都应来自同一批的冻干或冷冻的制品。交存人必须提供的最小复制数如下：

细菌、真菌、酵母、蘑菇、含有质粒的细菌	10 份
噬菌体（至少 10^9 pfu/ml）	10 ml

病毒应该以与宿主一起冻干或干燥的材料的形式保藏。交存人必须提供的最小复制数如下：

植物病毒	10 g

在所有情况下，种子都应是新鲜、健康、未损坏和不含土壤或植物来源残渣的。保藏含有的空种子应少于 5%。

通常要求至少 85% 发芽率，但在某些情况下，也可以受理无法实现所述发芽率的保藏。

植物种子   1000 粒

（ⅱ）存活性检验所需的时间

下面列出了检验 KACC 受理的不同种类的生物材料的存活性所需的平均时间。但是，交存人应意识到，在某些情况下，存活性检验可能耗时更长，如括号中的数字所示：

细菌、真菌、酵母、担子菌、含有质粒的细菌、　　14 天（或多达 30 天）
植物病毒、噬菌体

植物种子   完全取决于种子的种类

（ⅲ）交存人复核和更新保藏物

在保藏时，KACC 通过传代培养交存人提供的材料，自行制备冻干的和冷冻的批量样品。之后必要时，通过从这些批量样品制备新的批量样品，更新减少的库存。KACC 一般不自行制备病毒、噬菌体和种子的批量样品。在上述情况下，由交存人负责补充库存，确保库存量足以在规定的保藏期内向一般公众供应保藏物。

不论用于制备供应用的批量样品的方法是什么，KACC 始终保存交存人提供的原始材料的一部分。

（c）管理要求和手续

（ⅰ）一般原则

语言：KACC 的官方语言是韩语和英语。不接受以任何其他语言沟通。

合同：KACC 不与交存人签订规定双方责任的书面合同。并且，通过填写 KACC 保藏表格 BP/1，交存人放弃了在规定的保藏期内撤销保藏的所有权利，并同意根据相关的专利规定发放材料。

进口和/或检疫规定：交存人在提交可能涉及上述法规的保藏之前联系 KACC，以确保获得正确的文件。这一点对于韩国以外的保藏尤其重要。不进行该环节可能会导致韩国拒绝该保藏入境。

（ⅱ）原始保藏

交存人必须满足的要求：交存人必须填写等同于样表 BP/1 的表格，这是 KACC 作为布达佩斯条约的登记表使用的表格。在日后指出或修正科学描述和/或建议的分类学命名时，以及索取 KACC 收到这类信息的证明时，交存人必须填写等同于样表 BP/7 的表格。

发往交存人的官方通知：存单和存活性报告分别以强制性的国际性表格 BP/4 和 BP/9 发出。收到日后指出或修正科学描述和/或建议的分类学命名的通知以等同于样表 BP/8 的表格发出。向第三方发放样品的通知以表格 BP/14 发出。KACC 使用自己的标准表格进行其他的官方通知。

发往交存人的非官方通知：如果需要，KACC 可在收到微生物之后和发出正式存单之前，通过电子邮件告知保藏日期和保藏号。类似地，KACC 可以在发出正式的存活性报告之前，通知存活性检验的结果。

向专利代理人提供信息：KACC 在通常上不要求交存人提供其专利代理人的姓名和地址。KACC 可以应要求向交存人或其代理人发送存单和存活性报告的复印件，但不会同时向两者发送。

（ⅲ）转移在先保藏

原始交存人可以将不在布达佩斯条约规定下的保藏转移为布达佩斯条约下的保藏，仅当其最初是用于专利目的保藏的。转移的管理要求与在布达佩斯条约下的原始保藏应满足的要求相同，但交存人还需要提供关于在先保藏的存单的复印件。所有的转移都应缴纳布达佩斯条约下的保藏正常征收的保藏费，不论这些保藏之前是否缴纳过任何费用。

（ⅳ）重新保藏

在重新保藏时，交存人必须填写样表 BP/2，并提供细则 6.2 所述文件的复印件。重新保藏的存单和存活性报告分别以强制性的国际性表格 BP/5 和 BP/9 发出。

2. 提供样品

（a）提供样品的要求

KACC 向第三方建议为了进行有效请求而应遵守的正确程序。在要求权利证明的情况下，KACC 为请求方提供标准申请表 BP/12 的复印件和/或各工业产权局使用的申请表（当其已提供了这类表格时）。KACC 提供样品的基础是请求方已尽到确保遵守所有相关健康和安全性规定的义务。当答复来自国外的请求时，KACC 假设请求方已满足其所在国家的进口要求。

KACC 提供的所有微生物样品都是其自行制备的微生物批量样品。

（b）通知交存人

当已向第三方提供保藏微生物的样品时，以样表 BP/14 通知交存人。

（c）布达佩斯条约下的保藏物目录

KACC 不在其出版的目录中列出布达佩斯条约下的保藏。

3. 费用（单位：韩元）

（1）保藏（包括初始的存活性检验、保藏和储存 30 年）

原始保藏	800000
重新保藏	70000
（2）提供一份样品	100000
（3）发布一份存活性报告	
请求一次存活性检验时	70000
基于最近一次的存活性检验时	10000
（4）发布一份基于细则 8.2 的证明	10000
（5）通知基于细则 7.6 的信息	10000

费用不包括运输成本或银行手续费。

4. 对交存人的指导

目前，KACC 没有为交存人提供具体的书面注意事项，但可随时通过电话或信件进行咨询。

韩国（KR）

Korean Cell Line Research Foundation（KCLRF）

Cancer Research Institute

Seoul National University

College of Medicine

28 Yungon – dong，Chongno – gu

Seoul 110 – 799

电话：（82 – 2）3668 7915

传真：（82 – 2）742 0021

网址：http：//cellbank. snu. ac. kr

1. 保藏的要求

（a）可以保藏的微生物种类

细胞系（动物、植物和杂交瘤），但以下情况例外：

——具有对健康或环境有害或可能有害的性质的细胞系；

——有特殊实验要求的细胞系。

（b）技术要求和手续

（ⅰ）形式和数量

提交给 KCLRF 保藏的细胞系应尽可能的是冷冻的或活的培养。提交给 KCLRF 保藏的所有细胞系都应不含污染物。

交存人必须提供的最小复制数如下：

    冷冻形式的细胞系   7 个

（ⅱ）存活性检验所需的时间

KCLRF 检验所受理的细胞系的存活性所需的平均时间如下：

    细胞系（动物、植物和杂交瘤）   14 天（或多达 28 天）

    在一些情况下，检验可能耗时更久。

（ⅲ）交存人复核和更新寄存物

在保藏时，KCLRF 通过传代培养交存人提供的微生物自行制备冷冻形式的批量样品。之后必要时，从这些样品制备新的批量样品。交存人被要求复核 KCLRF 制备的所有批量样品的可靠性。不论用于制备供发放的批量样品的方法是什么，KCLRF 均对交存人提供的原始材料的一部分进行保藏。

（c）管理要求和手续

（ⅰ）一般原则

语言：KCLRF 的官方语言是韩语，也接受以英语的通信。

合同：KCLRF 不与交存人签订规定双方责任的书面合同。但是，通过在 KCLRF 的保藏表上签字，交存人放弃了在规定的保藏期内撤销其保藏的权利。

进口和/或检疫规定：国外的交存人必须提前联系 KCLRF，咨询关于其细胞系运输的建议。某些病原体受进口和/或检疫规定的限制。KCLRF 建议潜在交存人关注必须遵守的相关程序以获得必要的许可。

（ⅱ）原始保藏

交存人必须满足的要求：交存人必须填写等同于样表 BP/1 的表格，这是 KCLRF 用于布达佩斯条约下保藏的登记表。在日后指出或修正科学描述和/或建议的分类学命名时，交存人必须填写等同于样表 BP/7 的表格。

发往交存人的官方通知：存单和存活性报告分别以强制性的国际性表格 BP/4 和 BP/9 发出。收到日后指出或修正科学描述和/或建议的分类学命名的存单以样表 BP/8 发出。向第三方发放样品的通知在样表 BP/14 发出。其他官方通知使用 KCLRF 自己的标准表格。

发往交存人的非官方通知：如果需要，KCLRF 可在收到微生物之后和发出正式存单之前，电话通知保藏日期和保藏号。类似地，KCLRF 可以在发出正式的存活性报告之前，通知存活性检验的结果。

向专利代理人提供信息：KCLRF 在常规上不要求交存人提供其专利代理人的姓名和地址。但是，KCLRF 可以应要求向交存人或其代理人发送存单和存活性报告的复印件，但不会同时向两者发送。

（ⅲ）转移在先保藏

原始交存人可以将不在布达佩斯条约规定下的保藏转移为布达佩斯条约下的保藏，仅当其最初是用于专利目的保藏的。转移的管理要求与在布达佩斯条约下的原始保藏应满足的要求相同，但交存人还需要提供关于在先保藏的存单的复印件。所有的转移都应缴纳布达佩斯条约下的保藏正常征收的保藏费，不论这些保藏之前是否缴纳过任何费用。

（ⅳ）重新保藏

在重新保藏时，交存人必须填写样表 BP/2，并提供细则 6.2 所述文件的复印件。重新保藏的存单和存活性报告分别以强制性的国际性表格 BP/5 和 BP/9 发出。

2. 提供样品

（a）提供样品的要求

KCLRF 向第三方建议为了进行有效请求而应遵守的正确程序。在要求权利证明的情况下，KCLRF 为请求方提供标准请求表 BP/12 的复印件和/或各工业产权局使用的请求表（当其已提供了这类表格时）。

KCLRF 提供样品的基础是请求方已尽到确保遵守所有相关健康和安全性规定的义务。当答复来自国外的请求时，KCLRF 默认请求方已满足了其所在国家的进口要求。

KCLRF 提供的所有细胞系样品都是其自行制备的批量样品。

（b）通知交存人

当已向第三方提供寄存微生物的样品时，以样表 BP/14 通知交存人。

（c）布达佩斯条约下的保藏物目录

KCLRF 不在其出版的目录中列出布达佩斯条约下的保藏物。

3. 费用表 （单位：韩元）

（1）保藏（包括初始的存活性检验、保藏和贮存 30 年）

——原始保藏（真核 DNA、质粒）	800000
——原始保藏（人、动物和植物细胞培养物，杂交瘤）	900000
——重新保藏	70000

（2）提供一份样品

——真核 DNA、质粒	100000
——人、动物和植物细胞培养物，杂交瘤	150000

（3）发布一份存活性报告

——要求进行存活性检验	70000
——基于最近一次的存活性检验	10000

（4）发布一份基于细则 8.2 的证明　　　　　　　10000

（5）通知基于细则 7.6 的信息　　　　　　　　　10000

费用不包括运费或银行手续费。

4. 对交存人的指导

目前，KCLRF 不为潜在交存人提供具体的注意事项，但随时乐意通过电话或邮件提供建议。

韩国（KR）

（KR）KCTC/2016

Korean Collection for Type Cultures（KCTC）

181，Ipsin – gil

Jeongeup – si

Jeollabuk – do，56212

电话：（82 – 63）570 5604，（82 – 63）570 5640

传真：（82 – 63）570 5609

电子邮箱：patent@ kribb. re. kr

网址：http：//kctc. kribb. re. kr/

1. 保藏的要求

（a）可以保藏的微生物种类

受理藻类、动物胚胎、细菌（包括放线菌）、含有质粒的细菌、噬菌体、RNA、细胞培养物（包括杂交瘤细胞系）、DNA（真核 DNA）、真菌（包括酵母菌）、人细胞培养物、霉菌、鼠类胚胎、植物细胞培养物、植物种子、原生动物（非寄生性）以及动物和植物病毒，但以下情况例外：

——具有对健康或环境有害或可能有害的性质的微生物；

——有特殊实验要求的微生物。

（b）技术要求和手续

（i）形式和数量

提交给 KCTC 保藏的培养物应尽可能是冻干的。不能冻干的病毒和噬菌体应该是冷冻的。保藏的微生物的所有复制都应来自同一批冻干的或冷冻的制品。

交存人必须提供的最小复制数如下：

放线菌、细菌、真菌、酵母菌、含有质粒的细菌	10 份
质粒、藻类、原生动物、动物和植物细胞系、杂交瘤、病毒、噬菌体	25 份

（ii）存活性检验所需的时间

KCTC 检验所受理的微生物的存活性所需的平均时间如下，但交存人应认识到，在一些情况下可能耗时更久：

细菌	7 天（或多达 14 天）
真菌、酵母菌、放线菌、藻类、原生动物	10 天（或多达 20 天）
质粒、含有质粒的细菌、病毒、噬菌体、动物和植物细胞系、杂交瘤	14 天（或多达 30 天）

（ⅲ）交存人复核和更新寄存物

在保藏时，KCTC 通过传代培养交存人提供的微生物自行制备冻干的或冷冻的形式的批量样品。之后必要时，从这些样品制备新的批量样品，用于更新减少的库存。交存人被要求复核 KCTC 制备的其所保藏的微生物的所有批量样品的可靠性。

不论用于制备供应用的批量样品的方法是什么，KCTC 都对交存人提供的原始材料的一部分进行保藏。

（c）**管理要求和手续**

（ⅰ）一般原则

语言：KCTC 的官方语言是韩语，也可进行英语的通信。

合同：KCTC 不与交存人签订规定双方责任的书面合同。但是，通过在 KCTC 的保藏表上签字，交存人放弃了在规定的保藏期内撤销其保藏的权利。

进口和/或检疫规定：国外的交存人必须提前联系 KCTC，咨询关于其微生物运输的建议。某些病原体受进口和/或检疫规定的限制。KCTC 向这类微生物的潜在交存人建议为了获得必要的许可而必须遵守的相关程序。

（ⅱ）原始保藏

交存人必须满足的要求：交存人必须填写等同于样表 BP/1 的表格，这是 KCTC 用于布达佩斯条约下保藏的登记表。在日后指出或修正科学描述和/或建议的分类学命名时，以及请求 KCTC 收到这类信息的证明时，交存人必须填写等同于样表 BP/7 的表格。

发往交存人的官方通知：存单和存活性报告分别以强制性的国际性表格 BP/4 和 BP/9 发出。收到日后提出或修正科学描述和/或建议的分类学命名的存单以样表 BP/8 发出。向第三方发放样品的通知以样表 BP/14 发出。其他官方通知使用 KCTC 自己的标准表格。

发往交存人的非官方通知：如果需要，KCTC 可在收到微生物之后和发出正式存单之前，通过电话通知保藏日期和保藏号。类似地，KCTC 可以在发出正式的存活性报告之前，通知存活性检验的结果。

向专利代理人提供信息：KCTC 在常规上不要求交存人提供其专利代理人的姓名和地址。KCTC 可以应要求向交存人或其代理人发送存单和存活性报告的复印件，但不会同时向两者发送。

（ⅲ）转移在先保藏

原始交存人可以将不在布达佩斯条约规定下的保藏转移为布达佩斯条约下的保藏，仅当其最初是用于专利目的保藏的。转移的管理要求与在布达佩斯条约下的原始保藏应满足的要求相同，但交存人还需要提供关于在先保藏的存单的复印件。所有的转移都应缴纳布达佩斯条约下的保藏正常征收的保藏费，不论这些保藏之前是否缴纳过任何费用。

（ⅳ）重新保藏

在重新保藏时，交存人必须填写样表 BP/2，并提供细则 6.2 所述文件的复印件。重新保藏的存单和存活性报告分别以强制性的国际性表格 BP/5 和 BP/9 发出。

2. 提供样品

（a）**提供样品的要求**

KCTC 向第三方建议为了进行有效请求而应遵守的正确程序。在要求权利证明的情况下，KCTC 为请求方提供标准请求表 BP/12 的复印件和/或各工业产权局使用的请求表（当其已提供了这类表格时）。

KCTC 提供样品的基础是请求方已尽到确保遵守所有相关健康和安全性规定的义务。当答复来自国外的请求时，KCTC 默认请求方已满足了其所在国家的进口要求。

KCTC 提供的所有微生物样品都是其自行制备的微生物批量样品。

（b）通知交存人

当已向第三方提供寄存微生物的样品时，以样表 BP/14 通知交存人。

（c）布达佩斯条约下的保藏物目录

KCTC 不在其出版的目录中列出布达佩斯条约下的保藏物。

3. 费用表（单位：韩元）

（1）保藏（包括初始的存活性检验、保藏和贮存 30 年）

——原始保藏（细菌、真菌、酵母菌、噬菌体、霉菌、动物和植物病毒、真核 DNA、RNA、质粒、种子）	800000
——原始保藏（人、动物和植物细胞培养物，胚胎，鼠类胚胎，杂交瘤，藻类，非寄生性原生动物）	900000
——重新保藏	70000

（2）提供一份样品

——细菌、真菌、酵母菌、噬菌体、霉菌、动物和植物病毒、真核 DNA、RNA、质粒、种子	100000
——人、动物和植物细胞培养物，胚胎，鼠类胚胎，杂交瘤，藻类，非寄生性原生动物	150000

（3）发布一份存活性报告

——要求进行存活性检验	70000
——基于最近一次的存活性检验	10000

（4）发布一份基于细则 8.2 的证明 ……… 10000

（5）通知基于细则 7.6 的信息 ……… 10000

费用不包括运费或银行手续费。

4. 对交存人的指导

目前，KCTC 不为潜在交存人提供具体的注意事项，但随时乐意通过电话或邮件提供建议。

韩国（KR）

Korean Culture Center of Microorganisms（KCCM）

361 – 221，Yurim B/D

Honje 1，Sudaemun

Seoul，120 – 091

电话：(82 – 42) 392 09 50

传真：(82 – 42) 392 28 59

网址：http：//www. kccm. or. kr/

1. 保藏的要求

（a）可以保藏的微生物种类

受理细菌、放线菌、真菌、酵母菌、质粒、含有质粒的细菌、病毒、噬菌体，但以下情况例外：

——杂交瘤、植物组织培养物、立克次氏体；

——要求 KCCM 在技术上不能实施的存活性检验的微生物；

——未鉴别的和/或不能鉴别的微生物的混合物。

KCCM 保留出于安全原因（即对人类、动物、植物和环境具有特殊风险）拒绝微生物保藏的权利。当微生物不能被冻干时，必须提前就受理条件咨询 KCCM。

（b）技术要求和手续

（ⅰ）形式和数量

提交给 KCCM 保藏的培养物应尽可能是冻干的。不能冻干的病毒和噬菌体应该是冷冻的。保藏的微生物的所有复制都应来自同一批冻干的或冷冻的制品。

噬菌体悬浮液每毫升必须含有至少 10^7 噬菌斑形成单位。

交存人必须提供的最小复制数如下：

细菌、真菌、酵母菌、放线菌	8 份
质粒、含有质粒的细菌、病毒、噬菌体	25 份

（ⅱ）存活性检验所需的时间

KCCM 检验所受理的微生物的存活性所需的平均时间如下，但交存人应认识到，在一些情况下可能耗时更久：

细菌	7 天（或多达 14 天）
真菌、酵母菌、放线菌	10 天（或多达 20 天）
质粒、含有质粒的细菌、病毒、噬菌体	14 天（或多达 30 天）

（ⅲ）交存人复核和更新寄存物

在保藏时，KCCM 通过传代培养交存人提供的微生物自行制备冻干的或冷冻的形式的批量样品。之后必要时，从这些样品制备新的批量样品，用于更新减少的库存。交存人被要求复核 KCCM 制备的其所保藏的微生物的所有批量样品的可靠性。

不论用于制备供发放的批量样品的方法是什么，KCCM 均对交存人提供的原始材料的一部分进行保藏。

（c）管理要求和手续

（ⅰ）一般原则

语言：KCCM 的官方语言是韩语，也接受以英语沟通。

合同：KCCM 不与交存人签订规定双方责任的书面合同。但是，通过在 KCCM 的保藏表上签字，交存人放弃了在规定的保藏期内撤销其保藏的权利。

进口和/或检疫规定：国外的交存人必须提前联系 KCCM，咨询关于其微生物运输的建议。某些病原体受进口和/或检疫规定的限制。KCCM 向这类微生物的潜在交存人建议用以获得必要的许可所应遵守的相关程序。

（ⅱ）原始保藏

交存人必须满足的要求：交存人必须填写等同于样表 BP/1 的表格，这是 KCCM 用于布达佩斯条约下保藏的登记表。在日后指出或修正科学描述和/或建议的分类学命名时，以及请求 KCCM 收到这类信息的证明时，交存人必须填写等同于样表 BP/7 的表格。

发往交存人的官方通知：存单和存活性报告分别以强制性的国际性表格 BP/4 和 BP/9 发出。收到日后指出或修正科学描述和/或建议的分类学命名的存单以样表 BP/8 发出。向第三方发放样品的通知以样表 BP/14 发出。其他官方通知使用 KCCM 自己的标准表格。

发往交存人的非官方通知：如果需要，KCCM 可在收到微生物之后和发出正式存单之前，电话通知保藏日期和保藏号。类似地，KCCM 可以在发出正式的存活性报告之前，通知存活性检验的结果。

向专利代理人提供信息：KCCM 在常规上不要求交存人提供其专利代理人的姓名和地址。KCCM 可以应要求向交存人或其代理人发送存单和存活性报告的复印件，但不会同时向两者发送。

（ⅲ）转移在先保藏

原始交存人可以将不在布达佩斯条约规定下的保藏转移为布达佩斯条约下的保藏，仅当其最初是用于专利目的保藏的。转移的管理要求与在布达佩斯条约下的原始保藏应满足的要求相同，但交存人还需要提供关于在先保藏的存单的复印件。所有的转移都应缴纳布达佩斯条约下的保藏正常征收的保藏费，不论这些保藏之前是否缴纳过任何费用。

（ⅳ）重新保藏

在重新保藏时，交存人必须填写样表 BP/2，并提供细则 6.2 所述文件的复印件。重新保藏的存单和存活性报告分别以强制性的国际性表格 BP/5 和 BP/9 发出。

2. 提供样品

（a）提供样品的要求

KCCM 向第三方建议为了进行有效请求应遵守的正确程序。在要求权利证明的情况下，KCCM 为请求方提供标准请求表 BP/12 的复印件和/或各工业产权局使用的请求表（当其已提供了这类表格时）。

在确信请求方已尽到确保遵守所有相关健康和安全性规定的义务的前提下，KCCM 才提供样品。当答复来自国外的请求时，KCCM 默认请求方已满足了其所在国家的进口要求。

KCCM 提供的所有微生物样品都是其自行制备的微生物批量样品。

（b）通知交存人

当已向第三方提供寄存微生物的样品时，以样表 BP/14 通知交存人。

（c）布达佩斯条约下的保藏物目录

KCCM 不在其出版的目录中列出布达佩斯条约下的保藏物。

3. 费用表（单位：韩元）

(1) 保藏（包括初始的存活性检验、保藏和贮存 30 年）
　　——原始保藏　　　　　　　　　　　　　　　　800000
　　——重新保藏　　　　　　　　　　　　　　　　70000
(2) 提供一份样品　　　　　　　　　　　　　　　　100000
(3) 发布一份存活性报告
　　——要求进行存活性检验　　　　　　　　　　　70000
　　——基于最近一次的存活性检验　　　　　　　　10000
(4) 发布一份基于细则 8.2 的证明　　　　　　　　　10000
(5) 通知基于细则 7.6 的信息　　　　　　　　　　　10000
费用不包括运费或银行手续费。

4. 对交存人的指导

目前，KCCM 不为潜在交存人提供具体的注意事项，但随时乐意通过电话或邮件提供建议。

俄罗斯（RU）

Ryssuan Collection of Microorganisms（VKM）

G. K. Skryabin Institute of Biochemistry and Physiology of Microorganisms

Russian Academy of Sciences

Prospekt Nauki No. 5

Pushchino 142290（Moscow Region）

电话：（7 – 495）625 7448，（7 – 496）773 1777

传真：（7 – 495）956 3370

电子邮箱：vkm@ ibpm. pushchino. ru

网址：http：//www. vkm. ru

1. 保藏的要求

（a）可以保藏的微生物种类

受理保藏细菌（包括放线菌）和显微级真菌（包括酵母菌），以及其作为重组 DNA 的载体，但被涉及人、动物或植物健康的危险名录覆盖的微生物和出现在俄罗斯管理机构公开的目录上的微生物例外。

VKM 不受理以下保藏：

——需要物理防范等级 P2、P3 或 P4 级的微生物，如《实验室安全手册》（*Laboratory Safety Monographs*）所述；

——要求 VKM 进行在技术上不能实施的存活性检验的微生物，以及未鉴别的和/或不能鉴别的微生物的混合物。

（b）技术要求和手续

（ⅰ）形式和数量

提交给 VKM 保藏的培养物必须是琼脂穿刺培养或冻干的形式。交存人必须提供的最小复制数是 5 个穿刺培养或 50 个安瓿。

（ⅱ）存活性检验所需的时间

VKM 检验所受理的不同种类的微生物的存活性所需的平均时间如下，但交存人应认识到，在一些情况下可能耗时更久，如括号中的数字所示：

细菌　　　　　　　　　　7 天（或多达 30 天）

真菌　　　　　　　　　　7 天（或多达 25 天）

酵母菌　　　　　　　　　7 天（或多达 14 天）

（ⅲ）交存人复核和更新寄存物

VKM 通过传代培养交存人原始提供的材料自行制备批量样品。通常，之后必要时，从这些样品和通过传代培养 VKM 自己的制品制备新的批量样品，用于更新减少的库存。VKM 通常要求交存人复核 VKM 在保藏时根据交存人提供的材料制备的制品的可靠性。VKM 一般会复核新收到的保藏物的污染情况，如果发现被污染，将退还给交存人。

VKM 保藏交存人提供的原始材料。

（c）管理要求和手续

（ⅰ）一般原则

语言：VKM 的官方语言是俄语。沟通也可以使用英语。

合同：VKM 不与交存人签订合同。交存人填写表格 BP/1 被认为是充分的。

进口和/或检疫规定：VKM 受理保藏的微生物种类不受进口或检疫规定的限制。VKM 不为交存人提供为了获得进口许可必须遵守的程序的咨询。因此，交存人必须检查适用的国家法规。

（ⅱ）原始保藏

交存人必须满足的要求：在原始保藏和转移在布达佩斯条约之外的保藏时，交存人必须填写表格 BP/1。当进行重新保藏时，必须填写表格 BP/2，当通知日后指出或修正科学描述和/或建议的分类学命名时，必须填写表格 BP/7。

发往交存人的官方通知：官方通知不以除强制性的国际性表格以外的标准表格发出。

发往交存人的非官方通知：在发出相关的存单和存活性报告之前，VKM 不会非正式地通知交存人保藏日期、保藏号和存活性检验的结果。

向专利代理人提供信息：VKM 不要求交存人提供其专利代理人的姓名和地址。但是，如果需要，VKM 可以向交存人或其代理人提供存单和存活性报告的复印件。

（ⅲ）转移在先保藏

原始交存人可以将不在布达佩斯条约规定下的保藏转移为布达佩斯条约下的保藏，不论其最初是否是用于专利目的保藏的。但是，在转移时，任何之前免费的保藏都应缴纳布达佩斯条约下的保藏正常征收的保藏费。转移之前不是出于专利目的的保藏的管理要求与在布达佩斯条约下的原始保藏应满足的要求相同。

（ⅳ）重新保藏

在重新保藏时，不要求交存人满足任何在原始保藏以外的额外要求。

2. 提供样品

（a）提供样品的要求

VKM 向第三方建议为了进行有效请求而应遵守的正确程序，并为请求方提供标准请求表 BP/12 的复印件或各工业产权局使用的请求表。

当答复来自国外的请求时，VKM 默认请求方已满足了其所在国家的进口要求。

（b）通知交存人

当向第三方提供保藏微生物的样品时，VKM 不通知交存人。

（c）布达佩斯条约下的保藏物目录

VKM 不在其出版的目录中列出布达佩斯条约下的保藏物。

3. 费用表（单位：美元）

（a）保藏	650
（b）发布一份存活性报告	100
（c）提供一份样品	130

4. 对交存人的指导

目前，VKM 不为潜在交存人提供标准邮件或注意事项，但乐于回答疑问或问题，优选通过电子邮件的方式。

俄罗斯（RU）

Russian National Collection of Industrial Microorganisms（VKPM）

FGUP GosNII Genetika
1 Dorozhny proezd，1
Moscow 117545

电话：（7 – 495）315 12 10
传真：（7 – 495）315 12 10，315 05 01
电子邮箱：vkpm@ genetika. ru

1. 保藏的要求

（a）可以保藏的微生物种类

受理保藏细菌（包括放线菌）和显微级真菌（包括酵母菌）、噬菌体、质粒（位于宿主内或作为分离的 DNA）、植物细胞培养物、动物和人细胞培养物（包括杂交瘤细胞系），但以下情况例外：

——对健康或环境有害或可能有害的微生物；

——实验需要特殊防范的微生物。

含有重组 DNA 分子的保藏必须不需要高于美国国立卫生研究院的《关于重组 DNA 分子的研究指南》（*Guidelines for Research Involving Recombinant DNA Molecules*）（USA）所述的 P2 级物理封闭水平。

（b）技术要求和手续

（ⅰ）形式和数量

VKPM 优先接收作为冻干制品提交保藏的微生物。在提供冻干制品是不理想或无法提供冻干制品的情况下，也可受理生长在合适营养培养基之中或之上的活的培养物。交存人必须提供的最小复制数如下：

真菌、酵母菌、细菌、质粒（宿主内的）	20 个冻干培养物或 5 个琼脂培养物
质粒（纯化的 DNA）	25 个小瓶（每个 100ng）
细胞系和杂交瘤	25 个冷冻样品
噬菌体	5×0.5 ml（不含细胞裂解液）（至少 10^8 pfu/ml）

噬菌体和质粒需要与合适的宿主一起发送，如果所述宿主不能自 VKPM 的公开收藏物中获得。

（ⅱ）存活性检验所需的时间

VKPM 检验所受理的微生物的存活性所需的平均时间如下：

细菌、宿主内的质粒	10 天

真菌、酵母菌、噬菌体、细胞系、杂交瘤	20 天

（ⅲ）交存人复核和更新寄存物

在必要的情况下，VKPM 通过传代培养交存人提供的材料制备细菌、真菌、酵母菌的额外样品。交存人负有复核 VKPM 制备的所有批量样品的可靠性的义务。

不论用于制备供发放的批量样品的方法是什么，只要所提供的培养物允许，VKPM 将始终保存交存人提供的原始材料的一部分。

（c）管理要求和手续

（ⅰ）一般原则

语言：VKPM 的官方语言是俄语。沟通也可以使用英语。

合同：除交存人必须填写的 VKPM - BP/1 申请表外，VKPM 不与交存人签订规定双方责任的书面合同。

进口和/或检疫规定：VKPM 受理保藏的某些微生物种类受进口规定的限制。VKPM 可代表交存人获得必要的进口许可证；但是，交存人必须提供其微生物的非致病性的信息。

VKPM 受理保藏的微生物不受检疫规定的限制。

（ⅱ）原始保藏

交存人必须满足的要求：交存人必须填写用于专利保藏的 VKPM - BP/1 登记表（等同于样表 BP/1 的表格）。在日后指出或修正科学描述和/或建议的分类学命名的情况下，交存人必须填写样表 BP/7。

发往交存人的官方通知：存单和存活性报告分别以强制性的国际性表格 BP/4 和 BP/9 发出。向第三方提供样品的通知以样表 BP/14 发出。其他官方通知优先使用 VKPM 的标准表格。

发往交存人的非官方通知：如果需要，VKPM 可在发出正式存单之前，在进行了存活性检验且仅在获得阳性结果之后，通过电话或传真通知保藏日期和保藏号。类似地，VKPM可以在发出存活性报告之前，通知存活性检验的结果。

向专利代理人提供信息：如果需要，VKPM 可以向交存人的专利代理人提供存单和存活性报告的复印件。

（ⅲ）转移在先保藏

可以将不在布达佩斯条约规定下的保藏转移为布达佩斯条约下的保藏，只要其最初是用于专利目的保藏的，或者是保密保管的。所有转移的保藏都应缴纳布达佩斯条约下的保藏正常征收的保藏费。转移保藏的管理要求与在布达佩斯条约下的原始保藏应满足的要求相同。

（ⅳ）重新保藏

在重新保藏时，交存人应填写样表 BP/2，并发送细则 6.2 所述相关文件的复印件；其他程序与原始保藏的程序相似。

2. 提供样品

（a）提供样品的要求

VKPM 向第三方建议为进行有效请求应遵守的正确程序，并为请求方提供标准请求表

BP/12 的复印件。

（b）通知交存人

每次向第三方提供保藏微生物的样品时，VKPM 将以表格 BP/14 通知交存人。

（c）布达佩斯条约下的保藏物目录

应交存人的请求，VKPM 在其出版的目录中列出布达佩斯条约下的保藏物。俄罗斯的授权和公开专利所涉及的所有微生物都列于目录中。

3. 费用表（单位：欧元）

（a）保藏（30 年）

  ——细菌（包括放线菌）、真菌   500

   （包括酵母菌）、噬菌体、质粒（宿主内的或作为分离的 DNA）

  ——细胞系、杂交瘤   800

（b）发布一份存活性报告

  ——细菌（包括放线菌）、真菌   100

   （包括酵母菌）、噬菌体、质粒（宿主内的或作为分离的 DNA）

  ——细胞系、杂交瘤   150

（c）提供一份样品

  ——细菌（包括放线菌）、真菌   100

   （包括酵母菌）、噬菌体、质粒（宿主内的或作为分离的 DNA）

  ——细胞系、杂交瘤   150

（d）通知细则 7.6 下的信息或发布一份细则 8.2 下的证明   30

（e）其他费用（通信、运输）   根据实际成本

4. 对交存人的指导

VKPM 为潜在交存人提供了注意事项。

斯洛伐克（SK）

Culture Collection of Yeasts（CCY）

Institute of Chemistry

Slovak Academy of Sciences

Dúbravská cesta，9

845 38 Bratislava

电话：（421 – 2）59 41 02 62

传真：（421 – 2）59 41 02 22

电子邮箱：yeasts@ ccy. sk

网址：http：//www. ccy. sk/

1. 保藏的要求

（a）可以保藏的微生物种类

可以在液氮中保存或作为活的培养物保存，而其性质不发生实质性改变的酵母菌。

在液氮保存或琼脂斜面保存的过程中，可以通过标准的实验室技术实现贮存而不发生明显的适应性变化的酵母菌。

（b）技术要求和手续

（ⅰ）形式和数量

CCY 受理作为冻干制品或活的培养物保藏的微生物。在保藏时，交存人必须提供的最小复制数是 4 个冻干制品或 2 个琼脂斜面培养物。

（ⅱ）存活性检验所需的时间

CCY 检验酵母菌培养物的存活性所需的平均时间是 6 天，但在一些情况下，存活性检验可能需要长达 14 天。

（ⅲ）交存人复核和更新寄存物

CCY 通过传代培养交存人提供的材料自行制备酵母菌的批量样品。从交存人的原始材料制备新的批量样品用于更新库存。CCY 在常规上要求交存人复核 CCY 在保藏时从交存人提供的材料制备的制品的可靠性。

CCY 保存交存人提供的原始材料。

（c）管理要求和手续

（ⅰ）一般原则

语言： CCY 的官方语言是斯洛伐克语。沟通也可以使用英语。

合同： CCY 不与交存人签订规定双方责任的书面合同。但是，通过在 CCY 保藏表上签字，交存人放弃了在规定的保藏期内撤销保藏的所有权利。

进口和/或检疫规定：CCY 受理保藏的微生物种类不适用进口和/或检疫规定。

（ii）原始保藏

交存人必须满足的要求：交存人必须填写等同于样表 BP/1 的表格，这是 CCY 用于布达佩斯条约保藏的登记表。在日后指出或修正科学描述和/或建议的分类学命名的情况下，和请求 CCY 收到这类信息的证明的情况下，交存人必须填写样表 BP/7。

发往交存人的官方通知：存单和存活性报告分别以强制性的国际性表格 BP/4 和 BP/9 发出。收到日后指出或修正科学描述和/或建议的分类学命名的证明以等同于样表 BP/8 的表格发出。向第三方提供样品的通知以样表 BP/14 发出。其他官方通知不使用标准表格。

发往交存人的非官方通知：CCY 不在相关的正式通知之前，通过电话或传真提前通知保藏日期、保藏号或存活性检验的结果。

向专利代理人提供信息：CCY 在常规上不要求交存人提供其专利代理人的姓名和地址。但是，如果需要，CCY 可以同时向交存人及其专利代理人提供存单和存活性报告的复印件。

（iii）转移在先保藏

原始交存人可以将不在布达佩斯条约规定下的保藏转移为布达佩斯条约下的保藏，不论其最初是否是用于专利目的保藏的。所有转移都应缴纳布达佩斯条约下的保藏正常征收的保藏费，不论这些保藏之前是否已缴纳过任何费用。

转移保藏的管理要求与在布达佩斯条约下的原始保藏应满足的要求相同。

（iv）重新保藏

在重新保藏时，交存人应填写样表 BP/2，并提供细则 6.2 所述相关文件的复印件。存单和存活性报告分别以强制性的国际性表格 BP/5 和 BP/9 发出。

2. 提供样品

（a）提供样品的要求

CCY 向第三方建议为了进行有效请求应遵守的正确程序。在要求权利证明的情况下，CCY 为请求方提供标准请求表 BP/12 的复印件和/或各工业产权局使用的请求表（当已提供了这类表格时）。

当答复来自国外的请求时，CCY 默认请求方已满足了其所在国家的进口要求。

CCY 提供的所有样品都是其自行制备的批量样品。

（b）通知交存人

当向第三方提供保藏微生物的样品时，将用样表 BP/14 通知交存人。

（c）布达佩斯条约下的保藏物目录

CCY 不在其出版的目录中列出布达佩斯条约下的保藏物。

3. 费用表（单位：欧元）

（a）保藏	664
（b）发布一份存活性报告	33
（c）提供一份样品	40

4. 对交存人的指导

CCY 不为潜在交存人提供标准信函或注意事项。

西班牙（ES）

Banco Español de Algas（BEA）

Marine Biotechnology Center

University of Las Palmas，Gran Canaria

Muelle de Taliarte s/n

35214 Telde

Las Palmas

电话：（34 – 928）13 32 90

传真：（34 – 928）13 28 30

电子邮箱：info@ marinebiotechnology. org

网址：http：//bea. marinebiotechnology. org

1. 保藏的要求

（a）可以保藏的微生物种类

受理可以通过传代培养手段保存，而其性质不发生改变的淡水、海水、高盐和土壤的微藻，以及海洋大型藻类。

BEA 短期受理可通过冷冻保藏手段保存的微藻、蓝藻和大型藻类（组织或孢子）。

（b）技术要求和手续

（ⅰ）形式和数量

提交保藏的生物必须是液体培养物或琼脂培养物。提交保藏的最小相同复制数必须是 5 份。微藻和蓝藻的培养物应含有最少 $10^2 \sim 10^4$ 细胞/ml，取决于其种类，大型藻类为 3 株植物。

（ⅱ）存活性检验所需的时间

检验 BEA 所受理的微藻、蓝藻和大型藻类的存活性所需的平均时间是 7 天，但交存人必须考虑到，在一些情况下，检验可能需要多达 35 天。

（ⅲ）交存人复核和更新寄存物

在保藏时，BEA 将自行制备生物的样品批次，并对交存人提供的材料进行传代培养。根据更新样品批次消耗的需求，制备新的样品批次。当原始材料被冷冻保藏时，通过传代培养原始材料的手段，或者通过向交存人索要新的保藏物，更新样品批次。交存人被要求分析 BEA 制备的第一批生物（而非后续批次）的可靠性。除冷冻保藏的材料外，BEA 不保藏交存人提供的材料。

（c）管理要求和手续

（ⅰ）一般原则

语言：BEA 的官方语言是西班牙语和英语。

合同：交存人需要填写 BEA 申请表，在其构成的合同中，交存人同意：

——提供 BEA 要求的所有信息；

——缴纳所有的规定费用；

——赔偿 BEA 由于发放样品可能面临的任何权利主张，除非所述权利主张是由于 BEA 方的疏忽造成的；

——在规定的保藏期内，不撤销保藏；

——授权 BEA 根据现行专利程序规定，提供样本。

当生物被受理保藏时，BEA 将通知相应交存人，并提醒其遵守合同的规定和条件。

进口和/或检疫规定：BEA 受理的生物不受进口和/或检疫规定的限制。

（ⅱ）原始保藏

交存人必须满足的要求：交存人必须填写 BEA 使用的申请和登记表，根据布达佩斯条约，是等同于样表 BP/1 的表格。

发往交存人的官方通知：存单和存活性报告分别以强制性的国际性表格 BP/4 和 BP/9 发出。收到信息或修正科学描述和/或建议的分类学命名的存单以样表 BP/8 公开。向第三方发放样品的通知以样表 BP/14 发出。其他官方通知不使用标准表格。

发往交存人的非官方通知：如果需要，BEA 可在收到微生物之后和发出正式存单之前，通过电话、传真或电子邮件通知保藏日期和保藏号。但是，交存人应注意所述信息是临时的，取决于存活性检验的结果。BEA 还可以在发出正式报告之前，通知存活性检验的结果。

向专利代理人提供信息：BEA 一般不要求交存人提供其专利代理人的姓名和地址。如果需要，BEA 可以向交存人及其专利代理人提供样品存单、存活性报告和其他信息的复印件。

（ⅲ）转移在先保藏

BEA 不接受在布达佩斯条约规定以外用于专利目的的保藏。

（ⅳ）重新保藏

在重新保藏时，交存人被要求填写样表 BP/2，并附带提供细则 6.2 所要求的相关文件的复印件。重新保藏的存单和存活性报告以国际性表格 BP/5 和 BP/9 公开。

2. 提供样品

（a）提供样品的要求

BEA 将通知第三方正确提交申请的程序。在要求权利证明的情况下，BEA 为请求方提供工业产权局使用的请求表。

当收到来自国外的请求时，BEA 默认交存人熟悉其所在国家的进口要求。

BEA 发送的所有样品都来自包括其制备制品的样品批次。

（b）通知交存人

当已向第三方提供保藏生物的样品时，以信件和电子邮件通知交存人。

（c）布达佩斯条约下的保藏物目录

BEA 仅在交存人书面授权的情况下，在其目录中公开布达佩斯条约下的保藏物。

3. 费用表（单元：欧元）

（a）保藏
　　——冷冻保存的菌株（细则 6.1）　　　　　　　800
　　——其他方法　　　　　　　　　　　　　　　根据个案
（b）发布存活性报告（细则 10.2）　　　　　　　50
（c）提供一份样品（细则第 11 条）　　　　　　60（含发放成本）
（d）信息通信费（细则 7.6）　　　　　　　　　50

4. 对交存人的指导

不提供。

西班牙（ES）

（ES）CECT/2015

Colección Española de Cultivos tipo（CECT）

Edificio 3 CUE. Parc Cientific Universitat de Valencia

Catedrático Augustín Escardino，9

46980 Paterna（Valencia）

电话：（34 - 963）54 46 12
传真：（34 - 963）54 31 87
电子邮箱：patents@ cect. org
网址：http：//www. cect. org

1. 保藏的要求

（a）可以保藏的微生物种类

细菌、古菌、丝状真菌、酵母和质粒。这些微生物可以冷冻或冻干而特性不会显著改变，且根据西班牙法规（*Guía Técnica para la Evaluación y Prevención de Riesgos relacionados con la Exposición a Agentes Biológicos del Instituto Nacional de Seguridad e Higiene en el Trabajo，RD 664/1997 de 12 Mayo*）属于 3 类（＊）危险。属于 3 类（＊）危险（等价于欧盟指令 2000/54/EC 中的 3 类（＊＊）危险）的微生物是对工作人员表现出有限的感染风险的微生物，因为其通常不通过空气途径感染。

CECT 不受理下列生物材料的保藏：藻类和蓝细菌、胚胎、原生动物、动物细胞系、植物细胞系、原生质体、植物种子、病毒和噬菌体。

尽管有上述规定，CECT 保留了拒绝或受理任何在负责人看来具有不能承受的风险或难以处置的材料的保藏的权利。

（b）技术要求和手续

（ⅰ）形式和数量

受理在安瓿中处于冷冻干燥形式的，或在琼脂溶液中活的培养物形式的细菌和真菌（包括含有质粒的）。交存人应该向 CECT 发送每个菌株 5 个安瓿或琼脂样品。

（ⅱ）存活性检验所需的时间

检验细菌样品的存活性所需的平均时间是 3 天（或多达 14 天），检验真菌菌株需要 6 天（或多达 30 天）。交存人必须考虑到，在一些情况下，存活性检验可能需要很长时间，如括号内的数字所示。

（ⅲ）交存人复核和更新寄存物

CECT 通过传代培养交存人提供的材料制备冷冻的或冷冻干燥的批量样品。当批量样品即将用完时，从第一批制备的冷冻的或冷冻干燥的样品制备其他批量样品。不论用于制备供发送的批量样品或样品的方法是什么，CECT 始终冷冻干燥、冷冻或持有交存人提供的原始材料的一部分。要求交存人核实 CECT 制备的所有冷冻干燥的或冷冻的样品的可靠性。

（c）管理要求和手续

（ⅰ）一般原则

语言：CECT 的官方语言是西班牙语和英语。

合同：交存人必须填写的 CECT 申请规定交存人负有以下责任：

——提供 CECT 要求的所有必需信息；

——缴纳所有的规定费用；

——赔偿 CECT 由于发放样品可能面临的任何权利主张，除非所述权利主张是由于 CECT 方的疏忽造成的；

——在规定的保藏期内，不撤销保藏；

——授权 CECT 根据现行专利程序规定，提供样本。

进口和/或检疫规定：CECT 培养物的包装和发放遵守国际邮政联盟的法律。国外的交存人应就发放样品的正确程序信息提前向 CECT 申请。西班牙不允许通过航空邮件发送感染性物质，但从英国直接发往 CECT 的样品例外。根据 IATA 规定，样品可以从其他国家货运发往 CECT。

（ⅱ）原始保藏

交存人必须满足的要求：交存人必须填写 CECT 使用的用于布达佩斯条约下的保藏的申请和登记表，这是等同于样表 BP/1 的表格。

发往交存人的官方通知：存单和存活性报告分别以强制性的国际性表格 BP/4 和 BP/9 发出。收到日后指出或修正科学描述和/或建议的分类学命名的存单以样表 BP/8 发出。向第三方发放样品的通知以样表 BP/14 发出。其他官方通知使用单独文件通知，而不使用标准表格。

发往交存人的非官方通知：如果需要，CECT 可在收到微生物之后，发出正式存单之前，通过电话通知保藏日期和保藏号。但是，交存人应注意所述信息是临时的，取决于存活性检验的结果。类似的是，CECT 还可以在发出存活性报告之前，通知存活性检验的结果。

向专利代理人提供信息：CECT 在常规上要求交存人提供其专利代理人的姓名和地址。如果需要，CECT 可以同时向交存人及其专利代理人提供存单、存活性报告和任何其他信息的复印件。

（ⅲ）转移在先保藏

原始交存人可以将其在布达佩斯条约规定之外的保藏转移为布达佩斯条约下的保藏，不论其最初是否是出于专利目的进行的保藏。在转移时，之前免费的保藏都应缴纳本技术备忘录下明示的保藏费，以及用于连续更新应缴纳的任何费用。除了上述例外，转移的管理要求与在条约下的原始保藏应满足的要求相同。这类样品的保藏日期是转移的日期。

（ⅳ）重新保藏

在重新保藏时，交存人被要求填写样表 BP/2，并提供细则 6.2 规定的相关文件的复印件。重新保藏的存单和存活性报告以国际性表格 BP/5 和 BP/9 发出。

2. 提供样品

（a）提供样品的要求

CECT 向第三方建议进行有效申请应遵守的正确程序。在要求权利证明的情况下，CECT 为请求方提供标准请求表 BP/12。当收到来自国外的请求时，CECT 默认相关个人熟悉其所在国家的进口要求。

CECT 发送的所有细菌和真菌样品都来自其自行制备的批量样品。

（b）通知交存人

当向第三方提供保藏微生物的样品时，以样表 BP/14 通知交存人。

（c）布达佩斯条约下的保藏物目录

CECT 仅在交存人书面授权的情况下，在其目录中公开布达佩斯条约下的保藏物。

3. 费用表（单位：欧元）

（1）保藏	
（a）原始保藏	600
（b）重新保藏	80
（c）将保藏期延长至超过细则第 9 条规定的期限，按年计	30
（2）发布一份存活性报告	
（a）需要一项存活性检验	110
（b）基于最近一次的存活性检验	45
（3）提供一份样品	110
（4）信息通信费	110

4. 对交存人的指导

目前，CECT 没有公开用于指导潜在交存人的具体信息，但一直乐于通过电话或邮件提供信息。

瑞士（CH）

Culture Collection of Switzerland（CCOS）

Einsiedlerstrasse 34
8820 Waedenswil

电话：+41 44 552 24 28
传真：+41 44 552 24 27
电子邮箱：info@ ccos. ch
网址：www. ccos. ch

1. 保藏的要求

（a）可保藏的微生物种类

根据布达佩斯条约第6条（2）（ⅴ）和细则（3）（b）（ⅲ），CCOS受理下表中的微生物的专利保藏。

在其公众保藏及其保密保藏库中，CCOS目前管理着达到2级生物安全的细胞培养物、细菌、蓝细菌、酵母和丝状真菌的菌株。

因此，CCOS仅能容纳达到2级生物安全的微生物种类，并且是使用现有方法可培养的和可以使用标准技术长期保藏的，如冻干的或储存在液氮气相中。保藏需要不断重新增殖的培养物必须支付额外的费用。

CCOS还提供生物材料的制备和保藏（BioService）；在此情况下，交存人必须独立地验证CCOS生产的材料的同一性。除微生物之外，CCOS还在安全保密的条件下保藏动物和人细胞，以及各个用户的原代细胞系。

下表显示了受理保藏的生物体和交存人在"专利保藏"的框架下应提供的样品数量。

受理的生物体	温度和保藏形式	保藏样品的数量[①]	CCOS建议扩增和保护
细菌（包括蓝细菌）	−196℃，冷冻培养物[②] −80℃，冷冻培养物 4℃，冻干物	21份或2份	是
动物细胞培养物 （包括杂交瘤）	−196℃，冷冻培养物	21份或2份	是（ZHAW[③]）
人细胞培养物	−196℃，冷冻培养物	21份或2份	是（ZHAW）
核酸（DNA、RNA、质粒）	−80℃，小瓶[④] −20℃，小瓶	21份	否
真菌（包括酵母和霉菌）	−196℃，冷冻培养物 −80℃，冷冻培养物 4℃，冻干物	21份或2份	是
藻类	−196℃，冷冻培养物	21份	否

受理的生物体	温度和保藏形式	保藏样品的数量①	CCOS 建议扩增和保护
噬菌体	-196℃，冷冻培养物	21 份	否
线虫	-196℃，冷冻培养物	21 份	否
原生动物	-196℃，冷冻培养物	21 份	否

① 如果 CCOS 可以扩增材料，则需要两份样品。

② 冷冻培养物：2ml 的冷冻小瓶，装有 1~2 ml 含相应的抗冻培养基的微生物。建议的细胞数量是动物和人细胞 $>10^6/ml$，细菌 $>10^9/ml$。

③ 该培养物是由 CCOS 实验室人员在 ZHAW 实验室中制备。

④ 合适的样品容器；推荐浓度；每个容器 100 ng。

(b) 技术要求和手续

(ⅰ) 形式和数量

交存人必须提供 21 份生物材料的样品，优选在标准的冻存管（高 47.3 mm，直径 13.1 mm，2 ml，冷冻）中，或上表所述的冻干物（室温）。如果交存人选择 CCOS BioService 制作复制品，则交存人必须提供 2 份任何常见科学形态种类的样品。

(ⅱ) 存活性检验所需的时间

存活性检验所需的时间取决于生物材料，生长特别缓慢的微生物需要更长的检验时间（如括号中所示）：

细菌	3 天（或多达 21 天）
蓝细菌	14 天（或多达 84 天）
真菌、酵母、霉菌	5 天（或多达 28 天）
细胞培养物、杂交瘤	14 天（或多达 28 天）
其他生物材料	基于请求

(ⅲ) 交存人复核和更新保藏物

由交存人负责补充库存，确保库存量足以在规定的保藏期内向有资格的公众供应保藏物。

CCOS 通过 BioService 提供生物材料的制备和保藏；在此情况下，交存人必须独立地验证 CCOS 生产的材料的同一性。

(c) 管理要求和手续

(ⅰ) 一般原则

语言：根据规定细则 3.1 (b)（ⅴ），CCOS 的官方语言是英语、德语、法语和意大利语。

合同：在保藏前，CCOS 与交存人签订普通的 BioStorage 合同。

进口和/或检疫规定：如果需要任何重要的进口许可，CCOS 将帮助向瑞士联邦海关管理局（www. ezv. admin. ch）申请。

(ⅱ) 原始保藏

交存人必须满足的要求：交存人必须及时填写 CCOS 等同于布达佩斯条约样表 BP/1 的表格。在日后指出或修正科学描述和/或建议的分类命名时，以及索取证明时，交存人必须及时填写等同于样表 BP/7 的表格。

发往交存人的官方通知：存单和存活性报告分别以 CCOS 等同于样表 BP/4 和 BP/9 的表格发出。收到日后指出或修正科学描述和/或建议的分类命名的通知以等同于样表 BP/8 的表格发出。向第三方发放样品的通知以样表 BP/14 发出。

发往交存人的非官方通知：在发出官方存单之前，交存人可以通过电子邮件或电话请求任何非官方的通知。

向专利代理人提供信息：交存人必须请求 CCOS 向其专利代理人寄送存单和存活性报告的复印件。

（ⅲ）转移在先保藏

交存人可以将不在布达佩斯条约规定下的保藏转移为专利保藏。旧的保藏合同将被终止，且材料将进行原始专利保藏所要求的手续，但不需要向 CCOS 提供原始材料。

（ⅳ）重新保藏

在重新保藏时，交存人必须及时填写 CCOS 等同于样表 BP/2 的表格，并提供细则 6.2 所述文件的复印件。重新保藏的存单和存活性报告分别以 CCOS 等同于样表 BP/5 和 BP/9 的表格发出。

2. 提供样品

（a）提供样品的要求

CCOS 将通知第三方为了进行有效请求而应遵守的程序。在要求权利证明的情况下，CCOS 为请求方提供等同于样表 BP/12 的表格的复印件。当相应的专利局已经通知了由国际保藏单位就所述专利中提及的保藏微生物所给出的保藏号列表时，使用标准申请表 BP/13 来索取保藏微生物。

尽管第三方享有在专利规定下获取样品的权利，CCOS 将不向任何第三方提供潜在有害的微生物样品，除非请求方提供了证明其被允许使用所述生物的证据。在任何情况下，请求方都必须遵守其所在国家关于进口、处理生物材料和生物安全性法规的规定。

所有被提供的专利保藏的样品都分别来自 CCOS 的批量样品或交存人制备的样品。

（b）通知交存人

当 CCOS 将要向第三方提供保藏微生物的样品时，CCOS 将以等同于样表 BP/14 的表格通知交存人，除非交存人已放弃了被通知的权利。

（c）布达佩斯条约下的保藏物目录

根据细则 9.2，CCOS 不在其公开目录中列出专利保藏。

3. 费用（单位：瑞士法郎）

（ⅰ）保藏

（a）微生物和细胞培养物保藏 30 年		2500
（b）DNA 保藏 30 年		1500
（ⅱ）发布一份基于细则 8.2 的证明		50
（ⅲ）发布一份存活性报告		50
（ⅳ）提供微生物或细胞培养物的样品		250
（ⅴ）通知基于细则 7.6 的信息		50

　　注：根据条约第 6 条（2）（ⅷ）和细则 2.3，CCOS 负责准确及时地提供保藏微生物的样品。

　　上述清单涵盖了基础服务。CCOS BioService 和需要特殊条件或照顾的保藏需要额外付费。

　　上述费用包括符合现行瑞士法规的增值税，但不含运输成本。

4. 对交存人的指导

　　CCOS 在主页（www. ccos. ch）上提供关于保藏手续的信息，可以通过电话或电子邮件提供咨询。

英国（GB）

CABI Bioscience，UK Centre（IMI）

Bakeham Lane
Englefield Green
Egham，Surrey TW20 9TY

电话：（44（0）1491）829 016
传真：（44（0）1491）829 100
电子邮箱：microbiologicalservices@ cabi. org
网址：http：//www. cabi. org

1. 保藏的要求

（a）可以保藏的微生物种类

受理可以通过现有保藏方法保藏，而其性质不发生显著改变的线虫、真菌分离物（包括酵母菌）和细菌（包括放线菌），但已知的人和动物病原体除外。保藏中心受理最高达 ACDP 2 类的生物体保藏。

尽管有上述规定，根据主管的意见，IMI 仍保留拒绝或受理具有不可接受之风险或技术上不适合操作的材料保藏的权利。IMI 受理在长期的液氮冷冻或冷冻干燥后没有显著改变的生物体。保藏时，需要提交与潜在致病性和保藏条件相关的声明。

（b）技术要求和手续

（ⅰ）形式和数量

IMI 优先受理以在琼脂斜面上健康、清洁、产生孢子的培养物提交的真菌，其适合制备用于冷冻干燥和液氮保藏的悬浮液。保藏时，交存人提供的最小复制数应为 6 个。

（ⅱ）存活性检验所需的时间

检验 IMI 受理的真菌的存活性所需的平均时间是 14 天，但交存人必须意识到，在一些情况下，存活性检验可能需要长达 21 天的时间。

（ⅲ）交存人复核和更新寄存物

根据送来保藏的培养物的数量和条件，IMI 从交存人的材料直接制备或从其传代培养物制备冷冻的和冻干的批量样品。必要时，制备新的批量样品用于更新减少的库存。交存人被要求复核 IMI 制备的微生物批量样品的可靠性。

不论用于制备供发放的批量样品的方法是什么，IMI 始终保藏交存人提供的原始材料的一部分。

（c）管理要求和手续

（ⅰ）一般原则

语言：IMI 的官方语言是英语。不接受以任何其他语言沟通。

合同：交存人必须填写的 IMI 申请表（CC PF1）构成了这样的合同，即其中规定交存人负有以下责任：

——提供 IMI 要求的所有必需信息；

——当 IMI 不能再提供样品时，自费替换微生物；

——缴纳所有的规定费用；

——赔偿 IMI 由于发放样品可能面临的任何权利主张，除非所述权利主张是由于 IMI 方的疏忽造成的；

——在规定的保藏期内，不撤销保藏；

——授权 IMI 根据正确的专利规定，提供样本。

在完成保藏和受理程序后，向交存人发送标准信件（表格 CC PF3），提醒其合同义务。

进口和/或检疫规定：非英国本土的植物病原性真菌受进口规定的约束。IMI 具有进口这类生物的许可，并将通知交存人任何必要的程序。

（ⅱ）原始保藏

交存人必须满足的要求：除上文（ⅰ）中提及的 IMI 申请表 CC PF1 外，交存人必须填写用于布达佩斯条约下的保藏的 IMI 登记表（CC PF2）。在日后指出或修正科学描述和/或建议的分类学命名时，或在要求 IMI 收到这类信息的证明时，IMI 不要求填写特定表格。

发往交存人的官方通知：存单以表格 CC PF3 发出，这是强制性的国际性表格 BP/4 的 IMI 版本。存活性报告以表格 CC PF5 发出，这是强制性的国际性表格 BP/9 的 IMI 版本。标准表格（CC PF4）用于通知交存人拒绝受理微生物保藏，而其他官方通知不使用标准表格。

发往交存人的非官方通知：IMI 收到培养物寄送，但这不构成受理。在证明其存活之前，IMI 不发给微生物保藏号。在存活性检验获得阳性结果后，IMI 可应请求，在正式文件发出前，通过电话或传真通知该信息以及保藏号。

向专利代理人提供信息：IMI 在常规上不要求交存人提供其专利代理人的姓名和地址。但是，如果需要，IMI 可以同时向交存人及其专利代理人提供存单和存活性报告的复印件。

（ⅲ）转移在先保藏

IMI 不允许将最初不是用于专利目的的保藏转移为在布达佩斯条约下的保藏。可以转移之前在条约规定之外用于专利目的进行的保藏，只要交存人向 IMI 提供保藏微生物的新样品，并复核从其制备的所有批量样品的可靠性。转移的管理要求与在条约下的原始保藏应满足的要求相似。所有转移都应缴纳布达佩斯条约下的保藏通常征收的保藏费，不论这些保藏之前是否缴纳过任何费用。

（ⅳ）重新保藏

在重新保藏时，交存人被要求填写样表 BP/2，并发送细则 6.2 规定的相关文件的复印件。重新保藏的存单和存活性报告以表格 CC PF3 和 CC PF5 发出，这分别是强制性的国际性表格 BP/5 和 BP/9 的 IMI 版本。

2. 提供样品

（a）提供样品的要求

IMI 向第三方建议为了进行有效申请而应遵守的正确程序。但是，在要求权利证明的情况下，IMI 不提供请求表的复印件，这必须自相关工业产权局获得。

尽管享有在专利规则下获取样品的权利，IMI 仅向获得许可的英国第三方提供在英国国内利用时需要获得许可的植物病原体的样品。IMI 将向没有许可证的请求方提供必要的申请表，并向证明其已获得许可的请求方发放样品。当答复来自国外（除美国以外的国家）的请求时，IMI 默认请求方已经满足了所在国家的入境要求。当请求来自美国时，通过美国农业部检疫当局发送植物病原体的样品。

IMI 提供的所有样品都来自其自行制备的批量样品，所述样品尽可能地由交存人提供的材料直接（即不经过传代培养）制备。

（b）通知交存人

当向第三方提供寄存微生物的样品时，以信件通知交存人。

（c）布达佩斯条约下的保藏物目录

IMI 不在其公开目录中列出布达佩斯条约下的保藏物。

3. 费用表（单位：英镑）

（a）保藏一株菌株　　　　　　　　　　　　　　　600
（b）发布一份存活性报告　　　　　　　　　　　　80
（c）提供一份样品　　　　　　　　　　　　　　　55
（d）发布一份证明　　　　　　　　　　　　　　　25
（e）信息通信费　　　　　　　　　　　　　　　　25

在英国缴纳的费用要按现行税率缴纳增值税。

4. 对交存人的指导

IMI 提供了用于指导交存人的详细注意事项。

英国（GB）

Culture Collection of Algae and Protozoa（CCAP）

SAMS Ltd.

Scottish Marine Institute

Oban，Argyll PA37 1QA

Scotland

电话：（44 – 1631）559 000 或 1631 559 268 （直拨电话）

传真：（44 – 1631）559 001

电子邮箱：ccap@ sams. ac. uk

网址：www. ccap. ac. uk

1. 保藏的要求

（a）可以保藏的微生物种类

——淡水和陆地藻类和游离的活的原生动物；

——除大型海藻以外的海洋藻类。

（b）技术要求和手续

（ⅰ）形式和数量

微生物应以液体或琼脂斜面培养物提交保藏。保藏时，交存人必须提供的最小复制数应为 6 个。藻类培养物必须含有最少 $10^2 \sim 10^4$ 细胞/ml，取决于其种类，海藻为 3 株植物。原生动物培养物含有的最少细胞数必须经协商决定。

（ⅱ）存活性检验所需的时间

检验 CCAP 受理的藻类和原生动物的存活性所需的平均时间是 7 天，但交存人应意识到，在一些情况下，存活性检验可能需要长达 35 天的时间。

（ⅲ）交存人复核和更新寄存物

除了交存人的原始材料是以冷冻保藏的例外情况，如某些藻类，CCAP 在保藏时通过传代培养交存人提供的材料自行制备微生物的批量样品。之后必要时，从这些批量样品制备新的批量样品用于更新减少的库存。在原始材料是冷冻保藏的情况下，通过传代培养或要求交存人提供新的保藏来更新库存。交存人被要求检测 CCAP 制备的第一批微生物批量样品（而非之后批次）的可靠性。

除冷冻保藏的菌株外，CCAP 不保藏交存人提供的原始材料。

（c）管理要求和手续

（ⅰ）一般原则

语言：CCAP 的官方语言是英语。不接受以任何其他语言沟通。

合同：交存人被要求填写的 CCAP 申请表构成了这样的合同，即其中规定交存人负有以下责任：

——提供 CCAP 要求的所有必需信息；

——当 CCAP 不能再提供样品时，自费替换微生物；

——缴纳所有的必需费用；

——赔偿 CCAP 由于发放样品可能面临的任何权利主张，除非所述权利主张是由于 CCAP 方的疏忽造成的；

——在规定的保藏期内，不撤销保藏；

——授权 CCAP 根据适用的专利规定，提供样本。

当受理微生物保藏时，CCAP 将通知交存人，提醒其受合同的条款和条件约束。

进口和/或检疫规定：CCAP 受理的微生物种类不受进口或检疫规定的约束。

（ii）原始保藏

交存人必须满足的要求：除上文（i）中提及的 CCAP 申请表外，交存人必须填写用于专利保藏的 CCAP 登记表。在日后指出或修正科学描述和/或建议的分类学命名时，或在要求 CCAP 收到这类信息的证明时，CCAP 不要求填写特定表格。

发往交存人的官方通知：存单和存活性报告分别以强制性的国际性表格 BP/4 和 BP/9 发出。CCAP 使用自己的标准表格通知交存人受理微生物（参见上文（i））或拒绝受理微生物，而其他官方通知不使用标准表格。

发往交存人的非官方通知：如果需要，CCAP 可在收到微生物之后，在发出正式存单之前，或电话或传真通知保藏日期和保藏号。类似地，CCAP 可在存活性报告发出前，通知存活性检验的结果。

向专利代理人提供信息：CCAP 在常规上要求交存人提供其专利代理人的姓名和地址。如果需要，CCAP 可以同时向交存人及其专利代理人提供存单和存活性报告的复印件。

（iii）转移在先保藏

CCAP 没有在布达佩斯条约规定之外用于专利目的的保藏，因而不考虑适用于其他情况的细则 6.4（d）。

（iv）重新保藏

在重新保藏时，CCAP 不要求交存人填写标准表格，但其必须提供细则 6.2 规定的相关文件和声明的复印件。重新保藏的存单和存活性报告分别以强制性的国际性表格 BP/5 和 BP/9 发出。

2. 提供样品

（a）提供样品的要求

CCAP 向第三方建议为进行有效申请而应遵守的正确程序。在要求权利证明的情况下，CCAP 将为请求方提供标准请求表 BP/12 的复印件和/或各工业产权局使用的请求表（当其已经提供了这类表格时）。

CCAP 提供样品的前提是认为确保遵守任何相关的健康和安全性规定是请求方的责任。当答复来自国外的请求时，CCAP 默认请求方已经满足了所在国家的入境要求。

除了交存人原始提供的材料已经被冷冻保藏的例外情况，如某些藻类，CCAP 提供的所有微生物样品都来自其自行制备的微生物批量样品。

(b) 通知交存人

当已向第三方提供微生物样品时，以信件通知交存人。

(c) 布达佩斯条约下的保藏物目录

CCAP 不在其公开目录中列出布达佩斯条约下的保藏物。

3. 费用表（单位：英镑）

（a）保藏

 ——冷冻保藏的菌株   1500

 ——其他方法的维持费   根据个案

（b）发布一份存活性报告   100

（c）提供一份样品（含加快费）   200

（d）发布一份证明   20

费用要缴纳适用的增值税。

4. 对交存人的指导

CCAP 尚未提供用于指导潜在交存人的注意事项。

英国（GB）

European Collection of Cell Cultures（ECACC）

Culture Collections

Public Health England

Porton Down

Salisbury，Wiltshire SP4 0JG

电话：（44 – 1980）61 25 12

传真：（44 – 1980）61 13 15

电子邮箱：culturecollections@ phe. gov. uk

网址：http：//www. phe – culturecollections. org. uk

1. 保藏的要求

（a）可以保藏的微生物种类

受理可以通过冷冻和长期贮存，而其性质不发生显著改变或丢失的动物细胞系、人细胞系、遗传修饰的细胞系和杂交瘤。受理能够在细胞培养物中测定的病毒、作为裸露 DNA 或克隆在宿主生物中的真核和病毒的重组 DNA。

受理低于和等于危险病原体咨询委员会（Advisory Committee on Dangerous Pathogens，ACDP）第 4 类和基因改造咨询委员会（Advisory Committee on Genetic Modification，ACGM）活性第 4 类的生物体保藏。

应注意：

——不应向 ECACC 发送缺少被 ECACC 首先受理和审查过的生物危害风险评估（Biohazard Risk Assessment）的专利保藏。在良好的风险评估审查之后，客户将受邀运送材料用于保藏。可以从 ECACC 网站获得风险评估表。

——根据高等防范设备的可利用性，要求以 4 级防范等级操作的材料处理可能需要更长时间完成。由于 ECACC 的成本增加，这类高等物理防范处理收取的费用必然更高。

——不受理评估为活性第 2 ~ 4 类的基因改造的生物，除非 ECACC 获得了英国健康与安全执行局（UK Health and Safety Executive，HSE）的授权。ECACC 需为该授权缴纳费用，该费用将向客户收取（见下文）。该审批过程需耗时若干周。

——ECACC 保留拒绝受理根据主管的意见认为存在不可接受之风险或技术上不适合操作的材料保藏的权利。ECACC 仅受理在恰当温度下长期保藏后没有显著改变的生物体。

（b）技术要求和手续

（i）形式和数量

动物细胞培养物：提交给 ECACC 保藏的材料必须是冷冻培养物的形式。ECACC 拒绝没有包裹在足以保持运送全程冷冻形式的干冰中的保藏。保藏时，交存人必须提供的最小复制数应为 12 个。所有的动物细胞培养物必须含有至少 4×10^6 个细胞/安瓿。任何保藏人胚胎干细胞系的请求都必须遵守现行的英国法规和条例。

重组 DNA：受理寄存形式为含有质粒的宿主生物的冷冻安瓿、或噬菌体、或裸露的质粒、或噬菌体 DNA 的保藏。受理质粒和噬菌体的条件是可以通过冷冻形式和长期贮存，而不发生显著的性质改变或丢失。交存人必须提供的最小安瓿数（均为同时制备）应为 12 个，必要时，含有可培养数量的必须被取代的生物。裸露的 DNA 应在恰当的溶液中冷冻寄存，例如，10mM、1mM EDTA（pH 7.5），其数量适合电泳分析。

（ⅱ）存活性检验所需的时间

检验 ECACC 受理的各种微生物的存活性所需的平均时间如下，但交存人必须意识到，在一些情况下，存活性检验可能耗时更久。客户将在受理保藏前收到该通知。

病毒	21 天（或多达 28 天）
动物细胞培养物	14 天（或多达 21 天）
重组 DNA	14 天

（ⅲ）交存人复核和更新寄存物

ECACC 一般不自行制备保藏生物的批量样品，当提供样品耗尽了库存时，将提醒交存人进行新的保藏。交存人被要求复核 ECACC 制备的批量样品的可靠性。

(c) 管理要求和手续

（ⅰ）一般原则

语言：ECACC 的官方语言是英语。不接受以任何其他语言沟通。

合同：交存人必须填写的 ECACC 申请表规定交存人负有以下责任：

——只提供规定形式和数量的材料；

——提供生物危害报告；

——缴纳所有的必需费用，包括用于向 ECACC 运送保藏物的所有费用；

——遵守布达佩斯条约的条款和条件；

——接受 ECACC 的保藏条款和条件。

进口和/或检疫规定：在受理前，保藏物必须符合恰当的法规文件。一旦 ECACC 从客户收到生物危害报告，就将通知客户获得所述法规文件。

（ⅱ）原始保藏

交存人必须满足的要求：除上文（ⅰ）中提及的 ECACC 申请表外，交存人必须填写 ECACC 保藏表和生物危害报告。不同种类的微生物使用不同的表格，交存人应就其计划保藏的微生物向 ECACC 索要正确的表格。

在发送微生物前至少 48 小时，必须通知 ECACC 待发送的安瓿数量、运送方法和预计抵达时间。如果通过航空发送，必须告知 ECACC 航班号和目的地、运单号和送货人。

ECACC 不要求针对日后指出或修正科学描述和/或建议的分类学命名，或者针对 ECACC 已收到这类信息的证明的请求填写特殊表格。

发往交存人的官方通知：存单和存活性报告分别以强制性的国际性表格 BP/4 和 BP/9 发出，其他官方通知不使用标准表格。

发往交存人的非官方通知：如果需要，ECACC 可在收到微生物之后，在发出正式存单之前，通过电话或传真通知保藏日期和保藏号。仅当保藏的活性低到无法接受的程度时，才在发出存活性报告之前通知存活性检验的结果。

向专利代理人提供信息：ECACC 在常规上不要求交存人提供其专利代理人的姓名和地址。但是，如果需要，ECACC 可以同时向交存人及其专利代理人提供存单和存活性报告的复印件。

（ⅲ）转移在先保藏

原始交存人可以将其在布达佩斯条约规定之外的保藏转移为布达佩斯条约下的保藏，不论其原来是否是出于专利目的保藏的。但是，在转移时，所有之前免费的保藏都应缴纳布达佩斯条约下的保藏通常征收的保藏费。除了不再适用涉及运送程序的规定以外，关于转移的管理要求与原始保藏应满足的要求完全相同。

（ⅳ）重新保藏

在重新保藏时，交存人被要求填写 ECACC 保藏表和生物危害报告，并发送相关文件和声明的复印件（细则 6.2），以符合之前就运送规定所提及的程序。

2. 提供样品

（a）提供样品的要求

ECACC 不会向第三方建议为进行有效申请应遵守的正确程序，在要求权利证明的情况下，也不提供请求表的复印件。这类表格必须自相关工业产权局获得。

尽管享有在专利规则下获取样品的权利，ECACC 仍将始终拒绝提供潜在有害的微生物，除非请求方证明其具有操作这类生物的恰当防范设备。当答复来自国外的请求时，ECACC 默认请求方已经满足了所在国家的入境要求，且由客户负责提供这类相关文件。

ECACC 提供的样品通常来自交存人提供的制品。

（b）通知交存人

当已向第三方提供微生物的样品时，以信件通知交存人。

（c）布达佩斯条约下的保藏物目录

ECACC 不在其公开目录中列出布达佩斯条约下的保藏物。

3. 费用表（单位：英镑）

（1）细胞系

　　（a）寄存和保藏，包括证明和存活性报告　　　　　　　　　　　950

　　（b）发布一份（最新的或更新的）存活性报告　　　　　　　　　80

（2）病毒

　　（a）寄存和保藏，包括证明和存活性报告　　　　　　　　　　1100

　　（b）发布一份（最新的或更新的）存活性报告　　　　　　　　150

（3）作为裸露的 DNA 或克隆到宿主生物中的真核和病毒的重组 DNA

　　（a）寄存和保藏，包括证明和存活性报告　　　　　　　　　　600

　　（b）发布一份（最新的或更新的）存活性报告　　　　　　　　80

（4）通用费用

　　（a）要求 4 级防范的生物体　　　　　　　　　　　　根据申请定价

（b）ACGM 2 ~4 评级和 HSE 登记费　　　　　　　　　　　　　　根据申请定价

（c）提供一份样品（不含运费）　　　　　　　　　　　　　　　　100

（d）发布（最新的或更新的）证明　　　　　　　　　　　　　　　50

（e）修订的管理费　　　　　　　　　　　　　　　　　　　　　　50

费用和增值税（适用时）缴纳给波顿的健康保护局（Health Protection Agency – Porton Down）。

4. 对交存人的指导

ECACC 的申请表中提供了对交存人的指导。

英国（GB）

National Collection of Type Cultures（NCTC）

Culture Collections

Public Health England

Porton Down

Salisbury，Wiltshire SP4 0JG

电话：（44 – 1980）61 25 12

传真：（44 – 1980）61 13 15

电子邮箱：culturecollections@ phe. gov. uk

网址：http：//www. phe – culturecollections. org. uk

1. 保藏的要求

（a）可以保藏的微生物种类

受理可以通过冷冻干燥保藏，而其性质不发生显著改变的细菌，且所述细菌对于人和/或动物不是致病性的。

（b）技术要求和手续

（ⅰ）形式和数量

NCTC 受理的细菌培养物是冻干的或琼脂穿刺的。保藏时，交存人仅被要求提供 1 个培养物。

（ⅱ）存活性检验所需的时间

检验 NCTC 受理的各种微生物的存活性所需的平均时间是 4 天，但交存人必须意识到，在一些情况下，存活性检验可能需要长达 14 天。

（ⅲ）交存人复核和更新寄存物

在保藏时，NCTC 通过传代培养交存人提供的材料自行制备细菌的冻干的批量样品。之后必要时，通过从这些批量样品制备新的批量样品，更新减少的库存。交存人被要求检验由 NCTC 制备的其保藏的微生物的第一批批量样品（而非后续的批量样品）的可靠性。

NCTC 不保存交存人原始提供的材料。

（c）管理要求和手续

（ⅰ）一般原则

语言：NCTC 的官方语言是英语。不接受以任何其他语言沟通。

合同：交存人必须填写的 NCTC 申请表规定交存人负有以下责任：

——提供 NCTC 要求的所有必需信息；

——当 NCTC 不能再提供样品时，自费替换微生物；

——缴纳所有的必需费用；

——赔偿健康保护机构（Health Protection Agency）或 NCTC 由于发放样品可能面临的任何权利主张，除非所述权利主张是由于 NCTC 方的疏忽造成的；

——在规定的保藏期内，不撤销保藏；

——授权 NCTC 根据适用的专利规定，提供样本。

NCTC 申请表的补充文件要求交存人声明其是代表自身还是代表其受雇的组织。

进口和/或检疫规定：在国外的动物病原性细菌受进口规定（*Importation of Animal Pathogens Order 1980*；*Statutory Instrument 1980 No. 1212*）的限制。NCTC 所属的 HPA 感染病中心具有涵盖动物病原体进口的一般性许可，但交存人必须向 NCTC 提供他的姓名和地址以及保藏生物的科学名称。关于动物病原体进口的其他信息可自英国病原体许可部门（The Pathogens Licensing Team，DEFRA，Area 607，1A Page Street，London SW1P 4PQ，United Kingdom）获得。

NCTC 受理保藏的微生物种类不受检疫规定的限制。

（ⅱ）原始保藏

交存人必须满足的要求：除上文（ⅰ）中提及的 NCTC 申请表外，交存人必须填写用于布达佩斯条约保藏的 NCTC 保藏表。NCTC 不要求针对日后指出或修正科学描述和/或建议的分类学命名，或者针对 NCTC 已收到这类信息的证明的请求填写特殊表格。

发往交存人的官方通知：存单和存活性报告分别以强制性的国际性表格 BP/4 和 BP/9 发出，其他官方通知都使用信件，而非标准表格。

发往交存人的非官方通知：在相关的正式通知前，NCTC 不利用电话或传真通知保藏日期、保藏号或存活性检验的结果。

向专利代理人提供信息：NCTC 在常规上不要求交存人提供其专利代理人的姓名和地址。但是，如果需要，NCTC 可以同时向交存人及其专利代理人提供存单和存活性报告的复印件。

（ⅲ）转移在先保藏

NCTC 不受理在布达佩斯条约规定之外用于专利目的的保藏，也不允许转移之前在布达佩斯条约下的用于科学目的的保藏。在后一种情况下，NCTC 要求在条约条款下重新保藏相同的生物体。因而不适用细则 6.4（d）。

（ⅳ）重新保藏

在重新保藏时，交存人被要求填写样表 BP/2，并发送相关文件的复印件（细则 6.2）。

2. 提供样品

（a）提供样品的要求

NCTC 向第三方建议为了进行有效请求应遵守的正确程序，在要求权利证明的情况下，NCTC 为请求方提供标准请求表 BP/12 的复印件和/或各工业产权局使用的请求表（如果其提供了这类表格）。

对于 ACDP 危险等级 3 级的潜在危险微生物，尽管享有在专利规则下获取样品的权利，请求方必须先获得其主管部门授权，才具有索取这类生物体的资格。每一个体仅需要一次授权，但必须以特定的 NCTC 表格作出。当答复来自国外的请求时，NCTC 默认请求方已经满足了所在国家的入境要求。

NCTC 保留拒绝向在之前的任何交易中欠缴 NCTC 费用的对方提供样品的权利，除非解决欠费问题。

NCTC 提供的所有样品都来自其自行制备的批量样品。

（b）通知交存人

当已向第三方提供微生物的样品时，以信件通知交存人。

（c）布达佩斯条约下的保藏物目录

NCTC 不在其公开目录中列出布达佩斯条约下的保藏物。

3. 费用表（单位：英镑）

（a）保藏   450
（b）发布一份存活性报告   60
（c）提供一份样品（含运费）   45
（d）已保藏的收藏菌株的 30 年声明   50

（a）项涉及的危险分类为 2 级（危险分类 3 级的费用增加 50%）。在恰当时，（c）项和（d）项的费用需按现行税率缴纳增值税。

4. 对交存人的指导

NCTC 为潜在交存人提供 *Industrial Property*（1982）第 219 页和第 220 页的复印件，其中含有英国政府提供的关于 NCTC 在获得国际保藏单位资格前不久的信息。

英国（GB）

National Collection of Yeast Cultures（NCYC）

Institute of Food Research

Norwich Research Park

Colney

Norwich NR4 7UA

电话：（44（0）1603）255 274

传真：（44（0）1603）458 414

电子邮箱：ncyc@ ncyc. co. uk

网址：http：//www. ncyc. co. uk

1. 保藏的要求

（a）可以保藏的微生物种类

受理可以通过冷冻干燥或贮存在液氮中，而其性质不发生显著改变的酵母菌，但不受理已知的病原体。

（b）技术要求和手续

（ⅰ）形式和数量

NCYC 受理的酵母菌培养物是冻干的或琼脂穿刺的。保藏时，交存人必须提供的最小复制数是 2 个冻干制品和 2 个琼脂穿刺培养物。

（ⅱ）存活性检验所需的时间

检验 NCYC 受理的酵母菌的存活性所需的平均时间是 5 天，但交存人必须意识到，在一些情况下，存活性检验可能需要长达 14 天。

（ⅲ）交存人复核和更新寄存物

在寄存时，NCYC 通过传代培养交存人提供的材料自行制备微生物的冻干的批量样品。之后必要时，通过从这些批量样品制备新的批量样品，更新减少的库存。交存人被要求检验由 NCYC 制备的其保藏的微生物的所有批量样品的可靠性。

在保藏结束前，NCYC 保存交存人原始提供的材料。

（c）管理要求和手续

（ⅰ）一般原则

语言：NCYC 的官方语言是英语。不接受以任何其他语言沟通。

合同：交存人必须填写的 NCYC 申请表规定交存人负有以下责任：

——提供 NCYC 要求的所有必需信息；

——当 NCYC 不能再提供样品时，自费替换微生物；

——缴纳所有的必需费用；

——赔偿 NCYC 由于发放样品可能面临的任何权利主张，除非所述权利主张是由于 NCYC 方的疏忽造成的；

——在规定的保藏期内，不撤销保藏；

——授权 NCYC 根据适用的专利规定，提供样本。

进口和/或检疫规定：NCYC 受理的微生物种类不受进口或检疫规定的限制。

（ⅱ）原始保藏

交存人必须满足的要求：除上文（ⅰ）中提及的 NCYC 申请表外，交存人必须填写用于专利保藏的 NCYC 登记表。NCYC 不要求针对日后指出或修正科学描述和/或建议的分类学命名，或者针对 NCYC 已收到这类信息的证明的请求填写特殊表格。

发往交存人的官方通知：存单和存活性报告分别以强制性的国际性表格 BP/4 和 BP/9 发出。使用标准表格通知交存人拒绝受理微生物保藏，但其他官方通知都不使用标准表格。

发往交存人的非官方通知：如果需要，NCYC 可在收到微生物之后，在发出正式存单之前，通过电话或传真通知保藏日期和保藏号。类似地，NCYC 可在存活性报告发出前，通知存活性检验的结果。

向专利代理人提供信息：NCYC 在常规上不要求交存人提供其专利代理人的姓名和地址。但是，如果需要，NCYC 可以向交存人或其专利代理人提供存单和存活性报告的复印件，但不同时向两者提供。

（ⅲ）转移在先保藏

原始交存人可以将其在布达佩斯条约规定之外的保藏转移为布达佩斯条约下的保藏，不论其原来是否是出于专利目的保藏的。但是，在转移时，所有之前免费的保藏都应缴纳布达佩斯条约下的保藏通常征收的保藏费。转移的管理要求与在条约下的原始保藏应满足的要求完全相同。

（ⅳ）重新保藏

在重新保藏时，NCYC 不要求交存人填写标准表格，但必须提供细则 6.2 规定的相关文件和声明的复印件。重新保藏的存单和存活性报告分别以强制性的国际性表格 BP/5 和 BP/9 发出。

2. 提供样品

（a）**提供样品的要求**

NCYC 向第三方建议为了进行有效请求应遵守的正确程序，在要求权利证明的情况下，NCYC 为请求方提供标准请求表 BP/12 的复印件和/或各工业产权局使用的请求表（如果其提供了这类表格）。当答复来自国外的请求时，NCYC 默认请求方已经满足了所在国家的入境要求。

NCYC 提供的所有样品都来自其自行制备的批量样品。

（b）**通知交存人**

当已向第三方提供微生物的样品时，以信件通知交存人。

（c）布达佩斯条约下的保藏物目录

NCYC 不在其公开目录中列出布达佩斯条约下的保藏物。

3. 费用表（单位：英镑）

（a）保藏	440
（b）发布一份存活性报告，可能收取其他费用	100
（c）提供一份样品（含目的地在英国以外的运费和包装费）	82

在英国缴纳的费用需按现行税率缴纳增值税。

4. 对交存人的指导

NCYC 不为潜在交存人提供标准信件或注意事项。

英国（GB）

National Collections of Industrial, Food and Marine Bacteria (NCIMB)

NCIMB Ltd.

Ferguson Building

Craibstone Estate

Bucksburn

Aberdeen AB21 9YA

电话：（44 – 1224）711 100，711 111（直拨号码）

传真：（44 – 1224）711 299

电子邮箱：t. dando@ ncimb. com

网址：http：//www. ncimb. com

1. 保藏的要求

（a）可以保藏的微生物种类

NCIMB 受理低于和等于 ACDP 2 类和 1 类遗传修饰的微生物（GMO）的细菌（包括放线菌）、酵母菌和噬菌体。

2 类 GMO 保藏的受理需个案处理。在此情况下，完成受理的时间将更长（最少 45 天），且将发生额外费用，用于满足管理规定的行政费用。

所有的保藏物都应能够耐受液氮以上的冷冻干燥或冷冻的保藏，而其性质不发生显著改变。

受理质粒，包括重组体，其是：

（ⅰ）克隆到细菌或放线菌宿主中的；或

（ⅱ）作为裸露的 DNA 制品。

就上述（ⅰ）而言，有或无质粒的宿主的危险分类必须不超过 ACDP 2 类。

就上述（ⅱ）而言，质粒的表型标记必须能够在细菌或放线菌宿主中表达，且必须易于检测。在所有的情况下，物理防范要求必须不超过英国遗传操作咨询小组（UK Genetic Manipulation Advisory Group, GMAG）定义的 Ⅱ 级，且保藏材料的性质必须不被液氮冷冻或冷冻干燥显著改变。

NCIMB 还受理正常型种子，即可以干燥至低水含量和在 – 20℃（或更低温度）下贮存而不发生损坏。所有的农业作物和许多小粒种子树种都产生正常型种子。

不受理异常型种子，例如可可、橡胶、一些热带水果和大粒种子的木本树种，这类种子不能在无损坏的条件下干燥。

NCIMB 受理的种子及其样品提供始终遵守 *Plant Health（Great Britain）Order 1987* 的规定，包括该法令未来的所有修订或更正版。NCIMB 应尽可能地提前通知所有预计的种子保藏案，从而确保遵守所有的相关规定。接收到的没有提前通知的种子可能被海关延误，并可能被发还给交存人。

除种子外，NCIMB 还受理冷冻的或活培养的植物细胞组织培养物。其与种子相同，也应遵守相关的规定。

在所有的情况下，NCIMB 保留拒绝受理根据主管的意见，代表了不可接受之风险或技术上不适合操作的材料保藏的权利。

在例外的情况下，NCIMB 可受理仅能以活培养物维持的保藏物，但这类保藏物的受理及相关费用必须就个案情况提前与潜在交存人协商后决定。

（b）技术要求和手续

（i）形式和数量

受理任何形式的细菌和酵母菌（包括包含质粒的）；应尽可能避免琼脂平板培养物，因其易于在运送中破坏。噬菌体应以无细胞裂解液与合适的宿主一起提供。NCIMB 优先接收用于直接冷冻和分装的足量裂解液，如量不足，也可受理由 NCIMB 自行制备裂解液的较小体积。

裸露的质粒应作为 DNA 溶液提交。

种子保藏条件为：

——在国际植物遗传资源委员会（International Board for Plant Genetic Resources, IBPGR）推荐适合所述物种的条件下提前干燥，并易于直接低温贮存的；或

——新鲜收获用于由 NCIMB 干燥的，在此情况下，应在收获后置于密闭容器中立即通过快递发送。

在所有的情况下，种子都应是新鲜、健康、未损坏和不含土壤或植物来源残渣的。保藏含有的空种子应少于 5%。

通常要求至少 85% 发芽率，但在某些情况下，也可以受理无法实现所述发芽率的保藏。

植物细胞组织培养物可以作为冷冻的或活的培养物保藏。其形式可以是未分化的细胞培养物、胚性植物细胞培养物和组织，以及体外芽培养物。

保藏时，交存人提供的优选复制数如下：

细菌和酵母菌	2
非病原性真菌	2 份活培养物或 20 份冻干或冷冻的复制品
噬菌体（至少 10^8 pfu/ml）	2×0.5 ml，或 1×10 ml 的无细胞裂解液
质粒（DNA，至少 20 mcg/ml）	1×10 ml
种子	需要 250 粒种子。交存人有责任确保足量的种子使保藏在整个保藏过程中可供利用。IBPGR 推荐最少 4000 粒用于长期保藏，美国专利商标局规定最少 2500 粒
植物细胞组织培养物	
——冷冻的	25 支安瓿的恰当培养物 NB：冷冻的芽尖端应该优选具有 100 个存活的 apeces

——活的	3 个悬浮培养物，或 5 个未分化细胞或组织培养物，或 10 个体外外植体或芽等（例如芽状结构）

（ⅱ）存活性检验所需的时间

检验 NCIMB 受理的各种生物材料的存活性所需的平均时间如下，但交存人必须意识到，在一些情况下，存活性检验可能耗时更久，如括号内数字所示。

细菌和酵母菌	3 天（或多达 14 天）
噬菌体	3 天（或多达 5 天）
质粒❶	5 天（缓慢生长的宿主耗时更久）
种子❷	完全取决于种子类型
植物细胞组织培养物	完全取决于保藏的类型或培养物/材料

（ⅲ）交存人复核和更新寄存物

在保藏时，NCIMB 通过传代培养交存人提供的材料自行制备细菌和酵母菌的冻干的和冷冻的批量样品。之后必要时，通过从这些批量样品制备新的批量样品，更新减少的库存。当没有提供足量裂解液用于直接冷冻交存人的材料制备足量批量样品时，NCIMB 通过传代培养交存人提供的材料自行制备冷冻的噬菌体批量样品。之后必要时，通过从这些批量样品制备新的批量样品，更新减少的库存。

NCIMB 从交存人提供的材料直接制备裸露质粒的冷冻批量样品和种子的干燥批量样品。通过提醒交存人再次进行保藏，来更新减少的库存。交存人负责确保有足够库存以在专利有效期内提供保藏；这一点尤其适用于种子。从保藏的活培养物（或植物材料）制备冷冻的植物细胞组织培养物。

交存人可从 NCIMB 制备的其保藏的冻干或冷冻的批量样品中索要一份样品，用于复核其可靠性。

不论用于制备供应批量样品的方法是什么，NCIMB 始终尽可能地冷冻和贮存交存人提供的原始材料的一部分。

（c）**管理要求和手续**

（ⅰ）一般原则

语言：NCIMB 的官方语言是英语。不接受以任何其他语言沟通。

合同：交存人必须填写的 NCIMB 申请表构成了这样的合同，即其规定交存人负有以下责任：

——提供 NCIMB 要求的所有必需信息；

——缴纳所有的必需费用；

——赔偿 NCIMB 由于发放样品可能面临的任何权利主张，除非所述权利主张是由于 NCIMB 方的疏忽造成的；

——在规定的保藏期内，不撤销保藏；

——授权 NCIMB 根据适用的专利规定，提供样本。

---

❶ 对于质粒，"存活性"检验包括将质粒插入宿主内。如果宿主被转化，则认为"存活性检验"是阳性的。

❷ 对于种子，"存活性"检验意味着检验发芽情况。

当受理了微生物保藏时，NCIMB 将通知交存人，并提醒他受合同条款和条件的约束。

进口和/或检疫规定：NCIMB 受理的绝大部分微生物种类都不受进口或检疫规定的限制。但是，非本土的植物病原体和某些种子需要在苏格兰进行操作的许可证，植物病原体或种子的潜在交存人应提前联系 NCIMB，从而能够进行必要的安排。未遵守该规定可能导致 NCIMB 立即销毁所提交的材料。其他信息可获得自苏格兰农业和水产部（Department of Agriculture and Fisheries for Scotland, Agricultural Scientific Services, East Craigs, Edinburgh EH12 8NJ, Scotland, United Kingdom）。

（ii）原始保藏

交存人必须满足的要求：除上文（i）中提及的 NCIMB 申请表外，交存人还必须填写 NCIMB 用于专利目的的登记表。NCIMB 不要求针对日后指出或修正科学描述和/或建议的分类学命名，或者针对 NCIMB 已收到这类信息的证明的请求填写特殊表格。

发往交存人的官方通知：存单和存活性报告分别以强制性的国际性表格 BP/4 和 BP/9 发出。收到日后指出或修正科学描述和/或建议的分类学命名的存单以样表 BP/8 发出。向第三方提供样品的通知以样表 BP/14 发出。NCIMB 使用自己的标准表格通知交存人微生物的受理情况（参见上文（i））或拒绝受理微生物，以及通知交存人 NCIMB 不能提供样品。其他官方通知使用独立信件，而非标准表格。

发往交存人的非官方通知：如果需要，NCIMB 可在收到微生物之后，在发出正式存单之前，电话、传真或电子邮件通知保藏日期和保藏号。但是，交存人应注意，这类信息是临时的，取决于存活性检验的结果。类似的，NCIMB 在发出存活性报告之前，通知存活性检验的结果。

向专利代理人提供信息：NCIMB 在常规上要求交存人提供其专利代理人的姓名和地址，如果需要，NCIMB 可以同时向交存人及其专利代理人提供存单、存活性报告和其他信息的复印件。

（iii）转移在先保藏

原始交存人可以将其在布达佩斯条约规定之外的保藏转移为布达佩斯条约下的保藏，不论其原来是否是出于专利目的保藏的。但是，当在先的保藏是出于科学目的并已经可自 NCIMB 普遍获得时，交存人需要授权 NCIMB 继续供应，并放弃被通知样品发放的权利。如果交存人不同意该要求，则他只能在布达佩斯条约下对同一生物进行再次保藏。上述约束条款不适用于之前出于专利目的的保藏和用于安全性保管的机密保藏。在转移时，所有之前免费的保藏都应缴纳布达佩斯条约下的保藏通常征收的保藏费。除上述例外情况以外，关于转移的管理要求与在布达佩斯条约下的原始保藏应满足的要求完全相同。

（iv）重新保藏

在重新保藏时，交存人被要求填写样表 BP/2，并提供细则 6.2 规定的相关文件的复印件。重新保藏的存单和存活性报告分别以强制性的国际性表格 BP/5 和 BP/9 发出。

2. 提供样品

（a）提供样品的要求

NCIMB 向第三方建议为了进行有效请求应遵守的正确程序。在要求权利证明的情况下，NCIMB 为请求方提供标准请求表 BP/12 的复印件和/或各工业产权局使用的请求表

（如果其提供了这类表格）。

尽管享有在专利规则下获取样品的权利，NCIMB 仍将拒绝向英国的请求方发放在英国利用时需要获得许可的植物病原体或种子的样品，除非请求方已向 NCIMB 证明其已获得了必要的许可。此外，所有的微生物样品都只向已认证的微生物实验室发送，而不发送给私人地址。当答复来自国外的请求时，NCIMB 默认请求方已经满足了所在国家的入境要求。

NCIMB 提供的所有细菌样品都来自其自行制备的批量样品；噬菌体样品可来自其自行制备的样品，或交存人提供的材料；质粒和种子的样品来自交存人提供的材料。

（b）通知交存人

当已向第三方提供其寄存的微生物的样品时，以样表 BP/14 通知交存人。

（c）布达佩斯条约下的保藏物目录

仅在交存人具体书面授权的情况下，NCIMB 才在其公开目录中列出布达佩斯条约下的保藏物。

3. 费用表（单位：英镑）

保藏细菌、放线菌、酵母菌、噬菌体、质粒和种子	675
保藏非病原性真菌	670
保藏植物细胞组织培养物	
i）冷冻的	1000
ii）活的	1500
根据细则 11.2（i）提供一份样品	95（含运费）
根据细则 11.2（ii）和 11.3 提供一份样品	150（含运费）
发布一份存活性报告	100

费用可缴纳给 NCIMB Ltd.（适用时，所有费用都按现行税率缴纳增值税）。

当法律规定要求 NCIMB 在受理种子保藏前获得执照或证书时，获得任何这类执照或证书的实际费用都将由交存人支付。

4. 对交存人的指导

NCIMB 出版的小册子中包括了用于潜在交存人的注意事项。

英国（GB）

National Institute for Biological Standards and Control（NIBSC）

Blanche Lane
South Mimms
Potters Bar
Herts. EN6 3QG

电话：+44（0）1701 641 000
传真：+44（0）1701 641 050
电子邮箱：enquiries@nibsc.org
网址：www.nibsc.org

1. 保藏的要求

（a）可以保藏的微生物种类

受理可以通过冷冻和/或长期贮存保藏，而其性质不发生显著改变或丢失的动物细胞系、人细胞系和遗传修饰的细胞系。

应注意：

——不应向 NIBSC 发送缺少被 NIBSC 首先受理和审查过的生物危害风险评估（Biohazard Risk Assessment）的专利保藏。对于遗传修饰的细胞系，包括 NIBSC 生物安全委员会的正式审查。在良好的风险评估审查之后，客户将受邀运送材料用于保藏。可以从 NIBSC 网站获得风险评估表。

——根据高等防范设备的可利用情况，要求高于 2 级防范等级操作的材料处理可能需要更长时间完成。由于 NIBSC 的成本增加，这类高等物理防范处理收取的费用必然更高。

——NIBSC 保留拒绝受理就 NIBSC 看来存在不可接受之风险或技术上不适合操作的材料保藏的权利。NIBSC 仅受理在恰当的贮存温度下长期保藏后没有显著改变的生物。

（b）技术要求和手续

（ⅰ）形式和数量

人细胞培养物。提交给 NIBSC 保藏的人材料必须是冷冻保藏培养物的形式。NIBSC 可拒绝没有包裹在足以保持运送全程冷冻形式的干冰中的保藏物。交存人必须提供的最小复制数应为 12 个。作为单层细胞或悬浮培养物培养的人细胞系的保藏物必须含有至少 1×10^6 个细胞/安瓿（冷冻保藏前测定的活细胞数）。如果是从集落片段的集落培养的，人细胞系的保藏必须含有至少 4 个集落片段/安瓿或冻存管。当细胞系需要滋养层细胞支持其在培养物中的生长时，还必须提供在数量上足以支持必要检验的滋养层材料的样品。任何保藏人胚胎干细胞系的请求都应遵守英国现行的法律法规。任何保藏胚胎干细胞系以外的人细胞系的请求都必须遵守欧盟的法律法规。

动物细胞培养物。提交给 NIBSC 保藏的动物来源材料必须是冷冻保藏培养物的形式。NIBSC 拒绝受理 CITES 公约禁止发放的细胞。NIBSC 可拒绝没有包裹在足以保持运送全程冷冻形式的干冰中的保藏物。交存人必须提供的最小复制数应为 12 个。动物细胞系的保藏物必须含有至少 1×10^6 个细胞/安瓿（冷冻保藏前测定的活细胞数）。

（ⅱ）存活性检验所需的时间

检验 NIBSC 受理的各种微生物的存活性所需的平均时间如下。但交存人必须意识到，在一些情况下，人胚胎干细胞的存活性检验可能需要明显更长的时间。建议交存人在受理保藏之前就此咨询。

| 人胚胎干细胞 | 28 天 |
| 人和动物细胞系 | 14 天 |

（ⅲ）交存人复核和更新寄存物

NIBSC 不自行制备寄存微生物的批量样品。当交存人原始提供的库存由于提供样品而耗尽时，交存人将被要求提供新的保藏。对于保藏在 NIBSC 的英国干细胞银行中的人干细胞系，能够将 UKSCB 持有的一部分库存转移至 NIBSC 专利保藏，以提供微生物的新库存。在此情况下，交存人被要求复核由 UKSCB 制备的样品的可靠性。

（c）管理要求和手续

（ⅰ）一般原则

语言：NIBSC 的官方语言是英语。不接受以任何其他语言沟通。

合同：交存人必须填写的 NIBSC 保藏表规定交存人负有以下责任：

——提供 NIBSC 要求的所有必需信息；

——提供生物危险报告；

——仅提供 NIBSC 要求的形式和数量的材料；

——缴纳所有的必需费用，包括向 NIBSC 运送保藏物的所有费用；

——遵守布达佩斯条约的条款和条件；

——接受在 NIBSC 保藏的条款和条件；

——赔偿 NIBSC 由于发放样品可能面临的任何权利主张，除非所述权利主张是由于 NIBSC 方的疏忽造成的。

进口和/或检疫规定：在受理前，保藏物必须被恰当的法规文件覆盖。在人胚胎干细胞系的情况下，包括向英国督导委员会申请英国干细胞银行和人干细胞系的应用。一旦 NIBSC 收到客户的生物危险报告，就将建议交存人获得所述法规文件。

（ⅱ）原始保藏

交存人必须满足的要求：除上文（ⅰ）中提及的 NIBSC 保藏表外，交存人必须填写用于 NIBSC 生物危险报告。在人胚胎干细胞系的情况下，交存人还被要求填写英国督导委员会的申请表。交存人应从 NIBSC 或英国干细胞银行索取关于恰当表格的相关信息。

在发送微生物前至少 48 小时，交存人必须通知 NIBSC 待发送的安瓿数量、运送方法和预计抵达时间。发送必须由 NIBSC 批准的急件递送人进行操作。如果通过航空发送，必须告知 NIBSC 航班号和目的地、运单号和送货人及其联系电话。

针对日后指出或修正科学描述和/或建议的分类学命名，或者其他涉及 NIBSC 的信息，交存人必须填写修正表，说明修改的信息。

发往交存人的官方通知：存单和存活性报告分别以强制性的国际性表格 BP/4 和 BP/9 发出，而其他官方通知不使用标准表格。

发往交存人的非官方通知：NIBSC 将在收到微生物之后，在发出正式存单之前，通知保藏日期和保藏号。但仅当保藏物的活力低到不可接受的程度时，NIBSC 才在发出存活性报告之前，通知存活性检验的结果。

向专利代理人提供信息：NIBSC 在常规上不要求交存人提供其专利代理人的姓名和地址。但是，如果需要，NIBSC 可以在收费的条件下，同时向交存人及其专利代理人提供存单和存活性报告的复印件。

（ⅲ）转移在先保藏

原始交存人可以将其在布达佩斯条约规定之外的保藏转移为布达佩斯条约下的保藏，不论其原来是否是出于专利目的保藏的，只要提供原始保藏时所附的保藏号。但是，在转移时，所有之前免费的保藏都应缴纳布达佩斯条约下的保藏通常征收的保藏费。除了不适用涉及运送手续的规定外，关于转移的管理要求与在布达佩斯条约下的原始保藏应满足的要求完全相同。

（ⅳ）重新保藏

在重新保藏时，交存人被要求填写 NIBSC 保藏表和生物危害报告，并发送相关文件和声明的复印件（细则 6.2），以符合之前就运送规定所提及的程序。重新保藏的存单和存活性报告分别以强制性的国际性表格 BP/4 和 BP/9 发出。

2. 提供样品

（a）提供样品的要求

NIBSC 不向第三方建议为了进行有效请求应遵守的正确程序。在要求权利证明的情况下，也不提供请求表的复印件，这类表格必须自相关工业产权局获得。

尽管享有在专利规则下获取样品的权利，NIBSC 仍将始终拒绝提供潜在有害的微生物，除非请求方证明其具有操作这类生物的恰当防范设备。当答复来自国外的请求时，NIBSC 默认请求方已经满足了所在国家的入境要求，且由客户负责提供这类相关文件。

（b）通知交存人

当已向第三方提供微生物的样品时，以信件通知交存人。

（c）布达佩斯条约下的保藏物目录

NIBSC 不在其公开目录中列出布达佩斯条约下的保藏物。

3. 费用表（单位：英镑）

细胞系

a）寄存和保藏，包括提供证明和存活性报告	1000
b）发布一份新的（或更新的）存活性报告	100
c）提供一份样品（不含运费）	100
d）发布（新的或更新的）证明	50
e）修订的管理费	50

可向 NIBSC 缴纳费用以及适用的增值税。

4. 对交存人的指导

NIBSC 保藏表为交存人提供指导信息。

美国（US）

Agricultural Research Service Culture Collection（NRRL）

1815 North University Street

Peoria，Illinois 61604

电话：（1 – 309）681 6398

网址：https：//nrrl. ncaur. usda. gov

1. 保藏的要求

（a）可以保藏的微生物种类

（1）受理农业和工业上重要的细菌、酵母菌、霉菌和放线菌的所有菌株，但以下情况例外：

①放线杆菌（所有种）、放线菌（厌氧的/微好氧的，所有种）、亚利桑那菌❶（所有种）、炭疽杆菌、巴尔通氏体（所有种）、博德特氏菌（所有种）、包柔氏螺旋体（所有种）、布鲁氏菌（所有种）、肉毒梭菌、鸣疽梭菌、溶血梭菌、溶组织梭菌、诺维氏梭菌、腐败梭菌、破伤风梭菌、白喉棒状杆菌、马棒状杆菌、溶血棒状杆菌、伪结核棒状杆菌、化脓棒状杆菌、肾棒状杆菌、双球菌（所有种）、丹毒丝菌（所有种）、大肠杆菌（所有的肠道致病性类型）、弗朗西斯氏菌（所有种）、嗜血杆菌（所有种）、赫尔氏菌（所有种）、克雷白氏杆菌（所有种）、钩端螺旋体（所有种）、李斯特菌（所有种）、米马（所有种）、莫氏杆菌（所有种）、鸟分枝杆菌、牛分枝杆菌、肺结核分枝杆菌、支原体（所有种）、奈瑟氏菌（所有种）、巴斯德氏菌（所有种）、类鼻疽杆菌、沙门氏菌（所有种）、志贺氏菌（所有种）、球状菌（所有种）、链杆菌（所有种）、链球菌（所有的致病性种）、密螺旋体（所有种）、弧菌（所有种）、耶尔森氏鼠疫杆菌（所有种）；

②子囊酵母菌（所有种）、球孢子菌（所有种）、新型隐球菌、单咽隐球菌、组织浆菌（所有种）、副球孢子菌（所有种）；

③所有的病毒性、立克次氏体性和滴虫性试剂；

④可以在动物、人或禽类中引起或传播任何传染性或感染性疾病，需要许可才能进入美国和/或在美国分发的试剂；

⑤分类为植物病害，需要许可才能进入美国和/或在美国分发的试剂；

⑥微生物的混合物；

⑦（就负责人来看）在冻干材料的操作和制备过程中，需要给予合理范畴之外的关注的营养需求复杂的微生物；

⑧未插入微生物中的噬菌体；

---

❶ WIPO 官方原文有误，已根据 NRRL 官网原文更正。——编辑注

⑨单克隆抗体；

⑩所有的细胞系；

⑪未插入微生物中的质粒。

（2）重组的微生物菌株、含有重组 DNA 分子的菌株、含有本身天然存在的质粒的菌株、含有插入了来自其他宿主的天然存在的质粒的菌株、含有插入了人工构建的质粒的菌株和含有任何种类病毒的菌株，不包括已列为不可接受的菌株，除非微生物制品所附的保藏文件明确说明菌株后代可以在 P1 级或更低级的物理防范等级下处理，以及生物防范要求满足美国卫生和公共服务部国立卫生研究院（U. S. Department of Health and Human Services，National Institutes of Health）1978 年 12 月的《关于重组 DNA 分子的研究指南》（*Guidelines for Research Involving Recombinant DNA Molecules*，*December 1978*）（Federal Register，Vol. 43，No. 247 – Friday，December 22，1978）及其任何后续修订版规定的所有其他标准。

（b）技术要求和手续

（ⅰ）形式和数量

受理作为斜面、穿刺或营养液培养物，或作为冻干制品的细菌、真菌和酵母菌。如果交存人希望 NRRL 提供交存人的冻干制品，则必须提供位于这样的试管中的上述制品，所述试管的整体尺寸长度不大于 50mm，直径不大于 6mm。在保藏时，交存人必须提供的最小复制数如下：如由 NRRL 发放自行制备的制品，NRRL 要求细菌、真菌和酵母菌寄存 1 个或多个制品（斜面、穿刺或冻干制品）。如果由 NRRL 发放交存人的制品，则必须寄存 30 个冻干制品。

（ⅱ）存活性检验所需的时间

检验 NRRL 受理的各种微生物的存活性所需的平均时间如下。但交存人必须意识到，在一些情况下，存活性检验可能需要更长的时间，如括号内的数字所示。

细菌	3 天（或多达 15 天）
真菌	10 天（或多达 15 天）
酵母菌	10 天（或多达 20 天）

（ⅲ）交存人复核和更新寄存物

NRRL 应交存人的要求，保存和提供由交存人提供的冻干材料，或者通过传代培养交存人提供的活的材料，自行制备冻干的制品，或者由交存人提供的活的材料直接制备。必要时，制备新的批量样品，用于更新减少的库存。NRRL 要求交存人复核冻干制品的正确性。NRRL 发布的存活性报告包括一栏供交存人记录该检验的结果。如果交存人不在 3 个月内将该检验的结果通知 NRRL，NRRL 将默认该制品与交存人的原始保藏完全相同。

NRRL 不受理质粒，除非其包含在活的宿主微生物中。

不论用于制备供应用的批量样品的方法是什么，NRRL 始终保存原始制备和保藏的材料的一部分。

（c）管理要求和手续

（ⅰ）一般原则

语言：NRRL 的官方语言是英语。不接受以任何其他语言沟通。

合同：NRRL 不与交存人签订规定双方责任的书面合同。但是，通过填写 NRRL 的保藏表，交存人放弃了在规定的保藏期内撤销保藏的权利，同意 NRRL 关于操作和发送专利保藏的政策，并同意承担其保藏的微生物的 NRRL 制品的可靠性的责任。

进口和/或检疫规定：进口和/或检疫规定不适用于 NRRL 受理保藏的微生物种类。

（ⅱ）原始保藏

交存人必须满足的要求：交存人必须填写 NRRL 布达佩斯条约保藏表。NRRL 不要求针对日后指出或修正科学描述和/或建议的分类学命名，或者针对索取 NRRL 收到这类信息的证明填写特定的表格。

发往交存人的官方通知：存单和存活性报告分别以强制性的国际性表格 BP/4 和 BP/9 发出（NRRL 修改了后一表格，使其包括一栏供交存人记录他的保藏物的 NRRL 制品的可靠性检验的结果，见下文（ⅳ））。向第三方提供样品的通知以表格 BP/14 发出。而其他官方通知不使用标准表格。

发往交存人的非官方通知：如果需要，NRRL 将在收到微生物之后，在发出正式存单之前，通过电话或传真通知保藏日期和保藏号。但不这样通知存活性检验的结果。

向专利代理人提供信息：如果需要，NRRL 可以向交存人的专利代理人提供存单和存活性报告的复印件。

（ⅲ）转移在先保藏

NRRL 不允许将最初不是用于专利目的的保藏转移为布达佩斯条约下的保藏。转移之前用于专利目的的保藏的管理要求与在条约下的原始保藏应满足的要求相同，但需要缴费。

（ⅳ）重新保藏

在重新保藏时，NRRL 不要求交存人填写标准表格，但交存人应提供新保藏与原始保藏相同的承诺（条约第 4 条），并发送相关文件的复印件（细则 6.2）。

2. 提供样品

（a）提供样品的要求

NRRL 不向第三方建议为了进行有效请求应遵守的正确程序，在要求权利证明的情况下，为根据欧洲专利局规定索取样品的第三方提供相关的 EPO 表格，但不提供标准请求表格 BP/12 的复印件或其他工业产权局使用的请求表（这类表格必须自恰当的工业产权局获得）。

尽管 NRRL 不刻意持有有害的微生物或者在美国境内利用时需要获得许可的微生物，请求方在运送任何微生物之前都必须是（微生物学实践）"本领域的技术人员"。如果被索取的微生物是某种受限制物质（例如迷幻剂）的已知生产株，则请求方必须提供药物保藏号，才能向其运送样品。当答复来自国外的请求时，NRRL 默认请求方已经满足了所在国家的入境要求。

NRRL 提供的细菌、真菌和酵母菌的样品可来自其自行冻干制备的批量样品，或由交存人提供的冻干制品，取决于交存人在保藏时明示的请求（参见上文（ⅰ））。

（b）通知交存人

除非交存人放弃了被通知的权利，每当向第三方提供保藏的样品时，以表格 BP/14 通知交存人。

(c) 布达佩斯条约下的保藏物目录

NRRL 不公布任何目录。

3. 费用表（单位：美元）

适用于在 NRRL 保藏的所有专利培养物。

(a) 保藏每个菌株（在保藏时缴纳）	670
(b) 提供一份样品	40

可向美国农业部的农业研究局（Agricultural Research Service, United States Department of Agriculture）缴纳美元支票。

4. 对交存人的指导

NRRL 可提供详细的政策和手续报告，以及标准的说明信件。

美国（US）

American Type Culture Collection（ATCC）

10801 University Boulevard

Manassas，Virginia 20110 - 2209

电话：（1 - 703）365 27 00
传真：（1 - 703）334 29 32
电子邮箱：PatentDeposit@ atcc. org
网址：http：//www. atcc. org

1. 保藏的要求

（a）可以保藏的微生物种类

受理藻类、动物病毒、动物细胞培养物、细菌（病原性和非病原性）、噬菌体、胚胎❶、DNA、真菌（病原性和非病原性）、人细胞培养物、杂交瘤、原癌基因、植物细胞培养物、植物病毒、质粒（在宿主内和不在宿主内）、原生动物（非寄生性、寄生性和病原性）、RNA、种子和酵母菌（病原性和非病原性）。

可受理保藏的最高防范等级是 CDC/NIH❷ 出版物《微生物和生物医学实验室的生物安全手册》（*Biosafety in Microbiological and Biomedical Laboratories*，第 4 版，1999）和 NIH 出版物《关于重组 DNA 分子的研究指南》（*Guidelines for Research Involving Recombinant DNA Molecules*，*2002*）中所述的生物安全 3 级（BSL3）。

当不能在体外检验保藏材料的存活性时，应就材料是否能够保藏联系 ATCC 获得指导。此外，一些微生物和病毒可能需要特殊许可证才能运往 ATCC，应就此提前联系 ATCC 获得帮助。

（b）技术要求和手续

（i）形式和数量

ATCC 受理任何形式的微生物培养物。但是，ATCC 优先受理冷冻或冷冻干燥的材料。在保藏时，交存人必须提供的最小复制数如下：

微生物（含或不含质粒），包括噬菌体、真菌、藻类、酵母菌和原生动物	6 份冷冻或冷冻干燥的样品（每个 0. 5 ml）
细胞系和杂交瘤	25 份冷冻样品（每个 200 万 ~ 600 万个细胞）
不位于宿主内的质粒和载体（例如，纯化的 DNA、与 rDNA 材料相关的文库）	25 小瓶（每瓶 100ng）

---

❶　必须在发送前通知 ATCC。
❷　CDC ＝美国疾病预防控制中心；NIH ＝美国国立卫生研究院。

动物和植物病毒	25 份冷冻或冷冻干燥的样品（每个 1ml）
胚胎	25 份冷冻样品（12 个胚胎构成 1 个样品）
植物细胞培养物	25 份冷冻样品
种子	2500 粒种子（100 个标记好的袋子，每袋 25 粒种子）

（ⅱ）存活性检验所需的时间

检验 ATCC 受理的各种微生物的存活性所需的平均时间如下。但交存人必须意识到，在一些情况下，存活性检验可能需要更长的时间，如括号内的数字所示。

细菌	3 ~ 7 天
真菌、霉菌、酵母菌	5 ~ 7 天
藻类	10 天
细胞系、杂交瘤、原癌基因、噬菌体	7 ~ 10 天
质粒❶、噬菌体和其他 rDNA	8 ~ 10 天
原生动物	10 天或更久
动物和植物病毒	30 天或更久
胚胎	3 ~ 7 天
植物组织培养物、种子	21 ~ 30 天

（ⅲ）交存人复核和更新寄存物

在发放藻类、细菌、原癌基因、噬菌体、酵母菌、霉菌时，以及细胞系和杂交瘤的一些罕见情况下，ATCC 将制备额外的样品。额外的样品是从交存人的原始材料制备的，用于必要时更新减少的库存。ATCC 一般不自行制备病毒、质粒、种子、植物组织培养物、原生动物、细胞系和杂交瘤的批量样品。在上述情况下，由交存人负责补充库存，确保库存量足以在规定的保藏期内向一般公众供应保藏物。

交存人被要求检验 ATCC 制备的所有批量样品的可靠性，并将结果通知 ATCC。

不论用于制备供应用的批量样品的方法是什么，ATCC 始终保存交存人提供的原始材料的一部分。

（c）**管理要求和手续**

（ⅰ）一般原则

语言：ATCC 的官方语言是英语。不接受以任何其他语言沟通。

合同：ATCC 不与交存人签订规定双方责任的书面合同，但某些危险生物例外，在此情况下，交存人必须同意自担风险地接受和操作所述生物。此外，通过填写 ATCC BP/1 保藏表，交存人放弃了在规定的保藏期内撤销保藏的权利，并同意根据相关的专利规定发送微生物。

进口和/或检疫规定：ATCC 必须从美国农业部（US Department of Agriculture）和/或美国公共卫生局（US Public Health Service）获得进口许可证，用于将细胞系和病毒进口

---

❶　质粒的"存活性"检验包括将质粒插入宿主内。如果宿主被转化，则认为"存活性检验"是阳性的。

美国。细胞系和病毒必须经美国农业部检验其对特定疾病的安全性。来自日本、澳大利亚和英国的材料在体外检验，耗时约 8 周，费用约 500 美元。其他国家的材料必须在体内检验，耗时约 3 个月，费用约 3000 美元。

在 1995 年 5 月，美国农业部决定源自加拿大（加拿大是不受美国农业部对特定疾病限制的国家）的下列材料和动物来源产品可以进入美国，不需要美国兽医服务局（Veterinary Services）的进口许可证：

研究材料（例子：细菌、病毒、细胞系、单克隆和多克隆抗体、诊断试剂盒，以及其他试剂盒组分，如动物血清/血液）。

这些生物制品需要在交存人的信件抬头附加证明，声明所述材料是在加拿大制造的，并且是从居住在加拿大的动物上获得的。

ATCC 要求细胞系或病毒的潜在交存人填写特定表格，提供使 ATCC 能够获得进口许可证的必要信息。获得这类许可证通常花费 4～6 周时间。ATCC 为潜在交存人建议进口和检疫规定与必须遵守的手续。还可以从美国农业部动植物卫生检验署（Federal Center Building, Hyattsville, Maryland 20872, United States of America）的美国兽医服务局和/或植物保护与检疫科的生物评估技术支持人员，或者自美国卫生与公共服务部疾病控制中心的生物安全办公室（Department of Health and Human Services, Public Health Service, Office of Biosafety, Centers for Disease Control, Atlanta, Georgia 30333, United States of America）获得信息。

除罕见的情况外，ATCC 不需要细胞系和病毒以外的微生物获得进口许可证。

（ⅱ）原始保藏

交存人必须满足的要求：在所有情况下，交存人必须填写 ATCC 表格 BP/1 "布达佩斯条约保藏"。对于细胞系、杂交瘤和病毒，还必须填写上述（ⅰ）所述的表格，使 ATCC 可以申请进口许可证。对于日后指出或修正科学描述和/或建议的分类学命名，以及索取 ATCC 收到这类信息的证明，交存人必须填写 ATCC 表格 BP/7－8。

发往交存人的官方通知：存单和存活性报告以组合为表格 BP/4－9 的强制性的国际性表格 BP/4 和 BP/9 发出。日后指出或修正科学描述和/或建议的分类学命名的存单以表格 BP/7－8 发出。向第三方发放样品的通知以表格 BP/14 发出。而其他官方通知不使用标准表格。

发往交存人的非官方通知。

向专利代理人提供信息：ATCC 要求交存人提供专利律师或代理人的姓名、地址、电话和传真号。ATCC 向交存人的律师或代理人提供证明和通知的复印件。

（ⅲ）转移在先保藏

原始交存人可以将其在布达佩斯条约规定之外的保藏转移为布达佩斯条约下的保藏，不论其原来是否是出于专利目的保藏的。但是，在转移时，所有之前免费的保藏都应缴纳布达佩斯条约下的保藏通常征收的保藏费。除了不适用涉及进口和/或检疫手续的规定外，关于转移的管理要求与在布达佩斯条约下的原始保藏应满足的要求完全相同。

（iv）重新保藏

重新保藏：

当 ATCC 确定生物材料不再存活时，交存人可以用新的保藏物替换失活的保藏物。交存人将继续保持原始保藏号和日期，只要：（1）替换的寄存案是活的；（2）ATCC 在交存人收到失活通知的 3 个月内收到替换的保藏物，和（3）ATCC 收到交存人签字的声明，声称新保藏的生物制品与原始保藏的相同。仅收取存活性检疫的费用。

补充保藏：

当 ATCC 确定保藏物虽然仍存活，但不再保持原始特征时，交存人被要求提供补充保藏。该保藏将获得新的保藏日期和新的保藏号。必须填写所有的保藏用常规表格，缴纳原始保藏的常规费用。

2. 提供样品

（a）提供样品的要求

一般而言，仅在相关专利公开后可获得所述生物材料。在此之前，仅在以下情况下，请求方可获得保藏物：（1）美国专利商标局委员根据 35 U. S. C. 第 122 款发布发放该保藏物的决定；（2）布达佩斯条约的其他签字国的专利局发布了向特定请求方发放该保藏物的决定；或（3）原始交存人书面请求向特定请求方发放该保藏物。ATCC 将为请求方提供表格 BP/12 或各工业产权局使用的请求表。

尽管第三方享有在专利规定下接收样品的权利，ATCC 将始终拒绝提供需要遵守健康和安全规定的生物样品，除非请求方证明其能够遵守这类规定。对于被认为潜在非常危险的生物，请求方必须在承诺责任的保证书上签字。此外，在一些情况下，某些材料在美国境内利用时需要获得许可，美国境内的请求方必须在收到样品前获得这类许可。如果针对在美国境内利用时需要获得许可的微生物样品，收到来自国外的有效请求，ATCC 将建议请求方复核其所在国家的进口规定。如果 ATCC 已知所述国家规定微生物需要进口许可证（即使美国不需要），ATCC 也将提醒所述国家的请求方。

（b）通知交存人

每当向第三方提供保藏的样品时，ATCC 为交存人提供以表格 BP/14 通知的服务。该项服务的收费参见下文 3（费用表）。

（c）布达佩斯条约下的保藏物目录

如果交存人或有权利的专利局要求 ATCC 使任何人都能获得微生物样品，则所述微生物将列入下一版 ATCC 目录中。

3. 费用表（单位：美元）

a）贮存和发布存活性报告：　　　　　　　　　　　　　　　　　2500
　　——贮存 30 年和索取通知
　　——发布一份存活性报告
b）提供一份样品
　　——所有的 ATCC 培养物　　　　　　　　　　　　　　　　按项

——美国的非营利机构	86❶~281❶
——国外的非营利机构	86❶~281❶
——其他的美国和国外的机构	107❶~330❶
生物安全1级	21~107
生物安全2级	90~310
生物安全3级	90~310

由于 ATCC 保藏的多样性和对复杂和多样化培养基和生长条件的要求，提供 ATCC 培养物的费用也有变化。因此，现行收费根据所有现有 ATCC 培养物列为一定范围。

4. 对交存人的指导

ATCC 出版了小册子，提供用于专利目的的培养物保藏的规定和实际操作的细节。

---

❶ 附加的操作和处理费——根据目的和危险等级。

美国（US）

（US）NCMA/2013

Provasoli – Guillard National Center for Marine Algae and Microbiota（NCMA）

Bigelow Laboratory for Ocean Sciences
60 Bigelow Drive
East Boothbay，Maine 04544

电话：1 – 207 – 315 – 2567　分机：1
传真：1 – 207 – 315 – 2320
电子邮箱：PatentDeposit@ bigelow. org
网址：https：//ncma. bigelow. org

1. 保藏的要求

（a）可以保藏的微生物种类

受理来自所有水环境（包括淡水、咸水、海水和超盐水）的藻类（包括单细胞微藻和多细胞藻类）、真核原生生物、细菌、古菌或病毒。

（b）技术要求和手续

（ⅰ）形式和数量

NCMA 受理任何形式的微生物保藏。但是，NCMA 优先受理活冷冻（2 ml）或冻干（冷冻干燥）的培养物。如果交存人不确定微生物是否能够冷冻保存，NCMA 可以通过个案的协议协商，确定恰当的冷冻保存操作规程。例如，由于许多海洋藻类不能冷冻保存，因此必须始终持续培养，保持存活。交存人必须提供最少 6 份保藏物的重复样品（冷冻或冻干的），或 2 份完全相同的 15 ml 培养物（活的持续培养物）。藻类培养物必须包含最少 $10^2 \sim 10^5$ 个细胞/ml（取决于物种），大型藻类（海藻）需要最少 3 株植物，海洋细菌需要最少 $10^4 \sim 10^6$ 个细胞/ml，海洋病毒需要最少 $10^5 \sim 10^7$ 个颗粒/ml。

（ⅱ）存活性检验所需的时间

检验 NCMA 受理的藻类的存活性所需的平均时间是 30 天，但交存人必须意识到，在一些情况下，某些藻类的存活性检验可能需要长达 90 天。海洋细菌、古菌和病毒可能需要多达 30 天（病毒需要增殖用的活宿主）。当保藏的生物不能在体外检验存活性时，应联系 NCMA，确定所述生物是否能被受理保藏。

（ⅲ）交存人复核和更新寄存物

除了交存人的原始保藏是通过冷冻或冻干保存的情况外，在保藏时，NCMA 通过传代培养交存人提供的微生物，自行制备保藏微生物的批量样品。必要时，从原始保藏物制备额外样品，用于更新减少的库存。在原始保藏是由交存人冷冻保存的情况下，通过要求交存人提供新的保藏更新库存，或通过解冻和传代培养（经个案协议协商）更新。根据各个物种，平均每 21 ~ 90 天将持续培养的微生物转移到新鲜的生长培养基中。

（c）管理要求和手续

（ⅰ）一般原则

语言：NCMA 的官方语言是英语。

合同：NCMA 与交存人签订具体的合同安排。其中，合同将列出支付条款、保藏物细节、相关专利规定和任何涉及保藏的具体安排。

进口和/或检疫规定：NCMA 受理的保藏物种类通常不受进口或检疫规定的约束；但是，如果情况有变，在保藏前，交存人需负责遵守必须遵守的进口和检疫规定，以及任何附加的费用规定。如果向 NCMA 运送需要任何特定的许可证，则应提前联系 NCMA 获得指导。

（ⅱ）原始保藏

交存人必须满足的要求：除 NCMA 在线申请表外，交存人必须填写用于专利保藏的 NCMA 登记表。交存人不需针对日后指出或修正科学描述和/或建议的分类学命名，以及针对索取 NCMA 收到这类信息的证明填写特定表格。

发往交存人的官方通知：存单和存活性报告以强制性的国际性表格 BP/4 和 BP/9 发出。NCMA 使用其自己的标准表格通知交存人受理保藏或拒绝受理保藏，而其他官方通知不使用标准表格。

发往交存人的非官方通知：如果需要，NCMA 将在收到保藏物之后，在发出正式存单之前，通过电话或电子信息通知保藏日期和保藏号。类似地，在发出存活性报告之前，NCMA 将通知存活性检验的结果。

向专利代理人提供信息：NCMA 在常规上要求交存人提供专利律师或代理人的姓名、地址、电话和传真号。如果需要，NCMA 同时向交存人及其专利律师或代理人提供存单和存活性报告的复印件。

（ⅲ）转移在先保藏

NCMA 没有在布达佩斯条约规定之外用于专利目的的保藏，因此不考虑适用于其他情况的细则 6.4（d）。

（ⅳ）重新保藏

NCMA 要求交存人提供细则 6.2 要求的相关文件和声明。重新保藏的存单和存活性报告分别以强制性的国际性表格 NCMA BP/5 和 BP/9 发出。

2. 提供样品

（a）提供样品的要求

NCMA 向第三方建议为了进行有效请求应遵守的正确程序，在要求权利证明的情况下，NCMA 为请求方提供标准请求表 NCMA BP/12 的复印件和/或各工业产权局使用的请求表（如果其提供了这类表格）。

NCMA 提供样品的前提是认为确保遵守任何相关的健康和安全性规定是请求方的责任。当答复来自美国国外的请求时，NCMA 默认请求方已经满足了所在国家的入境要求。

（b）通知交存人

每当向第三方提供保藏的样品时，将通过信件或电子通信通知交存人。

（c）布达佩斯条约下的保藏物目录

NCMA 通常不在其出版的目录中列出布达佩斯条约下的保藏物；但是，如果交存人或有权利的专利局要求 NCMA 使所有人都能获得保藏物的样品，则所述保藏物将列入下一版的 NCMA 目录中。

3. 费用表（单位：美元）

贮存

——冷冻或冻干 30 年	3000
——连续培养 30 年	10000
存活性报告费	500
提供微生物样品费	200

4. 对交存人的指导

NCMA 应要求提供电子手册，其中描述了 NCMA 对专利相关保藏的规定和实际操作。

E 节：布达佩斯条约缔约国工业产权局和
政府间工业产权组织的要求

前言

（ⅰ）总则

本节说明了参加布达佩斯条约的国家的工业产权局和非洲地区知识产权组织（ARI-PO）、欧洲专利组织（EPO）以及欧亚专利组织（EAPO）在用于专利程序目的的微生物保藏方面的法定要求和惯例。

（ⅱ）有关工业产权局的信息

工业产权局按照国家以 WIPO 标准 ST. 3 的双字母国家代码和非洲地区知识产权组织（ARIPO）、欧洲专利组织（EPO）以及欧亚专利组织（EAPO）根据下列模式列出：国家，工业产权局的名称、地址、电话、传真和电报号码，以及如果有的话，电子邮箱和网址。

1. 保藏要求

该信息是指为了充分地说明发明，国际保藏单位对作为专利申请主题的微生物的保藏是否是必须的问题。

2. 保藏时间

该期限是指国际保藏单位保藏作为专利申请主题的微生物的期限。

3. 贮存期限

该信息是指国际保藏单位保藏的微生物必须由所述机构贮存的持续时间。

4. 提供样品的条件

（ⅰ）可得到样品的时间
该信息是指对于任何请求方，保藏的微生物样品何时是可得到的。

（ⅱ）关于提供样品的限制
该信息是指对于保藏的微生物样品的可得性的限制。

阿尔巴尼亚 (AL)

(2014)

专利和商标常设理事会（阿尔巴尼亚）

Bulevardi 'Gjergj Fishta'
Godina Nr. 10
Kati V
Tirana

电话：（355 – 42）234 412
传真：（355 – 42）234 412
电子邮箱： mailinf@ dppm. gov. al
网址： www. alpto. gov. al

1. 保藏要求

没有规定。

2. 保藏时间

没有规定。

3. 贮存期限

没有规定。

4. 提供样品的条件

没有规定。

亚美尼亚（AM）

（2014）

亚美尼亚共和国知识产权局

Government House 3
Central Avenue
Yerevan 0010

电话：（374 – 11）59 75 34，59 75 30
传真：（374 – 10）54 34 67，56 11 26
电子邮箱：armpat@ cornet. am，invention@ cornet. am
网址：http：//aipa. am

1. 保藏要求

处理菌株、细胞系、聚生体的说明应该引入实施与微生物菌株、植物或动物品系、株或细胞聚生体有关的发明的实施例。

如果该说明不足以实施发明，应该提交关于微生物保藏的数据（保藏中心的名称或缩写、地址以及登记号）。

2. 保藏时间

保藏日期应该在申请日（要求了优先权的，指优先权日）之前。

3. 贮存期限

如果菌株、细胞系或聚生体贮存在布达佩斯条约规定的国际保藏单位，或批准用于菌株、细胞系、聚生体保藏的国家保藏单位，其保证至少在该专利有效期内保护菌株、细胞系、聚生体的存活力，应当视为实现了用于专利程序的保藏。

4. 提供样品的条件

（i）可得到样品的时间

涉及保藏的生物材料的专利申请被驳回或撤回的，如果申请人请求，第三方当事人仅在申请日起 20 年内可得到该保藏的生物材料。

澳大利亚（AU）

（2016）

澳大利亚知识产权局

Discovery House
47 Bowes Street
Phillip A. C. T. 2606

通信地址：

P. O. Box 200
Woden A. C. T. 2606
电话：(61 – 2) 62 83 29 99
电子邮箱：assist@ ipaustralia. gov. au
网址：http：//www. ipaustralia. gov. au

1. 保藏要求

如果发明是微生物，或者发明涉及微生物的使用、改变或培养，本领域技术人员不能合理得到该微生物，并且如果没有该微生物的样品，本领域技术人员不能合理预期可以实施该发明，则要求保藏该微生物的培养物。

（1990 年专利法第 6 条、第 41 条（A）、第 41 条（1）～（3）；专利实施细则 1.5（1）～（4）、3.12（5））

2. 保藏时间

必须在申请的申请日当天或之前将微生物提交保藏。该申请要求在先申请的优先权的，必须在在先申请的申请日当天或之前提交保藏。

（1990 年专利法第 6 条（a）；专利实施细则 3.13A（6）、3.13B（5）、3.13C（4）、3.13D（5）、3.32（1）和（2））

3. 贮存期限

保藏的微生物应当在收到国际保藏单位对保藏的微生物最近的样品提供请求后贮存至少 5 年，并且在任何情况下，在保藏日期之后贮存至少 30 年。

（1990 年专利法第 6 条（d）、第 42 条（1）；布达佩斯条约实施细则 9.1）

4. 提供样品的条件

（ⅰ）可得到样品的时间

当专利申请或专利记载的说明书对公众公开（OPI），请求方应当可以得到保藏的微生物样品。

专员必须授予证明：a）如果请求涉及失效、被驳回或被撤回的申请；b）如果请求涉及期满、被终止或被宣告无效的专利；或者 c）在专利法或其实施细则规定的某些其他指定情形。

（专利实施细则 1.5（5）、3.24（1）、3.25、3.25B、3.25C、3.25D、3.25E、3.25F）

（ⅱ）关于提供样品的限制

如果针对尚未失效、未被驳回或未撤回的申请提出请求，或者针对尚未期满、未被终止或未被宣告无效的授权专利提出请求，请求方应当提交一份保证：

（a）不向任何其他人提供该微生物或由该微生物衍生的任何培养物；以及

（b）涉及下列特定程序，仅以实验目的使用该微生物：

——涉及授予该申请标准专利的专利法第 5 章规定的异议程序；或

——涉及新型专利的专利法第 101M 条规定的异议程序；或

——涉及该专利的相关程序。

（专利实施细则 3.25C；表格 P/00/031）

在授予布达佩斯条约实施细则 11.3（a）所述的证明之前，专员可以要求请求方遵从合理的条件，包括请求者对任何违反保证导致的损害提供担保。

（专利实施细则 3.25G）

如果请求涉及作为 PCT 申请主题的微生物（或者其使用、改变或培养），并且该 PCT 申请的申请人没有遵守专利法第 29A（5）子条，专员不应当授予证明。

（专利实施细则 3.25B（5））

在涉及该申请的说明书对公众公开之前的任何时间，申请人可以通知专员仅在下列时间段提供保藏的微生物的样本：

（a）仅在该申请对公众公开时；以及

（b）仅向与本发明没有利益关联，并由提出请求者指定的技术人员。

上述条件仅在该申请失效、被撤回或驳回前，或者该申请被授予专利之前适用。

（专利实施细则 3.25（A））

奥地利（AT）

（2009）

奥地利专利局

Dresdner Strasse 87

P. O. B. 95

1200 Vienna

电话：（43 - 1）53 424 - 0

传真：（43 - 1）53 424 - 535

电子邮箱：info@ patentamt. at

网址：http：//www. patentamt. at

1. 保藏要求

如果发明涉及生物材料，公众不能得到该生物材料，且对该生物材料的说明不足以使本领域技术人员根据该说明实施该发明，如果发明包括这样的生物材料的应用，该发明只有满足以下条件才能被认为是公开了：

（1）该生物材料不晚于申请日在布达佩斯条约规定的保藏地点保藏；

（2）该申请包括申请人所知的该保藏的生物材料的相关特征信息，以及；

（3）该申请中指明了保藏地点和保藏号。

第（3）小段中提及的信息可以按照如下期限（以先到期的期限为准）随后提交：

（1）申请日（要求了优先权的，指优先权日）后16个月内；或

（2）直到提出专利申请提前公布请求的日期；或

（3）专利局通知申请人专利法第81条（3）规定的查阅权后1个月内。

（2005年修订的1970年专利法第87a条（2）和（3））

2. 保藏时间

生物材料必须在不晚于专利申请日保藏。

（专利法第87a条（2）第1小段）

3. 贮存期限

没有规定。

4. 提供样品的条件

第81a条：

（1）根据专利法第87a条（2）第1小段的规定，在申请的公开日前，任何有文件查

阅权的人都有资格得到保藏的生物材料的样品。从申请公开日起任何提出单独请求的人都有上述权利。根据第（2）段和第（3）段通过向请求方或独立专家提供保藏的生物材料样品来授予使用权。

（2）只有在请求方保证在专利有效的整个期限内或直到申请被撤回或驳回前遵守下列条件，才提供保藏的生物材料：

①不向第三方提供该保藏的生物材料或其衍生的材料；以及

②除实验目的外不使用该保藏的生物材料样品或其衍生的材料，除非申请人或专利权人明确宣布放弃要求请求方履行这一义务。

（3）直到申请公布的技术准备完成之前，申请人可以请求仅通过向独立专家提供样品来授予第（1）段指定的使用权：

①直到专利授权；或

②在申请日起 20 年的整个期限内该申请被撤回或驳回的情况下。

（4）作为第（3）段定义的专家，可以指定：

①就请求者证明的，申请人认可指定的任何自然人；

②被专利局局长承认为专家并在专利局维护的专家登记簿中注册的任何自然人。

需要随指定提交一份专家声明，表明其同意第（2）段规定的对申请人的义务。

（专利法第 81a 条）

阿塞拜疆（AZ）

（2014）

阿塞拜疆共和国国家标准化、计量和专利委员会

Mardanov gardashlar 124

AZ 1147Baku

电话：（99 – 412）449 99 59，594 37 75

传真：（99 – 412）449 36 81，594 37 75

电子邮箱：azs@ azstand. gov. az，info@ azstand. gov. az

网址：www. azstand. gov. az

1. 保藏要求

没有规定。

2. 保藏时间

没有规定。

3. 贮存期限

没有规定。

4. 提供样品的条件

没有规定。

巴林（BH）

（2017）

国家专利局

Bahrain Financial Harbour

Manama

Kingdom of Bahrain

通信地址：P. O. Box 5479, Manama, Kingdom of Bahrain

电话：(973 - 17) 57 49 20, 57 48 96

传真：(973 - 17) 53 64 79

电子邮箱：ip@ moic. gov. bh

网址：www. moic. gov. bh

1. 保藏要求

没有规定。

2. 保藏时间

没有规定。

3. 贮存期限

没有规定。

4. 提供样品的条件

没有规定。

白俄罗斯（BY）

（2017）

国家知识产权中心

20，ul. Kozlova

220034 Minsk

电话：（375－17）294 3656，285 2605

传真：（375－17）285 2605

电子邮箱：icd@ belgospatent. by

网址：http：//www. belgospatent. by

1. 保藏要求

涉及微生物、植物或动物细胞培养物或使用它们的方法的发明的充分性需要通过提供微生物的保藏信息（保藏机构的名称、保藏机构为保藏物提供的保藏登录号）来证明。

（关于拟定发明专利申请的程序审查以及作出审查决定的程序的实施细则（以下简称"实施细则"）第 109 段、第 120 段和第 430 段）

2. 保藏时间

必须在申请的优先权日当天或之前将微生物提交保藏。

（实施细则第 109 段、第 120 段和第 430 段）

3. 贮存期限

以专利程序为目的，如果微生物被存放于任何至少在专利期限内保证其存活性的国际保藏单位，则认为提交了保藏。

（实施细则第 430 段）

4. 提供样品的条件

没有规定。

比利时（BE）

（2016）

知识产权局

Atrium C
Rue du Progrès 50
1210Brussels

电话：（32－2）277 90 11
传真：（32－2）277 52 62
电子邮箱：opridie－tech@ economie. fgov. be
网址：http：//www. economie. fgov. be/opri－die. jsp？

1. 保藏要求

对1984年3月28日专利法关于生物技术发明可专利性进行修订的2005年4月28日法案修订的1984年3月28日专利法第17节第1段第2小段：

发明涉及生物材料或其应用，该生物材料公众不能得到，并且专利申请中对该生物材料的说明不足以使本领域技术人员再现该发明的，除非在不晚于专利申请日在认可的保藏机构保藏该生物材料并且满足了国王主张的要求，否则说明书被认为对专利法目的来说是不充分的。

2007年2月27日皇家法令第1段修订的1986年12月2日关于专利申请、授权和维持的皇家法令第10节第1段：

第1段. 在法案第17节第1段第2小段规定的情况下，除非该专利申请包括申请人所知的保藏的生物材料的相关特征信息，以及关于保藏机构和保藏号的信息，否则说明书被认为是不充分的。

国际保藏单位是被认可具备根据1977年4月28日国际承认用于专利程序的微生物保藏布达佩斯条约第7条的条件的保藏机构。

关于保藏机构和保藏号的信息需要在下列期限内传达：

（a）从申请日（要求了优先权的，指优先权日）起16个月内；

（b）直到根据法案第22节第2段第2小段规定的提议授予专利的请求的提出日。❶

2007年2月27日皇家法令第1节修订并由2007年2月27日皇家法令第2节介绍的1986年12月2日关于专利申请、授权和维持的皇家法令第10节之二：

第1段. 根据第10节的规定，保藏的生物材料不再能够从认可的保藏机构得到

---

❶　1984年3月28日法案第22节第2段："第2段. 决定应当在从专利申请日（如果根据第19节要求了《巴黎公约》规定的优先权，指优先权声明中的最早优先权日）起18个月的期限内尽快发布。"

的，允许在认可的保藏机构或专利局通知申请人或专利权人保藏中断之日起 3 个月内提交新的保藏。

应当在新的保藏日起 4 个月内将一份由认可的保藏机构出具的新保藏存单连同专利申请号或专利号传送给专利局。

第 2 段．当中断是因为培养物失活，新的保藏需要在与原始保藏相同的认可保藏机构进行。在其他情况下，可以在另一家认可保藏机构进行。

第 3 段．任何新的保藏都应当附有申请人签署的声明，保证新保藏的生物材料与原始保藏的相同。

2. 保藏时间

必须在专利申请日提交保藏。

（1984 年 3 月 28 日专利法第 17 节第 1 段第 2 小段和 1986 年 12 月 2 日关于专利申请、授权和维持的皇家法令第 10 节第 1 段第 1 小段）

3. 贮存期限

没有规定。

4. 提供样品的条件

（ⅰ）可得到样品的时间

2007 年 2 月 27 日皇家法令第 1 节修订的 1986 年 12 月 2 日关于专利申请、授权和维持的皇家法令第 10 节第 2 段、第 5 段和第 6 段：

第 2 段．通过提供样品来提供材料的使用权：

（a）直到专利申请首次公布，只有申请人或其代理人可以得到；

（b）在专利申请首次公布和授予专利期间，任何提出请求的人均可得到，或者如果申请人要求，只有独立专家可以得到；

（c）在专利授权以后及尽管专利被撤回或取消，任何提出请求的人均可得到。

第 5 段．只有在专利申请公布的技术准备视为完成前申请人才能根据第 2（b）段和第 4 段的规定提出请求。

第 6 段．申请人和请求保藏的生物材料使用权的人之间无法就指定专家达成一致意见的，第 2（b）段和第 4 段涉及的独立专家将由胜任的法官指定。

（ⅱ）关于提供样品的限制

2007 年 2 月 27 日皇家法令第 1 节修订的 1986 年 12 月 2 日关于专利申请、授权和维持的皇家法令第 10 节第 3 段和第 4 段：

第 3 段．只有请求人作出以下保证，才能向其提供样品：在专利有效期内，

（a）不向第三方提供该生物材料或其衍生的任何材料；以及

（b）除实验目的外不使用该生物材料或其衍生的材料，除非专利申请人或专利权人明确放弃该保证。

第 4 段．根据申请人的请求，申请被驳回或撤回的，保藏材料的使用权在专利申请日起 20 年内应当限定于独立专家。在这种情况下，应当适用第 3 段。

波黑（BA）

（2016）

波黑知识产权协会

总部：

Kneza Domagoja bb

88000 Mostar

电话：(387 – 36) 334 381

传真：(387 – 36) 318 420

电子邮箱：mostar@ ipr. gov. ba, info@ ipr. gov. ba

网址：http：//www. ipr. gov. ba

分部：

Akademike Jovana Surutke 13/3

78000 Banja Luka

电话：(387 – 51) 22 68 40

传真：(387 – 51) 22 68 41

Hamdije Ćemerlića 2/9

71000 Sarajevo

电话：(387 – 33) 65 27 65

传真：(387 – 33) 65 27 57

电子邮箱：sarajevo@ ipr. gov. ba

1. 保藏要求

没有规定。

2. 保藏时间

没有规定。

3. 贮存期限

没有规定。

4. 提供样品的条件

没有规定。

文莱达鲁萨兰国（BN）

（2016）

文莱达鲁萨兰国知识产权局（BruIPO）

D & T Building, Simpang 32 – 37

Anggerek Desa Technology Park

Jalan Berakas BB3713 Brunei Darussalam

电话：(673) 238 0966

传真：(673) 238 0545

电子邮箱：enquiries@ bruipo. gov. bn

网址：www. energy. gov. bn/bruipo/Home. aspx

1. 保藏要求

如果发明的实施需要使用微生物，该微生物公众在专利申请日不能得到，并且对该生物材料的说明不足以使本领域技术人员实施该发明的，应当按以下时间要求将该微生物提交保藏。该申请的说明书中应当提供国际保藏单位的名称、培养物保藏日期和保藏登录号。

（a）从下列日期起 16 个月内：

（ⅰ）声明的优先权日；或

（ⅱ）未要求优先权时，申请日；

（b）登记员应申请人的请求在为专利条例第 27 节（1）的目的规定的期限结束之前公布该申请的，在请求日之前；或

（c）登记员根据专利条例第 105 节（4）向申请人传送通知，告知他已经收到任何人对该节第（1）小节规定的信息和文件查阅的请求的，在登记员向申请人传送关于请求存单的通知后 1 个月内。以上时间以先到期的期限为准。

（2012 年专利条例 – 附件 4 第 1 段）

2. 保藏时间

必须在不晚于专利申请日提交保藏。

（2012 年专利条例 – 附件 4 第 1（2）（a）（ⅰ）段）

3. 贮存期限

没有规定。

4. 提供样品的条件

（ⅰ）可得到样品的时间

在相关专利申请公布前，适用专利条例第 105 节（4）并根据专利条例第 105 节（1）

提出请求的人可以得到保藏微生物的培养物；一经公布，任何人都能得到。

（2012 年专利条例 – 附件 4 第 2（1）段）

（ ii ）提供样品的限制

授权提供样品的请求应当包括由该请求涉及的人对专利申请人或专利权人的利益作出的保证：

（a）不向任何其他人提供该培养物或其衍生的任何培养物；以及

（b）除涉及该发明主题的实验目的外不使用该培养物或其衍生的任何培养物。

在专利申请被撤回、视为放弃、驳回或视为驳回之前的整个时期（包括专利条例第 110 条、第 120 条（1）或（6）允许的任何更长时期，除了申请根据这些条例恢复之前的时期）内所有保证都应当是有效的。

如果专利被授权，上述第（a）小段规定的保证还应当在专利有效期内和专利条例第 35 节（3）涉及的 6 个月期限内有效。

上述第（b）小段规定的保证在通知该专利被授权的官方专利公报中的公布日后不再有效。

提供样品的请求应当按照专利表格 55 以及布达佩斯条约实施细则提供的表格（BP/12）提交。

（2012 年专利条例 – 附件 4 第 2（1）和（3）段）

在专利申请根据专利条例第 27 节规定的公布的准备完成之前，申请人可以通过专利表格 56 通知登记员仅一名专家可以得到微生物样品的意向。如果这样，登记员将随申请公布一份为此目的的通知，请求样品的人必须指定一名提供了根据上述第（a）小段和第（b）小段的保证的专家。在这种情况下，提供样品的请求应当按照专利表格 57 提交。登记员应当说明专利申请人可以对向指定的特定专家提供微生物样品提出异议的期限。

在国际申请的情况下，申请人关于仅向专家提供微生物样品的通知应当在国际公布的技术准备完成之前根据专利合作条约实施细则第 13 条之二 . 3 的规定以书面形式向国际局提出。

（2012 年专利条例 – 附件 4 第 2（1）和（3）段）

保加利亚（BG）

（2000）

保加利亚专利局

52B，Dr. G. M. Dimitrov Blvd.
1040 Sofia

电话：（359 – 2）71 01 34，71 01 52
传真：（359 – 2）70 83 25，71 70 44
电子邮箱： bpo@ bpo. bg
网址： http：//www. bpo. bg

1. 保藏要求

如果发明涉及微生物菌株，则需要以单独的保藏号在保加利亚保藏机构或国际保藏单位保藏。

（1969 年 8 月 4 日国家科学和技术进步委员会主席对发明申请起草和审查的指令第 2.20 节、第 3.11 节和第 7.3 节）

根据保加利亚工业产权局的惯例，如果微生物是公众不能得到的或发明涉及的微生物不能以使本领域技术人员能够实施该发明的方式说明，则该微生物的培养物应当在国家工业微生物和细胞培养物保藏单位（NBIMCC）保藏。

在提交申请时申请人应当提交一份保藏机构出具的证明微生物保藏的文件。申请人必须指明微生物的保藏号和保藏该微生物的保藏机构的名称。

2. 保藏时间

根据现行惯例，必须在不晚于申请日（要求了优先权的，指优先权日）提交保藏。

3. 贮存期限

根据现行惯例，贮存期限没有限制。

4. 提供样品的条件

（i）可得到样品的时间
根据现行惯例，从授予相关权利保护之日起公众应当可以得到保藏的培养物。
（ii）关于提供样品的限制
根据现行惯例，保藏的微生物样品应当只提供给当面向专利权人保证仅以实验目的使用该样品并且不向任何第三方提供该样品的请求方。

加拿大（CA）

（2016）

加拿大知识产权局

50 Victoria Street
Gatineau, Quebec

通信地址：
The Commissioner of Patents
Canadian Patent Office
Ottawa, Ontario K1A OC9
电话：（1 – 866）997 19 36（从加拿大和美国拨打免费）
　　　（1 – 819）934 05 44（本地和国际）
传真：（1 – 819）953 24 76 / 953 67 42
电子邮箱：ic. contact – contact. ic@ canada. ca
网址：http：//cipo. gc. ca

1. 保藏要求

一件专利申请或基于此类专利申请授予的专利涉及生物材料的保藏的，如果申请人已经向国际保藏单位提交保藏，则该生物材料的保藏被认为是遵照专利实施细则的。申请人必须将国际保藏单位的名称、原始保藏日期和国际保藏单位给予该保藏的登录号报告专利专员。所述信息必须包含在专利申请的说明书中且在该申请公开之前提供。

（1996 年专利条例❶第 103 节和第 104 节）

2. 保藏时间

必须在专利申请日当天或之前将生物材料提交国际保藏单位保藏。
（专利条例第 104 节）

3. 贮存期限

没有规定。

4. 提供样品的条件

（ⅰ）可得到样品的时间
在专利申请公开前，申请人可以向专利专员提交一份通知，声明申请人希望在该申请

---

❶ 1996 年专利条例，也包括关于从 1989 年 10 月 1 日至 1996 年 10 月 1 日期间提交的申请（第 159 ~ 166 段）和 1989 年 10 月 1 日前提交的申请（第 183 ~ 187 段）的规定。

被授予专利、该申请被驳回、被放弃且不能恢复或被撤回之前，只向专员指定的独立专家提供保藏生物材料的样品。

（专利条例第 104（4）小节）

知识产权局在《加拿大专利局记录》中公布请求提供保藏样品的请求表。

（专利条例第 107（1）小节）

当加拿大专利或对公众公开的在加拿大提出的专利申请的说明书涉及申请人的生物材料保藏时，如果有人向专利专员按照专利条例第 107（1）小节所述表格提出请求，专员制作布达佩斯条约实施细则 11.3（a）所述关于此人的证明并将一份请求副本连同该证明传送给提出请求的人。

（专利条例第 107（2）小节和第 107（3）小节）

（ii）关于提供样品的限制

在基于该专利申请授予专利或申请被驳回，或被放弃且不能恢复，或被撤回前，除非专利专员已经收到此人对申请人作出的保证，否则不制作专利条例第 107（2）小节所述关于请求人的证明：

——在基于该申请授予专利或申请被驳回，或被放弃且不能恢复，或被撤回前不向其他任何人提供国际保藏单位提供的生物材料的任何样品或其衍生的任何培养物；和

——在基于该申请授予专利或申请被驳回，或被放弃且不能恢复，或被撤回前仅以涉及该申请主题的实验目的使用国际保藏单位提供的生物材料样品或其衍生的任何培养物。

（专利条例第 108 节）

根据第 104（4）小节已经向专利专员提交了关于专利申请的通知的，专员可以根据任何人指定独立专家的请求并取得申请人的同意后，为该申请的目的在合理的时间内指定一人作为独立专家。

如果在提出请求后的合理时间内不能就独立专家的指定达成一致意见，第 104（4）小节所述申请人的通知视为未提交。

（专利条例第 109 节）

根据第 104（4）小节已经向专利专员提交了关于专利申请的通知的，在基于该申请授予专利或申请被驳回，或被放弃且不能恢复，或被撤回前，仅有专员根据第 109 节指定的独立专家能够提出根据第 107 节的请求。

专利专员根据第 107（2）小节制作了关于专员指定的独立专家的证明的，要向申请人和请求指定独立专家的人传送请求副本以及该证明。

（专利条例第 110 节）

智利（CL)

（2016）

国家工业产权局

Av. Libertador Bernardo O'Higgins 194

Piso 1

Santiago

电话：(562) 2887 0550，2887 0551

电子邮箱：inapi@ inapi. cl

网址：http：//www. inapi. cl

1. 保藏要求

基于专利申请的申请说明书涉及生物材料保藏的，如果申请人已经提交国际保藏单位保藏，则该生物材料的保藏被认为是根据专利实施细则作出的。

申请人必须报告国际保藏单位的名称、原始保藏日期和国际保藏单位给予该保藏的保藏号，申请人必须传送保藏证明。所述信息必须包含在专利申请的说明书中并应当根据智利国家工业产权局的要求提供。

（专利条例第39条第4节）

2. 保藏时间

生物材料的保藏证明应当根据智利国家工业产权局的要求提供。该信息也可以在提交专利申请时提供。

（专利条例第39条第4节）

3. 贮存期限

没有规定。

4. 提供样品的条件

自包含生物材料信息的申请公开之日起，可以得到该生物材料的样品。

中国（CN）

（2016）

中华人民共和国国家知识产权局

北京市海淀区西土城路 6 号 100088

通信地址：邮政信箱 8020 号北京市 100088
电话：(86 – 10) 62 35 66 55
传真：(86 – 10) 62 01 96 15
电子邮箱：sipo@ sipo. gov. cn
网址：http：//www. sipo. gov. cn

1. 保藏要求

申请专利的发明涉及新的生物材料，该生物材料公众不能得到，并且对该生物材料的说明不足以使本领域技术人员实施该发明的，申请人应当将该生物材料的样品提交国务院专利行政部门认可的保藏机构保藏。

申请人应当在申请文件中提供有关该生物材料特征的信息。

申请涉及生物材料保藏的，申请人应当在请求书和说明书中写明保藏的生物材料样品的学名（注明拉丁文名称），保藏机构的名称、地址，保藏日期和保藏登录号；申请时未写明的，应当自申请日起 4 个月内补正；期满未补正的，该生物材料样品视为未提交保藏。

（2001 年专利法实施细则第 25 条）

2. 保藏时间

应当在申请日（要求了优先权的，指优先权日）之前或者最迟申请日当天将生物材料的样品提交国务院专利行政部门认可的保藏机构保藏。申请人应当在申请时或者最迟自申请日起 4 个月内提交保藏机构出具的保藏证明和存活证明。指定期限内未提交所述信息的，该生物材料样品视为未提交保藏。

（专利法实施细则第 25 条第（1）项）

3. 贮存期限

生物材料应当自保藏日起贮存至少 30 年。

（用于专利程序的生物材料保藏办法第 9 条；布达佩斯条约第 9 条（1））

4. 提供样品的条件

发明专利申请根据专利法实施细则第 25 条的规定保藏生物材料样品的，在发明专利申请公布后，任何单位或者个人需要将该申请所涉及的生物材料作为实验目的使用的，应当向国务院专利行政部门提出请求，其包括下列事项：

（1）请求人的名称和地址；

（2）不向其他任何人提供该生物材料的保证；

（3）在授予专利权前只作为实验目的使用该生物材料的保证。

（专利法实施细则第 26 条）

哥伦比亚（CO）

（2016）

工业和贸易部

Ministerio de Comercio，Industria y Turismo de Colombia

Carrera 13 No. 27 – 00

Pisos，1，3，4，5，6，7 y 10

Bogotá

电话：(571) 587 0051（主管），(571) 587 0000

传真：(571) 587 0054（主管），(571) 587 0054

电子邮箱：superintendente@ sic. gov. co；info@ sic. gov. co

1. 保藏要求

（无）

2. 保藏时间

（无）

3. 贮存期限

（无）

4. 提供样品的条件

（无）

哥斯达黎加（CR）

（2014）

工业产权登记处
司法部

Apartado postal 523
2010 Zapote
San Jose

电话：（506）2234 1537
传真：（506）2234 1537
电子邮箱：cmena@ rnp. go. cr；kquesada@ rnp. go. cr
网址：http：//www. rnpdigital. com/propiedad_ industrial/index/htm

1. 保藏要求

没有规定。

2. 保藏时间

没有规定。

3. 贮存期限

没有规定。

4. 提供样品的条件

没有规定。

克罗地亚（HR）

（2011）

克罗地亚知识产权局

Ulica grada Vukovara 78
10000 Zagreb

电话：（385 - 1）610 61 00
传真：（385 - 1）611 20 17
电子邮箱：info@ dziv. hr
网址：http：//www. dziv. hr

1. 保藏要求

（专利法和专利实施细则规定（与布达佩斯条约完全符合））

2. 保藏时间

（专利法和专利实施细则规定（与布达佩斯条约完全符合））

3. 贮存期限

（专利法和专利实施细则规定（与布达佩斯条约完全符合））

4. 提供样品的条件

（专利法和专利实施细则规定（与布达佩斯条约完全符合））

古巴（CU）
（2016）

古巴工业产权局

Calle Picota No. 15 entre Luz y Acosta
La Habana Vieja
La Habana 10100

电话：（537）862 43 79，862 43 95，866 05 57，866 05 59
传真：（537）833 56 10
电传：511290 acp cu
电子邮箱：ocpi@ ocpi. cu
网址：http：//www. ocpi. cu

1. 保藏要求

涉及微生物的专利申请必须附有证明微生物保藏的文件。
（保护发明的申请文件的制作方法）

2. 保藏时间

提交专利申请时或者其后 3 个月。
（保护发明的申请文件的制作方法）

3. 贮存期限

没有规定。

4. 提供样品的条件

没有规定。

捷克（CZ）

（2005）

工业产权局

Antonína Čermáka 2a
160 68 Praha 6

电话：（420）220 383 111
传真：（420）224 324 718
电子邮箱：posta@ upv. cz
网址：http：//www. upv. cz

1. 保藏要求

发明必须在发明申请中以足够清楚和完整的方式公开，以使本领域技术人员能够实施。发明涉及以生产为目的的工业微生物的，应当从申请人的优先权开始之日起将该微生物保存在公共保藏机构。

（修订的关于发明和合理化建议的第 527/1990 号法律第 26 节（2）；关于生物技术发明保护的第 206/2000 号法律第 5 节（1））

根据惯例，申请人必须将微生物保藏证明附于专利申请。

2. 保藏时间

必须在不晚于专利申请日提交微生物保藏（参见上面第 1 节）.

3. 贮存期限

没有规定。

4. 提供样品的条件

（ⅰ）可得到样品的时间
从专利申请公开之日起可以得到保藏的生物材料。
（关于生物技术发明保护的第 206/2000 号法律第 5 节（2））
（ⅱ）关于提供样品的限制
申请人可以请求仅独立专家可以得到保藏的生物材料的样品。该限制最迟应当在专利申请公布的准备完成之日通知工业产权局。工业产权局将在局公告中与专利申请一同公布该生物材料保藏的使用限制。
（关于生物技术发明保护的第 206/2000 号法律第 5 节（5））

朝鲜（KP）

（2005）

朝鲜民主主义人民共和国发明局

Kinmaul 1 dong
Pipha Street
Moranbong District
Pyongyang

电话：（850 - 2）381 60 25
传真：（850 - 2）381 44 10，381 44 16，381 44 27，381 21 00
电传： 5972 TECH KP
电子邮箱： kpipo@ co. chesin. com

1. 保藏要求

没有规定。

2. 保藏时间

没有规定。

3. 贮存期限

没有规定。

4. 提供样品的条件

没有规定。

丹麦（DK）

（2016）

丹麦专利商标局

Helgeshøj Allé 81
2630 Taastrup

电话：(45-43) 50 80 00
传真：(45-43) 50 80 01
电子邮箱：pvs@ dkpto. dk
网址：http：//www. dkpto. org

1. 保藏要求

发明的实施涉及使用生物材料，该生物材料公众不能得到，并且在专利申请文件中对该生物材料的说明不能使本领域技术人员实施该发明的，必须将该生物材料的样品提交保藏。

（2012 年统一专利法第 8a 节（1））

2. 保藏时间

应当在不晚于专利申请日将生物材料的样品提交保藏。

（统一专利法第 8a 节（1））

3. 贮存期限

（无）

4. 提供样品的条件

（ⅰ）可得到样品的时间
从申请公开之日起可以得到生物材料的样品。

（统一专利法第 22 节（6））
（ⅱ）关于提供样品的限制
申请人可以请求仅向本领域的专家提供样品，直到专利被授权。如果申请被驳回、撤回或视为撤回，申请人可以请求保藏材料的样品仅向本领域的专家从专利申请日起提供 20 年。

（统一专利法第 22 节（7））
提供样品的请求应当向专利局提出并包括一份声明，其中表明遵守由经济和商业事务大臣制订的法规中对样品使用的限制。如果样品提供给本领域的专家，应当改由后者提交该声明。

（统一专利法第 22 节（8））

多米尼加（DO）

（2010）

国家工业产权局
国家工商业秘书处

Avenida Los Próceres No. 11
Jardines del Norte
Santo Domingo

电话：(809) 567 74 74
传真：(809) 732 77 58
电子邮箱：e. ramirez@ onapi. gob. do
网址：http：//www. seic. gov. do/onapi

1. 保藏要求

没有规定。

2. 保藏时间

没有规定。

3. 贮存期限

没有规定。

4. 提供样品的条件

没有规定。

萨尔瓦多（SV）

（2016）

国家登记中心（萨尔瓦多）

Módulo 3
1ª Calle Poniente y 43 Avenida Norte N° 2310
San Salvador

电话：（503）2261 86 08，2261 84 64，2261 86 57
传真：（503）2261 08 13
电子邮箱：propiedadintelectual@ cnr. gob. sv
网址：http：//www. cnr. gob. sv

1. 保藏要求

没有规定。

2. 保藏时间

没有规定。

3. 贮存期限

没有规定。

4. 提供样品的条件

没有规定。

爱沙尼亚（EE）
（2012）

爱沙尼亚专利局

Toompuiestee 7
0100 Tallinn

电话：（372）627 79 00
传真：（372）645 13 42
电子邮箱：patendiamet@ epa. ee
网址：http：//www. epa. ee

1. 保藏要求

如果发明的主题是生物材料（包括微生物），或者发明需要使用生物材料，所述生物材料公众不能得到，并且该发明的说明书中对该生物材料的说明不足以使本领域技术人员实施该发明的，申请人必须提交证明生物材料保藏的文件。

（2005 年修订的 1994 年专利法第 19 条（2）（3））

2. 保藏时间

必须在不晚于专利申请日将生物材料提交国际保藏单位保藏。证明生物材料保藏的文件必须与专利申请一同提交。

（专利法，同上）

3. 贮存期限

没有规定。

4. 提供样品的条件

没有规定。

芬兰（FI）

（2016）

芬兰专利和登记局（PRH）

Arkadiankatu 6A

00100 Helsinki

邮寄地址：

P. O. Box 1160

00101 Helsinki

电话：（358）（0）29 509 50 00

传真：（358）（0）29 509 53 28

电子邮箱： registry@ prh. fi

网址： http：//www. prh. fi

1. 保藏要求

如果发明的实施涉及使用生物材料，该生物材料公众不能得到，专利申请中对该生物材料的说明也不足以使本领域技术人员实施该发明，则应当保藏该生物材料的样品。

（1967 年专利法第 8a 节）

保藏应当向布达佩斯条约规定的国际保藏单位或者欧洲专利局认可的其他保藏机构提交。

（1980 年专利法第 17 节（a））

在专利申请日（要求了优先权的，指优先权日）起 16 个月内，申请人应当向芬兰专利和登记局书面通报保藏机构的名称和保藏的存取号。对于 PCT 申请，申请人应当向 WIPO 国际局提交该信息。

申请人请求在申请日（如果要求了优先权的，指优先权日）起 18 个月之前公开申请文件的，上述信息最迟应当与公开请求一同提交。

（1980 年专利法第 17 节（b））

2. 保藏时间

应当在不晚于专利申请日将生物材料提交保藏。

（1967 年专利法第 8 节（a））

3. 贮存期限

应当根据布达佩斯条约的规定提交保藏（1980 年专利法第 17 节（a））。因此，生物材料的贮存期限与布达佩斯条约实施细则第 9 条相同。

4. 提供样品的条件

（ⅰ）可得到样品的时间

当专利申请向公众公开时可以得到样品，也就是说，除了申请人请求提前公开其申请外，从申请日（如果要求了优先权，指优先权日）起 18 个月可以得到样品。

如果申请人请求，直到授予专利，或者如果该申请最终没有被授权，则从申请日起 20 年时间内，保藏的生物材料可以仅向专家提供。这样的请求应当自申请日（要求了优先权的，指优先权日）起 16 个月内提出。对于 PCT 申请，申请人可以向 WIPO 国际局提出该请求。

（1967 年专利法第 22 节；1980 年专利法第 25 节（b））

（ⅱ）关于提供样品的限制

申请人可以请求，直到授予专利，或者如果该申请最终没有被授权，则从申请日起 20 年时间内，保藏的生物材料仅向特定的专家提供。专家是指表明自己希望作为根据芬兰专利法的专家并且其姓名在芬兰专利和登记局出版的专家列表中的人。在个案中，专家也可以是申请人认可的任何人。

（1967 年专利法第 22 节；1980 年专利法第 25 节（b））

提供样品的请求应当向芬兰专利和登记局书面提出，并应当包括一份声明，其中表明遵守对样品使用的下列限制：

想要得到样品的人应当向专利申请人或专利权人保证，在该申请取得最终决定，或者如果被授予专利权，则在专利期满前，不会以实验之外的目的使用含有保藏的生物材料的样品或从其获得的任何材料，并且不会向任何其他人提供含有保藏的生物材料的样品或从其获得的任何材料。

如果仅向特定的专家提供样品，样品请求应当声明提议作为专家的人。该请求应当附有该专家向申请人作出的一份书面保证，其中表明在该发明授予的专利期满前，或者如果该申请最终没有被授权，则在申请日起 20 年内，不会以实验之外的目的使用该样品，并且不会向任何其他人提供该样品。

对于从样品获得的保留了保藏的生物材料对实施发明所必需的特性的生物材料，应当提供与前述关于样品的保证相同的保证。

该保证应当附于请求中。

（1980 年专利法第 25 节（a）和第 25 节（b））

法国（FR）

（2016）

国家工业产权协会（INPI）

15，rue des Minimes，CS50001

92677 Courbevoie Cedex

电话：（33）171 08 71 63（国际长途），（33）0820 210 211（国内电话）

传真：（33）156 65 86 00

电子邮箱：contact@ inpi. fr

网址：http：//www. inpi. fr

1. 保藏要求

如果发明使用了生物材料，该生物材料公众不能得到，并且对该生物材料的说明不足以使本领域技术人员实施该发明的，除非该生物材料已经在认可单位保藏，应当认为该发明的说明书是不充分的。

（2004 年 12 月 8 日法案修订的知识产权法第 L. 612 - 5 条）

说明书必须详细说明：

（1）申请人所知的关于该微生物特性的信息；

（2）保藏培养物样品的认可单位和保藏号。

应当在最早的专利申请日（如果要求了优先权，指优先权日）起 16 个月内提供上段第 2 小段指定的信息，或者如果申请人在申请公布期限之前提交公开请求的，则在请求公布其申请时提供该信息。

（知识产权法第 R. 612 - 14 条）

2. 保藏时间

应当在不晚于专利申请日将培养物提交保藏。

（知识产权法第 R. 612 - 14 条）

3. 贮存期限

保藏的微生物的贮存期限最少 30 年。

4. 提供样品的条件

（ⅰ）可得到样品的时间

从专利申请公开日（即自申请日起 18 个月，如果要求了优先权，指优先权日起 18 个月）起任何人都可以要求获得保藏的微生物，或者如果被传送了专利申请副本，则其可以在公开日之前要求获得保藏的微生物。

（1995 年法令第 R. 612 – 42 条）

（ⅱ）关于提供样品的限制

请求应当向国家工业产权协会书面提出。该请求必须包含请求方的姓名（名称）和地址以及一份保证：

（a）除非专利申请已经被驳回或撤回或者专利已经终止，不向任何人提供该培养物或其衍生的培养物；

（b）除了专利申请已经被驳回或撤回，或者专利授权的事实已经公布外，仅以实验目的使用该培养物或其衍生的培养物。但是，这样的保证不阻止根据强制或依职权许可使用该样品。

在专利申请公布的技术准备完成之前，专利申请人可以通过书面声明指出仅有申请人指定的专家可以得到保藏的培养物，直到专利授权公布或专利申请撤回或被驳回。

专家获取培养物和作出保证的条件与上面提到的请求方的条件相同。

（知识产权法第 R. 612 – 42 条和第 R. 612 – 43 条）

格鲁吉亚（GE）
（2014）

乔治亚国家知识产权中心

5，Antioch Str.
3300 Mtskheta

电话：（995 – 32）225 25 33
传真：（995 – 32）298 84 26
电子邮箱：info@ sakpatenti. org. ge
网址：http：//www. sakpatenti. org. ge

1. 保藏要求

如果专利申请中提供了微生物，但是在申请中对该微生物的说明不足以使技术人员实现或者该微生物通常不能得到，则应当将其提交国际保藏单位保藏并且将其相关文件附入申请材料。

2. 保藏时间

必须在申请优先权日之前将微生物提交国际保藏单位保藏。

3. 贮存期限

保藏于国际保藏单位的微生物应当在专利有效期内一直贮存。

4. 提供样品的条件

在专利有效期内任何请求方均应当可以得到提交国际保藏单位保藏的微生物样品。

德国 （DE）

（2016）

德国专利商标局

Zweibrückenstrasse 12

80331 Munich

通信地址：

80297 Munich

电话： （49 - 89） 21 95 - 0 （49 - 89） 2195 - 1000 （客户服务）

传真： （49 - 89） 21 95 22 21

电子邮箱： info@ dpma. de

网址： http：//www. dpma. de

1. 保藏要求

在德国有效的保藏的要求阐述于 2005 年 1 月 28 日联邦法律公报 （*Bundesgesetzblatt - BGBI*） 第 I 部分第 6 号和 2005 年官方公报 *Blatt für Patent -, Muster - und Zeichenwesen* （*BIPMZ*） 第 102 页公布的专利和实用新型程序中的生物材料保藏条例 （*Verordnung über die Hinterlegung von biologischem Material in Patent - und Gebrauchsmusterverfahren - Biomaterial - Hinterlegungsverordnung - BioMatHintV*）， 以及 1977 年 4 月 28 日在布达佩斯签署的 《国际承认用于专利程序的微生物保藏布达佩斯条约》 及其实施细则 （德语版： *BIPMZ 1981*， 第 53 页、第 59 页和第 237 页）。

如果除说明书之外， 还将生物材料提交国际保藏单位保藏， 根据 *BioMatHintV* 第 1 条 （1） 的规定， 专利法第 34 条 （3） 第 4 句要求的说明书视为足以对生物材料或其应用授予专利权。因此， 如果对发明的说明不足以使本领域技术人员实施该发明， 将考虑保藏 （专利法第 34 条 （8） 第 1 句）。保藏可以确保满足专利法第 34 条 （4） 对发明公开的要求。

申请人可以选择两种生物材料保藏方式： 一个选择是根据布达佩斯条约及其实施细则在认可的国际保藏单位提交保藏 （*BioMatHintV* 第 8，1 条）。

另一个选择是根据 *BioMatHintV* 第 2 条的规定提交布达佩斯条约之外的 "认可的科学机构" 保藏。该科学机构必须保证按照生物材料保藏条例 （*Biomaterial - Hinterlegungsverordnung*） 适时地贮存和提供样品。该机构必须在法律、经济和组织上独立于申请人和交存人。布达佩斯条约及其实施细则认可的国际保藏单位满足这些要求。

2. 保藏时间

必须在不晚于申请日 （如果要求了优先权的， 指优先权日） 将生物材料提交指定的保藏机构保藏 （*BioMatHintV* 第 1 条 （1） 第 1 句）。

如果生物材料此前已经由第三方提交指定的保藏机构保藏并且专业圈可以得到，并且在规定的贮存期限（参阅第 3 条）内确保该生物材料能够使用，则不需要再次提交保藏（*BioMatHintV* 第 1 条（3））。

3. 贮存期限

根据布达佩斯条约提交保藏的，最低贮存期限是保藏机构收到对保藏的生物材料最近的样品提供请求后 5 年，并且在任何情况下，在保藏日期之后至少 30 年（布达佩斯条约实施细则 9.1）。

在布达佩斯条约之外提交保藏的，保藏的生物材料必须在收到对保藏的生物材料最近的样品提供请求后再贮存 5 年，并且在任何情况下，在涉及该保藏的生物材料的所有知识产权的最长法定保护期限届满后再贮存 5 年（*BioMatHintV* 第 7 条）。

4. 提供样品的条件

（ⅰ）可得到样品的时间

根据布达佩斯条约提交保藏的，从布达佩斯条约实施细则第 11 条规定的条件下的公开日起应当可以得到保藏的生物材料样品。不需要发布特定的发放公告。但是，交存人必须保证在固定的贮存期限内不收回该材料。

在布达佩斯条约之外提交保藏的，申请人必须发布一份不可撤销的发放公告（*BioMatHintV* 第 4 条），根据 *BioMatHintV* 第 5 条从申请日直到用于提供样品目的的贮存期限结束，保藏机构可毫无保留地得到保藏的生物材料。在第三方保藏的情况下，申请人必须提供文件证据，证明交存人已经相应地使保藏的生物材料可被获得（*BioMatHintV* 第 4 条（1）第 2 句）。

（ⅱ）关于提供样品的限制

在布达佩斯条约之外提交保藏的，在主题涉及保藏的生物材料的专利申请的公开日之前仅向交存人自己或德国专利商标局提供材料的样品（专利法第 32 条（5））。在此期间，第三方只能通过德国专利商标局根据专利法第 31 条（1）第 1 句授予文件检查的决定或法院的裁定取得保藏的生物材料的样品（*BioMatHintV* 第 5 条（1）第 1 句）。

从申请公开日直到专利授权，任何人应当可以根据请求得到保藏的生物材料（*BioMatHintV* 第 5 条（1）第 2 句）。但是，在此期间，交存人可以要求将保藏的生物材料仅向请求者提名的独立专家提供（*BioMatHintV* 第 5 条（1）第 2 句第 2 半句）。在此被称为"专家选项"的情况下，该样品只提供给该提名的专家（*BioMatHintV* 第 5 条（1）第 2 句第 2 半句）。

在专利授权后，将按照请求向任何人提供保藏材料的样品（*BioMatHintV* 第 5 条（1）第 3 句）。

为了获得保藏的生物材料，请求人必须面对面地向申请人保证，在第三方保藏的情况下还必须面对面地向交存人保证，在涉及该保藏的生物材料的任何知识产权的有效期内不向第三方提供该保藏的生物材料或其衍生的材料的样品。他还必须保证仅以实验目的使用该保藏的生物材料或其衍生的材料（*BioMatHintV* 第 6 条（1）第 1 句和第 2 句）。

在 http：//www.dpma.de/docs/service/formulare/patent/x1200.pdf 可得到的德语说明书"*Merkblatt für die Hinterlegung von biologischem Material für die Zwecke von Patent – und Gebrauchsmusterverfahren*"包含此主题的更多信息。

希腊（GR）

（2016）

工业产权组织（OBI）

5，Gianni Stavroulaki St.

Paradissos Amaroussiou

15125 Athens

电话：（30 - 210）618 35 48，618 35 08

传真：（30 - 210）681 92 31

电子邮箱：info@ obi. gr

网址：http：//www. obi. gr

1. 保藏要求

如果发明涉及生物材料，该生物材料公众不能得到，并且对该生物材料的说明不足以使本领域技术人员实施该发明的，或者发明必须使用这样的材料的，只有满足如下条件说明书才被认为是充分的：

a）该生物材料已经提交认可的保藏机构保藏；

b）该申请包含关于该保藏的生物材料特征的信息；

c）详细说明了保藏机构和保藏参考号。

凭借 1977 年 4 月 28 日布达佩斯条约第 7 条认可的所有国际保藏单位均被视为认可的保藏机构。

（第 321/2001 号总统法令第 11 条第 1 段）

2. 保藏时间

应当在不晚于专利申请日将生物材料提交认可的保藏机构保藏。

（第 321/2001 号总统法令第 11 条第 1 段）

3. 贮存期限

如布达佩斯条约实施细则 9.1 规定的，即最近的样品提供请求后 5 年，并且在任何情况下，保藏日期之后 30 年。

（第 2128/1993 号法案）

4. 提供样品的条件

（ⅰ）可得到样品的时间

a）直到专利申请首次公布之前，向国际条约或国家专利法授权的任何人提供样品。

b）在专利公布和授权之间，可以向任何人提供样品，或者如果申请人请求，只向独立的专家提供样品。这样的请求可以在专利申请公布的技术准备完成之前提出。

c）专利一经授权，任何人均可得到样品。

（第 321/2001 号总统法令第 11 条第 2 段和第 5 段）

在专利申请撤回或被驳回的情况下，按照申请人的请求，只有独立专家在专利申请日起 20 年内可得到样品。这样的请求可以在专利申请公布的技术准备完成之前提出。

（第 321/2001 号总统法令第 11 条第 4 段和第 5 段）

（ⅱ）关于提供样品的限制

请求样品的人保证在专利期内：

a）不向第三方提供该生物材料或其衍生的任何材料，

b）除非专利申请人或专利权人清楚地同意豁免，除了实验目的之外不使用该生物材料或其衍生的任何材料。

（第 321/2001 号总统法令第 11 条第 3 段）

如果不再能从认可的保藏机构得到保藏的生物材料，应当根据布达佩斯条约制定的条款进行新的材料保藏。应当随同这样的保藏向工业产权组织提交一份交存人签署的声明，保证重新保藏的生物材料与原始保藏的相同。

（第 321/2001 号总统法令第 12 条）

危地马拉（GT)

（2010）

知识产权登记处
经济事务部

7a avenida 7 – 61, Zona 4, Primer Nivel
Ciudad Guatemala C. A. 01004

电话：（502）23 24 70 70
传真：（502）23 32 01 16
电子邮箱：repiweb@ rpi. gob. gt
网址：www. rpi. gob. gt

1. 保藏要求

没有规定。

2. 保藏时间

没有规定。

3. 贮存期限

没有规定。

4. 提供样品的条件

没有规定。

洪都拉斯（HN）

（2006）

工商业部长
知识产权总局

Planta Baja – Edificio Fenaduanah
Boulevard Kuwait
Tegucigalpa

电话：（504）235 4088
传真：（504）235 3685

1. 保藏要求

没有规定。

2. 保藏时间

没有规定。

3. 贮存期限

没有规定。

4. 提供样品的条件

没有规定。

匈牙利（HU）

（2016）

匈牙利知识产权局（HIPO）

II. János Pál Pápa tér 7
1081 Budapest

通信地址：

P. O. Box 415
1438 Budapest
电话：（36 - 1）312 44 00
传真：（36 - 1）331 25 96
电子邮箱：sztnh@ hipo. gov. hu
网址：http：//www. hipo. gov. hu

1. 保藏要求

如果发明涉及生物材料或其应用，该生物材料公众不能得到，且该发明不能根据关于利用专利保护发明的 1995 年法案 X X XII I（以下称"专利法"）第 60 条（1）的规定在专利申请中公开的，必须证明已经根据布达佩斯条约在不晚于专利申请日将该生物材料提交保藏。

（专利法第 63 条（1））

2. 保藏时间

应当在不晚于专利申请日将生物材料提交保藏。

应当在最早的优先权日起 16 个月内提交生物材料保藏证明。

（专利法第 63 条（1）和第 63 条（3））

3. 贮存期限

国家农业和工业微生物保藏单位在收到对保藏的生物材料样品最近的提供请求后贮存该生物材料至少 5 年，并且在任何情况下，在保藏日期之后贮存至少 30 年。

（政令 61/2006（III. 23）第 1 条（2）连同《布达佩斯条约实施细则》9.1）

4. 提供样品的条件

（i）可得到样品的时间

通过供给样品来获得保藏的生物材料：

（1）直到专利申请公布，根据专利法第 53 条（1）的规定向被授权审查文件的人提供；

（2）在申请公布和专利授权之间，向任何请求人提供，或者如果申请人请求，仅向独立专家提供；

（3）在专利授权后，即便撤回或取消，向任何请求人提供。

（专利法第63条（4））

（ii）关于提供样品的限制

被提供样品的人在专利授权程序终止前或者限定的专利保护失效前不能向除强制许可持有人之外的第三方提供该样品或其衍生的任何材料，他仅能以实验目的使用该样品或其衍生的任何材料，除非申请人或专利权人明确放弃这一义务。如果一种材料带有保藏的生物材料对实现发明必要的特性，则其被视为衍生的。

（专利法第63条（5））

冰岛（IS）
（2012）

冰岛专利局

Engjateigi 3
150 Reykjavik

电话：（354）580 94 00
电子邮箱：postur@ els. is
网址：http：//www. els. is

1. 保藏要求

第 17/1991 号专利法（2004 年修订）第 8 条（6）条：

如果发明必须使用生物材料，该生物材料公众不能得到，并且申请中对该生物材料的说明不足以使本领域技术人员基于该申请实施该发明，则应当在不晚于申请日将该生物材料的样品提交保藏。

第 477/2012 号关于专利的实施细则第 44 条：

必须将专利法第 8 条（6）提及的生物材料样品提交根据 1977 年 4 月 28 日在布达佩斯签订的关于国际承认用于专利程序的微生物保藏的条约（布达佩斯条约）的国际认可机构或欧洲专利局认可的其他保藏机构保藏。

保藏应当符合布达佩斯条约的规定。

WIPO 公布根据布达佩斯条约国际认可的生物材料保藏机构。

2. 保藏时间

第 17/1991 号专利法（2004 年修订）第 8 条（6）：

……必须在不晚于申请日将生物材料的样品提交保藏。

第 477/2012 号关于专利的实施细则第 45 条：

如果申请人将生物材料的样品提交了保藏，他/她应当在申请日（如果要求了优先权的，指优先权日）起 16 个月内将保藏地点和该机构分配给该样品的保藏号以书面形式通知冰岛专利局。在国际申请的情况下，应当在相同期限内将这一信息提供给 WIPO。

如果在第 1 段提及的期限届满前申请人请求涉及该申请的文件早于专利法第 22 条（1）和第 22 条（2）的规定公开，申请人最迟应当在提出该请求时提供第 1 段提及的信息。如果在第 1 段提及的期限届满前申请人请求 PCT 第 21 条（2）b 规定的申请提前公布，申请人最迟应当在提出请求时向 WIPO 提供相同的信息。

如果保藏的生物材料样品按照布达佩斯条约实施细则 5.1 的规定从一个国际保藏单位转移到另一个，申请人应当在收到样品转移存单后尽快将新的保藏号和保藏机构通知冰岛专利局。

冰岛专利局可以要求申请人提供保藏机构出具的第 1 段或第 3 段提及的样品的保藏存单。

3. 贮存期限

第 17/1991 号专利法（2004 年修订）第 8 条（6）：

从保藏时间开始，样品应当保持不间断的保藏以使根据该法案取得授权的任何人都能够在该国家获得该生物材料的样品。实施细则应当规定可以向何处提交保藏。

4. 提供样品的条件

第 17/1991 号专利法（2004 年修订）第 22 条（6）~（8）：

如果生物材料的样品已经根据专利法第 8 条的规定提交了保藏，任何人都可以根据第 1 段、第 2 段和第 3 段的规定获得样品。但是，这并不意味着根据实施细则或法律规定未被授权处理保藏的生物材料的任何人将会获得样品。也不应该向由于该生物材料的有害特性而被认为没有能力在不带来巨大风险的情况下处理该样品的任何人提供样品。

尽管有第 6 段的规定，申请人可以要求专利授权之前仅向独立专家提供该生物材料的样品。如果申请被拒绝或驳回或视为撤回，申请人可以要求从申请日起 20 年内仅向独立专家提供该生物材料的样品。部长就这样的请求、提交请求的期限以及根据该规定谁能被视为独立专家进行裁决。

提供样品的请求应当以书面形式向冰岛专利局提交并且包括一份声明，表明遵守按照部长制定的细则的样品使用限制。如果向本领域的专家提供样品，则应当是他而不是样品请求人作出该声明。

第 477/2012 号关于专利的实施细则第 47 条：

专利法第 22 条（8）提及的保藏的生物材料样品的供应请求应当根据布达佩斯条约实施细则第 11 条提交。

如果提出了请求，参阅第 1 段，在该保藏的样品涉及的申请取得最终决定前，请求样品的人应当保证仅为研究使用该样品。有关的人还应当保证直到该申请取得最终决定，或者如果授予了专利，直到该专利失效不向任何其他人提供该样品。以上也适用于涉及授权专利的保藏样品的试样。

请求样品的人应当对于该样品衍生的并且显示对发明应用重要的特性的培养物作出相同的保证。

样品请求应当附有一份书面声明，表明请求样品的人保证履行以上的义务。

第 477/2012 号关于专利的实施细则第 48 条：

申请人根据专利法第 22 条（7）提出的大意是仅向独立专家提供样品的请求应当在不晚于专利法第 22 条规定的申请公开日向冰岛专利局提交。

冰岛专利局应当制定关于谁被认为是独立专家的要求。只有满足这些要求的人或者申请人或专利权人在个案中批准的人可以获得样品。

专利法第 22 条（7）提及的样品供应请求应当根据布达佩斯条约实施细则第 11 条提交。如果样品仅能向专家提供，该请求应当声明被请求从事样品检查的专家的姓名。此外，该请求应当附有专家的声明，以本实施细则第 47 条（2）和第 47 条（3）描述的程度向申请人保证约束自己。

第 477/2012 号关于专利的实施细则第 50 条：

如果已经提交了样品请求，并且专利法或本实施细则中没有条款阻止其被授予，冰岛专利局应当出具一份具有此意思的声明。冰岛专利局应当将样品供应请求以及该声明传送给该生物材料保藏的机构，并将一份副本传送给申请人或专利权人。

如果冰岛专利局认为不能出具第 1 段中提及的声明，应当通知样品供应请求方。在冰岛专利局通知后 2 个月内可以将这样的决定提交到工业知识产权上诉委员会。

5. 样品的重新保藏

第 17/1991 号专利法（2004 年修订）第 8 条（7）：

如果保藏的生物材料失活或者因为其他原因不可能再提供其样品，可以在法定期限内并且在其他方面按照实施细则的规定将其与相同培养物的样品交换。在这样的情况下，新的保藏视为与在先保藏在相同日期进行的。

第 477/2012 号关于专利的实施细则第 46 条：

专利法第 8 条（7）提及的生物材料样品的新保藏必须遵守布达佩斯条约及其实施细则关于新保藏的规定。新保藏应当在交存人收到保藏机构通知不能提供保藏的生物材料的样品起 3 个月内提交新的保藏。

如果根据布达佩斯条约或欧洲专利局认可的保藏机构停止作为国际保藏单位对该保藏涉及的生物材料类型的运作，或者如果该保藏机构不再满足对保藏机构规定的要求，并且如果交存人在 WIPO 发布关于此的公告 6 个月内没有获知该公告，新的保藏应当在该公告公布的 9 个月内进行。

申请人应当在将生物材料的新样品提交另一机构保藏之日起 4 个月内向冰岛专利局提供提交新的保藏机构保藏的信息。但是，如果第 45 条（1）和第 47 条（2）提供的期限更晚届满，可以在该期限内提供该信息。

6. 衍生样品的保藏

第 477/2012 号关于专利的实施细则第 49 条：

尽管出具了第 47 条和第 48 条提及的声明，如果从提供的试样衍生的生物材料样品对一件新申请是必需的，允许将该衍生的样品为该新申请提交保藏。

印度（IN）

（2016）

印度专利局

Intellectual Property Office Building
Sector – 14, Block No. 32
Dwarka
New Delhi 110 075

电话：(91 – 11) 25 30 02 00, 28 03 43 10
传真：(91 – 11) 28 03 43 01
电子邮箱：delhi – patent@ nic. in
网址：http：//www. ipindia. nic. in

印度专利局（加尔各答市）

Intellectual Property Office Building
CP – 2, Sector – V
Salt Lake City
Kolkata 700 091

电话：(91 – 33) 23 67 19 87, 23 67 50 91
传真：(91 – 33) 23 67 19 88
电子邮箱：kolkota – patent@ nic. in
网址：http：//www. ipindia. nic. in

1. 保藏要求

它是强制的。

2. 保藏时间

不晚于在印度的申请日。

3. 贮存期限

没有规定。

4. 提供样品的条件

仅在印度的申请日（如果要求了优先权，指优先权日）后可以获得样品。

爱尔兰（IE)

（2011）

专利局

Government Buildings
Hebron Road
Kilkenny

电话：(353 – 56) 772 01 11
传真：(353 – 56) 772 01 00
电子邮箱：patlib@ patentsoffice. ie
网址：http：//www. patentsoffice. ie

1. 保藏要求

没有规定。

2. 保藏时间

没有规定。

3. 贮存期限

没有规定。

4. 提供样品的条件

没有规定。

以色列 （IL)

（2016）

以色列专利局

Technology Park
Building 5, Malcha
Jerusalem 9695101

通信地址：

P. O. Box 53420

Jerusalem 91533

电话：（972 – 2）565 1670

传真：（972 – 2）565 1700

电子邮箱：OritR@ Justice. gov. il

网址：http：//index. justice. gov. il/units/rashamhaptentim/pages/default. aspx

1. 保藏要求

如果发明的主题是生物材料或生产生物材料的方法，或者发明涉及生物材料的使用，并且如果该生物材料已经在保藏机构保藏，则该发明的说明书或其实施方式部分可以提及该保藏，且该提及应与下面提及的条款和条件完全一致。

为本段的目的，生物材料指的是公众不能得到的生物材料，并且对该生物材料的说明不足以使本领域技术人员实施该发明，条件是该生物材料具有独立地或在动物或植物宿主细胞中复制或转录的能力。

（*以色列专利法第 12 条（b），5727 – 1967*）

如果申请人选择根据专利法第 12 条（b）提及在保藏机构保藏的生物材料，则该引用应当按照如下要求处理：

（1）提交专利申请时，应当在发明的说明书中注明保藏机构、保藏号以及保藏日期。应当根据 WIPO 网站公布的布达佩斯条约的条款将保藏机构提供的证实接收该生物材料的证明（接收证明）附到申请中。

（2）在以前保藏的现存生物材料重新保存（根据布达佩斯条约第 4 条）的 3 个月内，视情况而定，申请或专利的拥有者应当将新保藏号通知专利局，并附上接收证明。视情况而定，该申请或专利的修改适用专利法第 22 条、第 29 条和第 65 条的规定。

（*以色列专利实施细则（办公室实务、程序规则、文件和费用）第 20 条（al），5728 – 1968*）

2. 保藏时间

没有规定。

3. 贮存期限

没有规定。

4. 提供样品的条件

没有规定。

意大利（IT）

（2014）

意大利专利商标局

19，via Molise
00187 Roma

电话：（39 – 06）47 05 5800
传真：（39 – 06）47 05 5635
电子邮箱：contactcenteruibm@ mise. gov. it

1. 保藏要求

如果发明涉及或者包括生物材料的使用，该生物材料公众不能获得，并且专利申请中对该生物材料的说明不足以使本领域专家实施该发明，则应当将该生物材料的样品提交布达佩斯条约规定的国际保藏单位保藏，以便说明书根据知识产权法典（第 131/2010 号立法机构法令修订的第 30/2005 号立法机构法令）第 51 条第 3 段能够认为是充分的。

此外，说明书必须详细说明：

——申请人所知的关于该生物材料特性的相关信息；

——保藏该生物材料培养物的授权保藏机构，以及所述保藏的保藏号和保藏日。

（第 30/2005 号立法机构法令第 162 条第 1 段）

在根据第 30/2005 号立法机构法令第 53 条第 3 段和第 4 段预期的公众可及性或对第三方的通知的情况下，要在申请日起 16 个月内或者更早提供上面详细说明的信息。

2. 保藏时间

必须在不晚于专利申请日提交保藏。

3. 贮存期限

根据布达佩斯条约，预期的最短贮存期限是保藏机构收到最近的保藏的生物材料样品提供请求后 5 年，并且在任何情况下，保藏日后 30 年（布达佩斯条约实施细则 9.1）。

4. 提供样品的条件

（ i ）可得到样品的时间

可以在以下时间得到保藏的生物材料的样品：

——从专利申请的公开日（通常是申请日后 18 个月）起直到该专利申请授权；

——或者在该专利申请被驳回或撤回的情况下从申请日起 20 年。

（第 30/2005 号立法机构法令第 162 条第 3a 段和第 3b 段）

（ⅱ）关于提供样品的限制

请求方应当向申请人或专利权人当面保证不向任何第三方提供该培养物，还要保证仅通过指定的合格专家以实验目的使用该培养物，除非申请人或专利权人明确放弃该保证。该指定的专家同样对请求方的任何滥用负责。

（第 30/2005 号立法机构法令第 162 条第 4 段)

日本（JP）

（2016）

日本特许厅

Tokkyocho
4 – 3 Kasumigaseki 3 – Chome
Chiyoda – ku
Tokyo 100 – 8915

电话：（81 – 3）35 92 13 08
传真：（81 – 3）35 81 06 59, 35 01 06 59
网址：http://www.jpo.go.jp

1. 保藏要求

如果发明涉及或使用微生物，该微生物公众不能获得，则必须将该微生物的培养物提交日本特许厅厅长指定的官方保藏机构或国际承认用于专利程序的微生物保藏布达佩斯条约（以下简称"条约"）规定的国际保藏单位保藏。国家技术和评估协会国际专利生物保藏所（IPOD，NITE）、国家技术和评估协会专利微生物保藏所（NPMD）是指定的官方保藏机构。

（专利法实施细则第 27 条之二）

2. 保藏时间

欲提交涉及或使用微生物的发明专利申请的人应当随该请求附有布达佩斯条约实施细则第 7 条中提及的条约第 2 条（ⅷ）确定的国际保藏单位出具的该微生物保藏的最新收据的副本，或者证明已经将该微生物在日本特许厅厅长或条约非缔约国指定的机构进行保藏的文件，除非该发明所属领域的技术人员可以容易地获得该微生物。条约非缔约国指定的机构视同日本特许厅厅长指定的机构，允许日本侨民在与日本相同的条件下进行关于微生物保藏的专利程序。

（专利法实施细则第 27 条之二）

3. 贮存期限

根据日本的专利惯例，对于国家保藏，保藏的微生物要保持贮存直到相关专利届满，而对于国际保藏，微生物的贮存期限至少是 30 年。

4. 提供样品的条件

（ⅰ）可得到样品的时间
从专利权登记确立的时间起可以获得保藏的微生物的样品。

但是，如果请求方是如下情况，则在所述登记的时间之前就可以获得样品：

（a）其已经收到书面警告，要求为商业使用涉及或利用所述微生物的发明支付补偿；或

（b）其已经收到特许厅的拒绝通知，在此情况下其必须回复该通知。

（专利法实施细则第 27 条之三）

（ⅱ）关于提供样品的限制

保藏的微生物的样品提供仅限于该样品用于实验或研究目的的情况。发放的样品不能转交第三方。

（专利法实施细则第 27 条之三）

约旦（JO）

（2009）

工业产权保护理事会
工业贸易部

El – Difah El Madani Street
P. O. Box 2019
11181 Amman

电话：（962 6）562 90 30
传真：（962 6）568 23 31

1. 保藏要求

专利所有人应当提交其在其他国家提交的相同专利主题的申请的完整细节，包括这些申请的结果。如果提交了涉及生物物质或微生物的申请，申请人应当提交其向专业中心提交样品的证明。

（1999 年第 32 号专利法及其修订第 8 条（2））

2. 保藏时间

没有规定。

3. 贮存期限

没有规定。

4. 提供样品的条件

没有规定。

哈萨克斯坦 （KZ）

（2016）

国家工业产权协会 （NIIP）

Kazakhstan Respublikasy，Adilet ministrligi

Sol zhagalau Orynbor 8

Kireberis 13

Astana 010000

电话：7 （7172）749580，74 91 33，74 96 60

传真：7 （7172）74 96 21

电子邮箱：kazpatent@ kazpatent. kz

网址：www. kazpatent. kz；www. adilet. gov. kz

1. 保藏要求

没有规定。

2. 保藏时间

没有规定。

3. 贮存期限

没有规定。

4. 提供样品的条件

没有规定。

吉尔吉斯斯坦（KG）

（2014）

吉尔吉斯斯坦共和国政府国家知识产权和改革局

62，Moskovskaya Street
Bishkek 720021

电话：（996 – 312）680819
传真：（996 – 312）681703
电子邮箱：info@ patent. kg；inter@ patent. kg
网址：http：//www. patent. kg

1. 保藏要求

没有规定。

2. 保藏时间

没有规定。

3. 贮存期限

没有规定。

4. 提供样品的条件

没有规定。

拉脱维亚（LV）

（2014）

拉脱维亚专利局

7（70）Citadeles iela
1010 Riga

电话：（371）709 96 22
传真：（371）709 96 50
电子邮箱：valde@ lrpv. gov. lv
网址：http：//www. lrpv. gov. lv

1. 保藏要求

如果发明涉及使用特定微生物，该微生物的获取受到限制的，则申请人必须向专利局提交有关各个微生物培养物在国际保藏单位保藏的文件。

（1995 年专利法第 7 条（8））

2. 保藏时间

应当连同申请一起向专利局提交有关各个微生物培养物保藏的文件，或者不晚于申请日起 3 个月提交。

3. 贮存期限

没有规定。

4. 提供样品的条件

没有规定。

列支敦士登 （LI)

（2005）

瑞士联邦知识产权协会

Einsteinstrasse 2
3003 Berne
Switzerland

电话：(41 – 31) 325 25 25
传真：(41 – 31) 325 25 26
电子邮箱：spedition@ ipi. ch
网址：http：//www. ipi. ch

（适用瑞士法律）

立陶宛（LT）

（2012）

立陶宛共和国国家专利局

Kalvariju str. 3
09310 Vilnius

电话：（370 – 5）278 02 50
传真：（370 – 5）275 07 23
电子邮箱：spb@ vpb. gov. lt
网址：http：//www. vpb. lt/index. php？l = EN

1. 保藏要求

说明书必须完整和清楚地公开发明，以使所属领域的技术人员能够使用该发明。发明提交的专利申请涉及生物材料或其使用，该生物材料公众不能得到，并且对该生物材料的说明不足以使本领域技术人员再现该发明的，该发明的说明书应当被认为是不充分的。如果在不晚于专利申请日将该生物材料提交保藏机构保藏并将确认该保藏的文件提交国家专利局，则这一规定不应当适用。

（立陶宛共和国专利法（1994 年，2011 年修订）第 16 条）

向国家专利局提交的专利申请应当附有该生物材料保藏的文件。该文件应当包含保藏机构和（或）收藏地的名称和地址、交存人的名称和地址、保藏材料的识别标志（标记、登记号等）、将生物材料提交保藏的日期和保藏机构授权人士的签名。

（关于专利申请提交和审查以及授予专利的规定（2011）第 XIV 段）

2. 保藏时间

保藏日期必须早于专利申请日（如果要求了优先权，指优先权日）。
（关于专利申请提交和审查以及授予专利的规定（2011）第 XIV 段）

3. 贮存期限

没有规定。

4. 提供样品的条件

没有规定。

卢森堡（LU）

（2011）

经济与外贸部知识产权局（卢森堡）

19－21，Boulevard Royal
2449 Luxembourg－Ville

通信地址：
2914 Luxembourg
电话：（352）247 841 13
传真：（352）22 26 60（Group 3）
电子邮箱：dpi@ eco. etat. lu
网址：http：//www. eco. public. lu/

1. 保藏要求

没有规定。

2. 保藏时间

没有规定。

3. 贮存期限

没有规定。

4. 提供样品的条件

没有规定。

墨西哥（MX）

（2016）

墨西哥工业产权协会

Arenal 550

Col. Pueblo Santa Maria Tepepan

C. P. 16020

Giudad de Mexico

电话：(52 - 5) 334 07 24, 334 07 00（分机：10025, 10078, 10095）

传真：(52 - 5) 555 44 31

电子邮箱：dp@ impi. gob. mx

网址：http://www. impi. gob. mx

1. 保藏要求

工业产权法及其实施细则规定了为专利授权目的的生物材料保藏的强制性要求。

工业产权法及其实施细则的法条和国家规定的保藏要求如下：

《工业产权法》：

第 47 条：专利申请应当附有：

I. 发明的说明书，其应当足够清楚和完整，以便能够被完全理解并适合作为本领域普通技术人员实现该发明的指南；如果从说明书中不能明了，其还应当提及申请人所知的该发明的最佳实施方式。

根据工业产权法实施细则的规定，在生物材料的情况下，发明的说明书本身不能充分详细说明的，申请应当包括将该材料提交协会认可的机构保藏的记录。

《工业产权法实施细则》：

第 28 条：说明书应当根据以下规则起草：

V. 根据工业产权法第 47. I 条第 2 段的规定要求将生物材料提交保藏的，应当提及已经进行了所述保藏，并应当声明保藏机构的名称和地址、保藏日期和所述机构分配的编号，以及在可能的限度就其与该发明公开相关的范围内说明保藏的材料的性质和特征。

第 34 条：应当在申请人提交相应专利申请的申请日后 6 个月内提交工业产权法第 47. I 条第 2 段提及的生物材料保藏记录，并且如果保藏记录显示保藏发生在提交该申请的日期和时间之前，所述申请人应当保留协会承认将提交该申请的日期和小时作为申请日期和时间的权利，否则，交给协会的记录上显示的日期将被视为该申请的申请日。

申请人没有在指定的时间内提交记录的，该申请将被视为放弃。

第 35 条：为了工业产权法第 47. I 条第 2 段的目的，协会应当对具备生物材料国际保藏单位资格的机构和符合国际认可的标准和规则的国家机构给予认可。

协会应当发布根据官方公报（联邦公报）中的法条认可的机构的列表。

第 37 条：为了工业产权法第 47. I 条第 2 段的目的，在以下情形应当要求生物材料保藏记录：

Ⅰ. 请求保护微生物本身；

Ⅱ. 申请中提及的生物材料公众不能获得；并且

Ⅲ. 对该生物材料的说明不足以使本领域技术人员再生产。

认可的用于专利目的的微生物保藏机构仅仅是根据布达佩斯条约设立的生物材料保藏国际机构。

2. 保藏时间

必须在专利申请日起 6 个月内提交生物材料保藏记录。在这样的情况下，如果保藏记录确定在专利申请的提交日期和时间之前进行保藏的，申请人保留协会承认将申请提交的日期和时间视为申请日期和时间的权利。

没有遵守上面提及的条件提交保藏的，工业产权法实施细则第 34 条规定协会应当将相应的保藏记录提交协会的日期视为申请日，即没有在申请日起 6 个月内提交保藏的，法律上的申请日变更为生物材料保藏记录的提交日。

类似地，工业产权法实施细则第 34 条规定申请人没有在规定的期限内提交保藏记录的，该申请将视为放弃。

工业产权法或其实施细则中没有涉及在专利有效期内保藏有效或失效的规定。对于这样的有效或失效特征，适用布达佩斯条约及其实施细则和微生物保藏指南中确定的标准。

3. 贮存期限

工业产权法或其实施细则中没有涉及保藏的"微生物"的贮存期限的规定，因为该原因，为了这一目的应当适用布达佩斯条约及其实施细则和微生物保藏指南确定的标准。

4. 提供样品的条件

为了满足提供样品、其信息和样品获取限制的要求，应当适用布达佩斯条约及其实施细则和布达佩斯条约微生物保藏指南确定的标准。

摩纳哥（MC）

（2009）

知识产权部
经济发展部

9，rue du Gabian
98000 Monaco（Principauté）

电话：（377）98 98 84 39
传真：（377）92 05 75 20
电子邮箱：mcpi@ gouv. mc
网址：http：//www. gouv. mc

1. 保藏要求

没有规定。

2. 保藏时间

没有规定。

3. 贮存期限

没有规定。

4. 提供样品的条件

没有规定。

黑山 （ME）

（2016）

知识产权局

Rimski trg br. 46
81000 Podgorica

电话：（382 – 20）234 591
传真：（382 – 20）234 592
电子邮箱：ziscg@ t – com. me
网址：www. ziscg. me

1. 保藏要求

没有规定。

2. 保藏时间

没有规定。

3. 贮存期限

没有规定。

4. 提供样品的条件

没有规定。

摩洛哥（MA）

（2011）

摩洛哥工商业产权局（OMPIC）

RS114 Km 9，5 Route de Nouasseur
Sidi Maârouf
Casablanca
Morocco

电话：（212）658 855 20，（212 22）533 51 67
传真：（2122）523 354 80
电子邮箱：adil. elmaliki@ ompic. org. ma － elmaliki@ ompic. org. ma

1. 保藏要求

没有规定。

2. 保藏时间

没有规定。

3. 贮存期限

没有规定。

4. 提供样品的条件

没有规定。

荷兰（NL)

（2014）

荷兰专利局

Prinses Beatrixlaan 2

2595 AL Den Haag

通信地址：

P. O. Box 10366

2501 HJ Den Haag

电话：（31 – 88）602 66 60

传真：（31 – 88）602 90 24

电子邮箱：octrooien@ rvo. nl

网址：http：//www. rvo. nl/octrooien

1. 保藏要求

发明涉及使用微生物的，

（1）该发明的说明书应当：

（a）包括申请人所知的关于该微生物特性的数据；

（b）提及保藏该微生物培养物的机构、编号和日期。

（2）随申请应当提交：

（a）一份声明，大意是根据专利条例第 31F 节，申请人不可撤销地准许提供其保藏的微生物培养物的样品；

（b）保藏该微生物培养物的机构出具的存单的副本；

（c）专利条例第 31D 节提及的声明的副本。

（3）应当在申请日后 1 个月的时限内提供第（1）段（b）提及的编号和第（2）段（b）提及的副本。

（1991 年修订的专利条例第 31B 节）

微生物保藏应当附有交存人的书面说明，包括：

（a）一份声明，说明关于相关微生物的培养、贮存、处理和存活能力的环境和微生物特征；

（b）对允许检验该微生物存在的方法的指引；

（c）该微生物的识别符号，以及可能的话，科学描述和建议的分类学命名。

（1991 年修订的专利条例第 31D 节）

（4）可以进行微生物培养物保藏的机构：

（a）根据布达佩斯条约第 7 条取得国际保藏单位身份的机构，或

（b）专利局指定的机构。

（1991 年修订的专利条例第 31C 节（1））

2. 保藏时间

必须在专利申请日将微生物提交保藏。

（1991 年修订的专利条例第 31B 节）

3. 贮存期限

保藏机构应当在保藏日后贮存保藏的微生物至少 30 年。

（1991 年修订的专利条例第 31C 节（c））

4. 提供样品的条件

（ⅰ）可得到样品的时间

（1）为了第 31F 节规定的提供样品的目的，从相关专利申请日直到确定对该申请不会授予专利的日期或直到在该申请基础上授予的专利失效的日期，应当可以得到保藏的微生物的培养物。

（2）因为微生物不再存活或贮存该微生物培养物的机构因为其他原因不能提供该培养物样品导致不再能够从该机构得到该培养物，且在仍然可得到该培养物时没有如第 31C 节（1）中提及的那样转移到另一机构的，如果在该机构或专利局通知交存人培养物不再可以得到的事实起 3 个月时限内提交了相关微生物的新的保藏并将相关机构出具的指明了该专利申请号或专利号的新的保藏存单副本传送专利局，该培养物仍然被认为可以得到。

（3）贮存该培养物的机构停止执行与提交其保藏的微生物培养物有关的职能或者不再遵守第 31C 节（1）中的规范的，应参照适用第（2）段，条件是第（2）段中提及的 3 个月时限应当从在第 38 节中提及的期刊中通知该事实的日期开始。

（4）第（2）段中提及的任何新的保藏应当附有交存人签署的声明，表明重新保藏的微生物培养物与原始保藏的相同。

（5）如果第（3）段中提及的事实发生，专利局应当尽快在第 38 节中提及的期刊中通知该事实。

（1991 年修订的专利条例第 31E 节）

（ⅱ）关于提供样品的限制

（1）根据王国专利法第 28A 节有权进行该节提及的关于专利申请或专利的文件检查的任何人可以请求提供根据荷兰王国专利法第 22B 节（2）保藏的该申请或专利涉及的微生物培养物的样品。

（2）应当用专利局规定的表格向专利局提出该请求。应当附有请求人书写的声明，宣称当面向专利申请人或专利权人时，宣称在确定该申请不会被授予专利那天以前，或者如果授予专利，在专利有效期内，其对于保藏的培养物或其衍生的培养物承担以下义务：

（a）不向第三方提供；

（b）仅为了测试使用，除非请求人作为由王国专利法第 34 节或第 34B 节的规定产生的许可证的所有者或根据荷兰王国专利法第 34A 节有权这样做的人使用该培养物。

（3）根据荷兰王国专利法第 22C 节的申请公开日之前，或者申请提前公开的，直到根据荷兰王国专利法第 25 节的申请公开日之前，专利申请人可以以专利局为此目的规定的表格通知专利局，在专利授权日之前或确定对该申请不会授予专利的日期之前，仅根据第（1）段向请求人指定的专家提供其保藏的微生物培养物的样品。在这种情况下，第（2）段第 2 句提及的声明应当由相关专家共同签署。

（4）以下人士可以被指定为专家：

（a）请求人通过提交请求证明专利申请人赞成其指定的任何相关自然人；

（b）专利局局长承认为专家的任何自然人。

（5）第（2）段应用的衍生的培养物指保留保藏的培养物对于实施发明必需的性质的任何培养物。第（2）段中提及的保证不构成对专利授权程序所必需的衍生培养物保藏的障碍。

（6）专利局应当向保藏机构传送该请求。同时专利局应当提及包括微生物保藏通知的专利申请是否已经提交，以及请求人是否有权获得该微生物的样品。专利局应当向专利申请人或专利权人传送该请求的副本。

（1991 年修订的专利条例第 31F 节）

尼加拉瓜（NI）

（2006）

工业产权登记局
工业总理事会
经济和发展部

Esquina Este del Hotel Intercontinental

Managua

电话：（505）267 4551
传真：（505）267 5393
电子邮箱：rpi@ mific. gob. ni
网址：www. rpi. gob. ni

1. 保藏要求

没有规定。

2. 保藏时间

没有规定。

3. 贮存期限

没有规定。

4. 提供样品的条件

没有规定。

挪威（NO）

（2016）

挪威工业产权局（NIPO）

Sandakerveien 64

0484 Oslo

通信地址：

P. O. Box 8160 Dep

0033 Oslo

电话：（47 – 22）38 73 00

传真：（47 – 22）38 73 01

电子邮箱： mail@ patentstyret. no

网址： http：//www. patentstyret. no

1. 保藏要求

如果实施发明时涉及使用生物材料，该生物材料公众不能获得，并且申请文件中对该生物材料的说明不足以使本领域技术人员基于其实施该发明，则应当在不晚于申请日将该生物材料的样品提交保藏。

（专利法第 8a 节第 1 段第 1 句）

申请应当包括该申请是否包含根据专利法第 8a 节保藏的生物材料的信息。

（专利实施细则第 2 节第 1 段第 7 句）

应当根据 1977 年 4 月 28 日布达佩斯条约提交根据专利法第 8a 节第 1 段的生物材料保藏。应当将该材料提交根据布达佩斯条约的国际保藏单位或欧洲专利局批准的机构保藏。

（专利实施细则第 12 节第 1 段）

当生物材料的样品进行了保藏，申请人应当将保藏该材料的保藏机构和该保藏机构给予的保藏材料的参考号书面通知挪威工业产权局。应当在不晚于申请日（如果要求了优先权，指优先权日）后 16 个月提供该信息。如果根据布达佩斯条约实施细则 5.1 将保藏的生物材料转移到另一国际保藏单位，申请人或专利权人应当将该机构给予保藏材料的参考号通知挪威工业产权局。

（专利实施细则第 12 节第 2 段）

挪威工业产权局可以以要求保藏机构出具的存单的副本作为根据第 2 段和第 3 段提供的信息正确性的证据。

（专利实施细则第 12 节第 4 段）

根据专利法第 22 节第 8 段仅向特别指定的专家提供生物材料样品的请求必须在不晚于根据专利法第 22 节的申请公开日向挪威工业产权局提出。

（专利实施细则第 12 节第 5 段）

2. 保藏时间

如果实施发明时涉及使用生物材料，该生物材料公众不能获得，并且申请文件中对该生物材料的说明不足以使本领域技术人员基于其实施该发明，则应当在不晚于申请日将该生物材料的样品提交保藏。

（专利法第 8a 节第 1 段第 1 句）

3. 贮存期限

此后应当一直保藏该样品，以便根据专利法有权获得该生物材料样品的人能够在挪威获得样品。

（专利法第 8a 节第 1 段第 2 句）

如果保藏的微生物培养物不再存活或者因为其他原因不能提供该培养物的样品，可以在规定的时限内和国王制定的其他条件下用相同微生物的新的培养物替换。在这种情况下，新的保藏应当视为在提交之前的保藏的日期提交的。

（专利法第 8a 节第 2 段）

应当根据布达佩斯条约进行根据专利法第 8a 节第 2 段的新的生物材料保藏。申请人或专利权人应当在将该材料提交保藏起 4 个月内或专利实施细则第 12 节第 2 段规定的时限内将新的生物材料保藏和该机构给予保藏材料的参考号通知挪威工业产权局。

（专利实施细则第 12 节第 3 段）

挪威工业产权局可以要求保藏机构出具的存单的副本作为根据专利实施细则第 12 节第 2 段和第 3 段提供的信息正确性的证据。

（专利实施细则第 12 节第 4 段）

4. 提供样品的条件

（ⅰ）可得到样品的时间

如果根据专利法第 8a 节将生物材料的样品提交保藏，当申请文件根据专利法第 22 节第 1 段、第 2 段或第 3 段可以得到时，任何人都有权获得该材料的样品。专利授权后，即便该专利被决定或取消，仍应当向任何请求材料样品的人提供样品。

（专利法第 22 节第 7 段第 1 句和第 2 句）

一件专利申请援引在先向公众公开的另一方的申请，其申请人有义务应要求向另一方提供申请文件。如果该申请涉及专利法第 8a 节中提及的微生物材料样品的保藏，另一方应当有权获得该培养物的样品。相应地，应当适用专利法第 22 节第 7 段第 3 句和第 4 句的规定。

（专利法第 56 节第 1 段）

（ⅱ）关于提供样品的限制

如果根据专利法第 8a 节将生物材料的样品提交了保藏，当申请文件根据第 1 段、第 2 段或第 3 段可以得到时，任何人都有权获得该材料的样品。专利授权后，即便该专利被决定或取消，仍应当向任何请求材料样品的人提供样品。但是，这不意味着应当向由于法律或规章无权处理该保藏材料的任何人提供样品。此外，第 1 句的规定不意味着应当向由于该材料的有害特性使其对该样品的处理必然假定包含相当大风险的任何人提供样品。

（专利法第 22 节第 7 段）

尽管有专利法第 22 节第 7 段的规定，申请人可以请求仅向特别指定的专家提供样品，直到专利被授权或最终其被决定不能授权。如果专利申请被拒绝或撤回，从专利申请日起 20 年内适用相同的规则。国王应当规定提交限制提供材料请求的时限并确定谁将被指定为专家。

（专利法第 22 节第 8 段）

提供样品的请求应当以书面形式向挪威工业产权局提出并且必须包括一份声明，大意是遵守国王制定的涉及使用样品的限制。如果仅向特别指定的专家提供样品，该声明应当改由该专家提交。

（专利法第 22 节第 9 段）

根据专利法第 22 节第 9 段提供生物材料样品的请求应当用布达佩斯条约实施细则第 11 条规定的措辞表达。

（专利实施细则第 26 节第 1 段）

如果请求涉及与尚未取得最终决定的申请关联的保藏的生物材料样品，样品请求方必须提交一份声明，当面向申请人保证，直到取得关于该申请的最终决定，或者如果专利授权，直到专利期满，除为了涉及该发明本身的实验外，不为其他目的使用该样品，以及避免向其他方提供该样品。如果请求涉及与专利关联的保藏的生物材料样品，样品请求方必须提交一份声明，当面向专利权人保证，直到专利期满，除为了涉及该发明本身的实验外，不为其他目的使用该样品，以及避免向其他方提供该样品。对于从该样品衍生并保留了该材料对于实施发明重要的特性的生物材料，应当相应地适用该段第 1 个期限和第 2 个期限。提供样品的请求应当包括一份声明，表明请求人同意这些义务。

（专利法实施细则第 26 节第 2 段）

如果仅向特定的专家提供样品，样品请求人应当指定考虑中的专家。挪威工业产权局将制定一份能够作为专家的人的名单。只有进入所述名单的人，或申请人在个案中接受的人可以作为专家。如果使用了专家，样品提供请求应当包括该专家根据专利实施细则第 26 节第 2 段的声明。

（专利实施细则第 26 节第 3 段）

如果与后来的申请有关的衍生的生物材料有必要保藏，不应当适用专利法实施细则第 26 节第 2 段和第 3 段。

（专利法实施细则第 26 节第 4 段）

当提出提供生物材料样品的请求并遵守与此相关的要求时，挪威工业产权局应当为此目的出具一份声明。挪威工业产权局应当将提供样品的请求和该声明传送给保藏该材料的保藏机构。应当同时将样品提供请求和该声明的副本传送给专利申请人或专利权人。如果挪威工业产权局没有出具这样的声明，应当将此通知样品请求方。

（专利法实施细则第 26 节第 5 段）

阿曼（OM）

（2007）

组织和商业关系理事会
知识产权部
商业和工业部

P. O. Box 550
Muscat 113

电话：（968）24 771 6241
传真：（968）24 771 7238 / 24 771 2030

1. 保藏要求

没有规定。

2. 保藏时间

没有规定。

3. 贮存期限

没有规定。

4. 提供样品的条件

没有规定。

巴拿马（PA）

（2012）

工业产权登记总理事会
商业和工业部

Edison Plaza
Ricardo J. Alfaro Avenue
P. O. Box 0815 – 01119
Zona 4 Panamá
Republic of Panama

电话：（507）560 0600 / 0700 /2351 /2353
传真：（507）560 0741
电子邮箱：dgrpi@ mici. gob. pa； digerpi@ sinfo. net

1. 保藏要求

没有规定。

2. 保藏时间

没有规定。

3. 贮存期限

没有规定。

4. 提供样品的条件

没有规定。

秘鲁 (PE)

(2016)

国家预防竞争和保护知识产权协会
工业、旅游、一体化和国际贸易磋商部

Calle dela Prosa No. 104
San Borja
Lima 41

电话：(51 - 1) 224 7800
传真：(51 - 1) 224 0348，224 0349
电子邮箱：mcastro@ indecopi. gob. pe
网址：http：//www. indecopi. gob. pe

1. 保藏要求

没有规定。

2. 保藏时间

没有规定。

3. 贮存期限

没有规定。

4. 提供样品的条件

没有规定。

菲律宾（PH）

（2013）

菲律宾知识产权局（IPOPHIL）

G/F，2/F，14/F，16/F Intellectual Property Center

#28 Upper McKinley Road

MacKinley Hill Town Center

Fort Bonifacio

Taguig City

1634 Philippines

电话：(632) 238 63 00

传真：(632) 553 94 80

电子邮箱：mail@ipophil.gov.ph

网址：http://www.ipophil.gov.ph

1. 保藏要求

如果发明涉及微生物方法或其产品并涉及使用微生物或其他生物材料，该材料公众不能获得，并且专利申请中对该材料的说明不足以使本领域技术人员实施该发明的，要求将该生物材料的培养物提交菲律宾知识产权局认可的国际保藏机构保藏。否则，不认为该公开满足了充分性要求。

认可的保藏机构的列表可以从专利局得到。

（发明实施条例和细则第408条和第409条；实质审查手册第Ⅱ章第6.2节和第6.4节）

2. 保藏时间

必须在不晚于申请日将微生物培养物提交保藏。

（发明实施条例和细则第408条（a）；实质审查手册第Ⅱ章第6.2节（a））

3. 贮存期限

保藏机构应当根据合同义务永久贮存培养物。

（发明实施条例和细则第409条（c））

4. 提供样品的条件

保藏机构必须向对公布的专利申请相关的事项有利害关系的人提供。

（发明实施条例和细则第409条（c））

波兰（PL）

（2014）

波兰共和国专利局

Al. Niepodległości 188/192

00 – 950 Warsaw

通信地址：

P. O. Box 203

00 – 950 Warsaw

电话：（48 – 22）579 01 45，579 01 27

传真：（48 – 22）579 03 63

电子邮箱：jwaz@ uprp. pl

网址：http：//www. uprp. pl

1. 保藏要求

专利局指定以下 3 个组织执行国家保藏单位的职能：IAFB 工业微生物保藏单位（农业和食品工业协会）、波兰微生物保藏单位（免疫和实验疗法协会）和国家公共健康协会。

在所述协会保藏微生物的要求与布达佩斯条约一致。

2. 保藏时间

根据现行惯例，最晚必须在专利申请日提交保藏。

3. 贮存期限

根据现行惯例，贮藏期限是专利有效期之外再加 3 年。

4. 提供样品的条件

根据现行惯例，保藏的微生物材料依请求向专利局提供；在其他请求方声明仅为实验目的使用该样品且不向任何第三方提供该样品的情况下，可向其提供样品。

葡萄牙 (PT)

(2016)

葡萄牙工业产权协会

Campo das Cebolas
1149 – 035 Lisbon

电话：(351 – 21) 881 81 00
传真：(351 – 21) 886 98 59
电子邮箱：servico. publico@ inpi. pt
网址：http：//www. inpi. pt

1. 保藏要求

如果专利申请涉及使用生物材料，对该生物材料的说明不足以使本领域技术人员实施该发明，并且该生物材料公众不能获得，则应当通过将该材料提交认可的保藏机构保藏来完成该申请。

必须随着专利申请向葡萄牙工业产权协会提交正确鉴定该生物材料所需的所有可得到的特征，包括保藏机构的名称和地址，以及保藏日期和编号。

(工业产权法典，3 月 5 日第 36/2003 号法令，第 63 条 (1) (a)、第 63 条 (1) (b) 和第 63 条 (1) (c))

2. 保藏时间

必须在不晚于在葡萄牙的专利申请日将生物材料提交保藏。

(工业产权法典第 63 条 (1) (a))

3. 贮存期限

与布达佩斯条约一致。

(1977 年 4 月 28 日布达佩斯条约第 9 条)

4. 提供样品的条件

应当通过供给样品提供保藏的生物材料：

(a) 直到专利申请首次公布，仅向根据国家专利法被授权的人提供；

(b) 专利申请首次公布和专利授权之间，向任何请求人提供，或者应申请人的要求仅向独立专家提供；

(c) 专利授权后，即便专利撤回或取消，向任何请求人提供。

只有当请求人保证在专利有效期内遵守如下事项时才供给样品：

（a）不向第三方提供该样品或其衍生的任何材料；并且

（b）除实验目的外不使用该样品或其衍生的任何材料，除非申请人或专利权人明确放弃该承诺。

根据申请人的请求，申请被拒绝或撤回的，保藏的材料仅向独立的专家提供，时间是从专利申请日起 20 年。在这种情况下，应当适用第 3 段。

（工业产权法典第 63 条（2）、第 63 条（3）和第 63 条（4））

卡塔尔（QA）

（2016）

卡塔尔知识产权局
经济与商业部

Lussail City
P. O. Box 1968
Doha
Qatar

电话：（974）4012 2796
传真：（974）4429 4338
电子邮箱：aalsada@ mel. gov. qa；kjalhitmi@ mec. gov. qa

1. 保藏要求

没有规定。

2. 保藏时间

没有规定。

3. 贮存期限

没有规定。

4. 提供样品的条件

没有规定。

韩国（KR）

（2017）

韩国知识产权局（KIPO）

Government Complex – Daejeon

189 Cheongsa – ro，Seo – gu

Daejeon 35208

电话：（82 –42）481 52 54

传真：（82 –42）481 85 78

电子邮箱：kipoicd@ kipo. go. kr

网址：http：//www. kipo. go. kr

1. 保藏要求

如果发明涉及或使用微生物，本领域技术人员不能容易地获得该微生物，则专利申请人必须将该微生物的培养物提交韩国知识产权局局长指定的保藏机构或根据布达佩斯条约取得国际保藏单位资格的保藏机构，并且附有证明该微生物已经在认可用于专利申请的保藏机构保藏的文件。

此外，专利申请人应当在专利法第42条（2）规定的说明书中声明保藏日和保藏机构出具的保藏号。

（专利法实施法令第2条、第3条）

2. 保藏时间

必须在不晚于专利申请日将微生物提交保藏。

（专利法实施法令第2条、第3条）

3. 贮存期限

保藏机构应当从保藏日起贮存保藏的微生物至少30年，并且在最近的关于提供保藏的微生物样品的请求提出后至少5年。

（关于保藏机构指定的官方KIPO通知）

4. 提供样品的条件

（ⅰ）可得到样品的时间

从专利申请公布日或有关专利权的登记日起任何请求方都可以得到保藏的微生物的样品。

但是，如果请求方准备了专利法第63条（1）指定的书面意见，将可以在所述公布日或登记日前得到该样品。

（ⅱ）关于提供样品的限制

仅在样品用于实验和研究目的的情况下可以得到微生物样品。请求方不应当允许任何第三方使用该保藏的微生物。

（专利法实施法令第4条）

摩尔多瓦（MD）

（2014）

国家知识产权局（AGEPI）

24/1 Andrei Doga Str.
2024 Chisinau

电话：（373 22）400 583，（373 22）400 607/ 400 608，（373 22）400 633（热线）
传真：（373 22）440 094，（373 22）440 119
电子邮箱：office@ agepi. gov. md
网址：http：//www. agepi. gov. md

1. 保藏要求

（1）专利申请应当足够清楚和完整地公开发明，以使本领域技术人员能够实现该发明。

（2）发明涉及生物可再生材料，该材料公众不能获得的，只有申请人通过文件证明在专利申请日或承认的优先权日前该生物材料已经提交国际保藏单位或政府指定的保藏机构保藏，才满足第（1）段提及的条件。

（2008 年 3 月 7 日第 50 – XVI 号发明保护法（以下简称"法"）第 36 条）

如果发明涉及可再生的生物材料，该生物材料公众不能获得，并且专利申请中对该生物材料的说明不足以使本领域技术人员实施该发明，则专利申请应当包括一份证据，证明该生物材料保藏在其实施细则由 2004 年 1 月 26 日第 56 号政府决定（2004 年摩尔多瓦共和国第 22 ~ 25 官方公报，第 184 条）批准的国家非病原微生物保藏单位或具有国际保藏单位资格的保藏机构。

（2009 年 9 月 1 日第 528 号摩尔多瓦共和国政府决定核准的专利申请提交和审查以及专利授权程序实施细则（以下简称"实施细则"）第 49 条）

证明可再生的生物材料在政府指定的国家保藏机构或国际保藏单位保藏的文件应当包括：

a）保藏该微生物的官方指定的国家或国际保藏单位的名称和地址；

b）该微生物在官方指定的国家或国际保藏单位保藏的日期（年月日）；

c）该微生物的命名；

d）该生物材料的保藏号；

e）保藏的微生物的生物化学、形态学和分类学特征。

（实施细则第 156 条）

生物材料由申请人之外的人保藏的，专利申请应当附有一份文件，证明后者授权申请人在该申请中提及保藏的生物材料并且同意向公众提供保藏的材料。

（实施细则第 157 条）

2. 保藏时间

发明涉及生物可再生材料，该材料公众不能获得的，只有申请人通过文件证明在专利申请日或承认的优先权日前该生物材料已经提交国际保藏单位或政府指定的保藏机构保藏，才满足第（1）段提及的条件。

（法第 36 条（2））

3. 贮存期限

国家立法中没有规定。适用布达佩斯条约实施细则第 9.1 条的规定。

4. 提供样品的条件

应当通过提供生物材料的样品实现提供保藏的生物材料：

1）专利申请公布前：

a）如果该样品对专利程序是必要的或者该专利申请在 AGEPI 之前处于诉讼中，应 AGEPI 的要求提供；

b）应申请人的要求向其提供；

c）向申请人授权的任何组织或自然人或法人提供；

d）向任何根据法第 96 条第（2）段有文件检查权的人提供；

2）在申请公布和专利授权之间向任何请求人提供，或者应申请人的请求仅向独立专家提供；

3）专利授权后，即便在其撤回或取消的情况下，向任何请求人提供。

（实施细则第 50 条）

只有请求人保证贯穿专利申请或有效的专利存在的始终遵守以下承诺，才能获得该样品：

a）不向任何第三方提供该样品或其衍生的任何生物材料；

b）仅为实验目的使用该样品或其衍生的任何生物材料，除非申请人或专利权人明确放弃这一承诺。

（实施细则第 51 条）

专利申请被拒绝或撤回的，根据请求，限定为从专利申请日起 20 年内向独立专家提供保藏的生物材料。在这样的情况下，应当适用当前实施细则第 51 条的规定。

（实施细则第 52 条）

应当仅在专利申请公布的技术准备完成之前提交当前实施细则第 50 条第 1）段 b）和第 52 条中提及的申请人的请求。

（实施细则第 53 条）

如果不再能从认可的保藏机构获得保藏的生物材料，根据 1993 年 12 与 30 日第 229 号摩尔多瓦共和国总统令遵守的布达佩斯条约第 4 条的要求，有必要提交该材料的新保藏。应当在新保藏日起 4 个月内将证实生物材料新保藏的文件送达 AGEPI。任何新的保藏应当附有交存人签署的声明，保证新保藏的生物材料与最初保藏的生物材料相同。

（实施细则第 54 条）

罗马尼亚（RO）

（2016）

国家发明和商标局

5，Ion Ghica Str.

30044 Bucharest 3

电话：（40 – 21）306 08 00，306 08 01，306 08 29

传真：（40 – 21）312 38 19

电子邮箱：office@ osim. ro

网址：http：//www. osim. ro

1. 保藏要求

（1）发明涉及生物材料或生物材料的使用，该生物材料公众不能获得，并且专利申请中对该生物材料的说明不足以使本领域技术人员实施该发明的，根据专利法第 18 条第（1）段❶的规定，只有满足下列条件该发明才被视为公开：

（a）在申请日或认可的优先权日之前生物材料的样品提交国际保藏单位保藏；

（b）提交的专利申请包含申请人所知的关于该生物材料特征的信息；

（c）该专利申请包含对国际保藏单位和保藏的生物材料的保藏号的指示。

（2）生物材料由申请人以外的其他人提交保藏的，应当根据专利法第 74 条在专利申请中提及交存人的名称和地址，并且向 OSIM（国家发明和商标局）提交一份文件，证明交存人授权申请人在该专利申请中提及该保藏的生物材料，以及毫无保留和不可撤销地批准向公众提供保藏的材料。

（3）应当按照如下情况传达第（1）段（c）和第（2）段提及的指示：

（a）在申请日（如果要求了优先权，指优先权日）起 16 个月内传达该指示，如果在以公布专利申请为目的的技术程序结束之前传达了该信息，则认为遵守了该时限；

（b）按照专利法第 23 条第（3）段❷，直到该专利申请公布请求的提交日传达该指示。

（4）传达这些指示后，根据专利法第 74 条，应当认为申请人同意毫无保留和不可撤销地向公众提交该保藏的生物材料。

（2014 年修改和重新公布的专利法 64/1991 第 17 条第（2）段；经批准专利法 64/1991 实施细则的第 547/2008 号政府决定批准的专利法 64/1991 实施细则第 73 条）

---

❶ 引文提及的专利法实施细则的当前文本尚未更新，随着专利法的最新修改，根据专利法的当前版本，引用第 18 条第（1）段应当替换为第 17 条第（1）段。

❷ 引文提及的专利法实施细则的当前文本尚未更新，随着专利法的最新修改，根据专利法的当前版本，引用第 23 条第（3）段应当替换为第 22 条第（3）段。

2. 保藏时间

应当在申请日或认可的优先权日之前提交国际保藏单位保藏。

（经批准专利法 64/1991 实施细则的第 547/2008 号政府决定批准的专利法 64/1991 实施细则第 73 条）

3. 贮存期限

没有规定。

4. 提供样品的条件

（ⅰ）生物材料保藏物的获取

（1）根据专利法第 73 条，从专利申请公布日起，基于任何人的请求提供保藏的生物材料；根据专利法第 75 条的规定通过向利害关系人递送保藏的生物材料样品来获取。

（2）只有当利害关系人向申请人或专利权人承诺，在该专利申请视情况被驳回、撤回或视为撤回的日期之前，不向第三方提供该生物材料或衍生的生物材料并且仅为实验目的使用该生物材料，除非申请人或专利权人明确放弃这种承诺，才应当进行第（1）段提及的递送保藏的生物材料样品。

（3）当利害关系人因为强制许可产生的开发而使用该材料时，不适用仅为实验目的使用该生物材料的承诺。

（4）第（3）段中提及的"强制许可"包括为了公共利益使用专利发明的依职权许可和其他权利。

（5）第（2）段意义中的"衍生的生物材料"指的是具有保藏材料实施发明所必需的特征的任何材料。

（6）第（1）段中规定的请求应当向 OSIM 提出，并附有支付官方文件证明费用的证据，证明已经向 OSIM 提交了提及生物材料保藏的专利申请，以及该利害关系人或其指定的专家按照专利法第 75 条有权获得该样品。

（7）即使在该专利授权后，仍可以向 OSIM 提出第（1）段规定的请求。

（8）OSIM 应当向国际保藏单位以及申请人或专利权人传送第（1）段提及的请求的副本，并附有第（6）段提及的证明。

（经批准专利法 64/1991 实施细则的第 547/2008 号政府决定批准的专利法 64/1991 实施细则第 74 条）

（ⅱ）专家的指定

（1）申请人可以向 OSIM 传达，直到专利申请公布的技术准备结束前：

（a）直到按照专利法第 23 条第（4）段❶的专利授权决定公布前；或适当地，

（b）专利申请日起 20 年期间内，如果该专利申请被驳回、撤回或视为撤回，仅允许通过向利害关系人指定的专家递送生物材料的样品许可专利法第 74 条规定的使用权。

---

❶ 引文提及的专利法实施细则的当前文本尚未更新，随着专利法的最新修改，根据专利法的当前版本，引用第 23 条第（4）段应当由第 22 条第（4）段替代。

（2）指定的专家可以是：

（a）任何自然人，条件是根据第（1）段的利害关系人在递送样品请求的提交日证明专家的指定取得了申请人的同意。

（b）OSIM 认可作为专家的任何自然人。

（3）第（2）段提及的指定附有专家提供的声明，借此声明假定按照专利法第 74 条对申请人的承诺，以及直到专利届满日或直到第（1）段（b）中规定的日期，该专利申请可能被驳回、撤回或视为撤回，利害关系人被视为第三方。

（经批准专利法 64/1991 实施细则的第 547/2008 号政府决定批准的专利法 64/1991 实施细则第 75 条）

除了上面提供的规定，在你的文字指出的条目下，重新公布的专利法 64/1991 实施细则的当前版本还包括下列规定：

生物材料的新保藏

（1）如果根据专利法第 73 条第（1）段保藏的生物材料不再能从国际保藏单位获得，如果下列条件全部满足，其可获得性不应当被视为中断：

（a）按照布达佩斯条约建立新的保藏；

（b）在新的保藏提交之日起 4 个月内向 OSIM 发送国际保藏单位签发该文件的副本，确认收到新的保藏，并且在其中提及了该申请号或专利号。

（经批准专利法 64/1991 实施细则的第 547/2008 号政府决定批准的专利法 64/1991 实施细则第 76 条）

涉及微生物的发明的说明书

（1）如果发明的主题涉及新的微生物菌株，除了该微生物的形态学和生物化学特性外，该发明的说明书应当在该发明的实施方案中包括至少一种获取所述微生物的方法；在说明书中还应当指出该微生物的分类单元集成、保藏号以及在保藏该微生物的国际保藏单位保藏该微生物的日期。

（2）如果发明的主题涉及包含微生物的产品或通过涉及微生物的方法获得的产品，或者涉及包含微生物的方法，该发明的说明书应当在实施方案中包括分类单元集成、该微生物的形态学和生物化学特性、该微生物的名称、保藏号、在国际保藏单位保藏该微生物的日期以及保藏所使用微生物的国际保藏单位的名称。

（经批准专利法 64/1991 实施细则的第 547/2008 号政府决定批准的专利法 64/1991 实施细则第 78 条）

俄罗斯（RU）

（2015）

联邦知识产权局（Rospatent）

30 – 1，Berezhkovskaya nab.
125993 Moscow

电话：(74 – 95) 531 63 64
传真：(74 – 95) 243 33 37
电子邮箱：rospatent@ rupto. ru；fips@ rupto. ru
网址：http：//www. rupto. ru；http：//www1. fips. ru

1. 保藏要求

对涉及微生物菌株、植物或动物细胞系或者菌株聚生体的发明，应当提交菌株、细胞系和聚生体的生产方法的说明。如果所述说明不足以实现发明，应当提交菌株、细胞系、该聚生体的菌株聚生体的保藏信息（保藏机构的官方名称或缩写、其通信地址、所述机构对保藏对象给予的保藏号）。

（联邦知识产权、专利和商标局关于履行发明申请提交到发明专利授权的国家组织以及俄罗斯联邦发明专利的注册、审查和授权中的职能的行政法规（以下简称"行政法规"）第 10.7.4.5（3）段）。

如果涉及微生物菌株、植物或动物细胞系或者未知微生物菌株或细胞系使用方法的发明申请有保藏机构实施保藏的指示，应当随所述申请公开保藏相关的文件。

（行政法规第 10.3（3）段）。

表示微生物菌株的权利要求应当包括该菌株的拉丁文种属名、用途。

在表示植物或动物细胞系的权利要求中，应当包括它们的名称和用途。

如果将菌株或植物系提交了保藏，应当提交保藏机构的官方名称或缩写以及所属机构给予保藏对象的保藏号。

在菌株或植物系没有提交保藏的情况下，权利要求应当包括现行法规第 10.8.1.4 段第（1）小段的要求。

（行政法规第 10.8.4 段）。

2. 保藏时间

菌株、细胞系、聚生体或聚生体的菌株的保藏日应当不晚于申请日（如果要求了优先权，指优先权日）。

（行政法规第 10.7.4.5（3）段）。

3. 贮存期限

对于提交布达佩斯条约下的国际保藏机构保藏的，适用布达佩斯条约实施细则第 9 条的规定。

4. 提供样品的条件

（ⅰ）可得到样品的时间

根据现行惯例，在布达佩斯条约实施细则第 11 条规定的条件下保藏的微生物的样品从申请公布日起可以得到。

（ⅱ）关于提供样品的限制

涉及提供样品的条件的规定尚在准备中。

塞尔维亚（RS)

（2016）

知识产权局

Zmaj Jovina 21
11000 Belgrade

电话：(381 – 11) 20 25 800
传真：(381 – 11) 311 23 77
电子邮箱：zis@ zis. gov. rs
网址：http：//www. zis. gov. rs

1. 保藏要求

如果微生物是微生物发明的主题，该微生物公众不能获得，并且专利申请中对该微生物的说明不足以使本领域技术人员不用额外努力就实现该发明，则只有满足了下列条件，才认为是按照发明、技术进步和差异性符号保护法第 78 条（2）足够清楚和完整地说明了该发明：

——最迟在专利申请日已经将该微生物的样品提交根据专利授权程序规则第 24 条认可的保藏机构保藏；

——该专利申请包括申请人所知的关于该微生物的全部数据；

——该专利申请包括该保藏机构的名称和地址，以及保藏的官方编号和日期。

（专利授权程序规则第 21 条（1））

2. 保藏时间

必须在不晚于专利申请日将该微生物提交保藏。

（专利授权程序规则第 21 条（1）（ⅰ））

3. 贮存期限

没有规定。

4. 提供样品的条件

（ⅰ）可得到样品的时间
从专利申请公布日起任何人可以得到保藏的微生物的样品。
（专利授权程序规则第 22 条（1））
（ⅱ）关于提供样品的限制
从专利申请公布日起，应请求可以向任何人提供保藏的生物材料的样品。该微生物根据请求的可得性依赖于以下条件：

（a）必须以专利局规定的表格一式两份向专利局提出请求；

（b）专利局在请求表中确认该专利申请已经提交，请求表中请求方声明了微生物保藏的存在以及其享有请求得到微生物样品的权利；

（c）请求方有义务不向第三人提供请求的微生物样品，直到涉及该专利申请的审查程序结束；

（d）请求方向专利申请人保证仅为实验或研究目的使用请求的保藏微生物样品，直到授予专利的决定公布。

如果请求方基于强制许可或依职权许可使用提供的保藏微生物样品，不适用根据上面第（d）点的义务。

（专利授权程序规则第 22 条（2）和第 22 条（3））

新加坡（SG)

（2016）

新加坡知识产权局

IP 101

51 Bras Basah Road，#01 – 01

Manulife Center

Singapore 189554

电话：(65) 63 39 86 16

传真：(65) 63 39 02 52

电子邮箱：ipos_enquiry@ ipos. gov. sg

网址：http：// www. ipos. gov. sg

1. 保藏要求

如果发明的实施需要使用微生物，该微生物公众在专利申请日不能获得，并且对该微生物的说明不足使本领域技术人员实施该发明，则应当将该微生物提交保藏。申请人应当按以下时间在该申请的说明书中提供国际保藏单位的名称、保藏培养物的日期和保藏登录号：

（a）自下列日期起 16 个月内：

（i）声明的优先权日；或

（ii）没有声明的优先权日的，指申请日；

（b）应申请人提出的请求，登记员在为了专利条例第 27 条（1）的目的规定的期间结束之前公布该申请的，在请求日之前；或

（c）根据专利条例第 108 条（4），登记员向申请人发送通知，告知他收到任何人根据该条（1）对文件的信息和检查请求的，在他向申请人发送收到请求的通知后 1 个月结束前；

以上述日期中最早的为准。

（1995 年专利条例附件 4 第 1 段）

2. 保藏时间

必须在不晚于专利申请日提交保藏。

（1995 年专利条例附件 4 第 1 段（2）（a）（i））

3. 贮存期限

没有规定。

4. 提供样品的条件

（ⅰ）可得到样品的时间

相关专利申请公布前，适用专利条例第 108 条（4）并且根据专利条例第 108 条（1）提出了请求的人可以依请求得到，一经公布，任何人都可以得到保藏微生物的培养物。

（1995 年专利条例附件 4 第 2 段（1））

（ⅱ）提供样品的限制

授权提供样品的请求应当包括由该请求涉及的人所作出的对申请人或专利权人利益的保证：

（a）不向任何其他人提供该培养物或其衍生的任何培养物；以及

（b）除了涉及该发明主题的实验目的外不使用该培养物或其衍生的任何培养物。

直到该专利申请被撤回、视为撤回、视为放弃、拒绝或视为拒绝（包括根据专利条例第 100 条或者第 108 条（1）或第 108 条（4）允许的任何其他时期，但是不包括在申请根据那些条款中任一条恢复的情况下恢复前的时期），这两条保证应当有效。

专利授权的，在专利有效期内和专利条例第 36 条（3）提及的 6 个月期限内，上面第（a）小段的保证也应当有效。

在该专利授权的通知在官方公报（专利）上的公布日后，上面第（b）小段规定的保证不应当有效。

应当用专利表格 49 提出提供样品的请求。

（1995 年专利条例附件 4 第 2 段（1）和第 2 段（3））

在根据专利条例第 27 条的专利申请公布的准备完成前，申请人可以将其仅向专家提供该微生物样品的意图用专利表格 50 通知登记员。如果这样，登记员将随申请公布为此目的的通知，样品请求人必须指定专家，该专家必须提供根据上面第（a）小段和第（b）小段的保证。在这些情况下，应当用专利表格 51 提出提供样品的请求。登记员应当指定期限，在此期限内专利申请人可以反对向指定的特定专家提供微生物样品。

在国际申请的情况下，申请人关于仅向专家提供样品的通知应当在国际公布的技术准备完成之前根据《专利合作条约实施细则》13 之二.3 向国际局书面提出。

（1995 年专利条例附件 4 第 3 段（1）、第 3 段（3）、第 3 段（4）和第 3 段（5））

斯洛伐克（SK）

（2016）

斯洛伐克共和国工业产权局

Švermova 43

P. O. Box 7

974 04 Banská Bystrica 4

电话：（421 - 48）484 300 131

传真：（421 - 48）413 25 63

电子邮箱： podatelna@ indprop. gov. sk

网址： www. indprop. gov. sk ；www. upv. sk

1. 保藏要求

如果发明的主题是生物材料或其利用，该生物材料公众不能获得，并且在申请中对该生物材料的说明不足以使本领域技术人员实施该发明，则需要将该生物材料的样品提交认可的保藏机构保藏。

（关于专利、补充保护证书和一些法律（专利法）的修改的第 435/2001 号法案第 38 条（1））

提交的申请必须包括申请人所知的关于保藏的微生物材料特性的信息，并且必须声明认可的保藏机构的名称和所在地，以及保藏样品的登录号。

（专利法第 38 条（1）（b）和第 38 条（1）（c））

在怀疑依据专利法第 38 条（1）公众对该生物材料的可及性或说明充分性的情况下，除非另外证明，应当视为没有满足可及性条件或充分说明条件。根据遵循的惯例，申请人必须根据工业产权局的通知提交该微生物材料保藏存单的副本。

（专利法第 38 条（6））

2. 保藏时间

必须在不晚于专利申请日将该生物材料提交认可的保藏机构保藏。

（专利法第 38 条（1）（a））

3. 贮存期限

没有规定。

4. 提供样品的条件

（ⅰ）可得到样品的时间

从专利申请公布日直到授予专利，应当通过应请求提供样品使保藏的生物材料可以得到。

（专利法第 38 条（2））

授予专利后不论其取消或失效，应当通过应请求提供样品使保藏的生物材料可以得到。

（专利法第 38 条（3））

（ⅱ）提供样品的限制

只有请求人或独立专家在专利期内约束自己实现以下承诺，才能提供保藏的样品：

（a）他不应当向第三方提供样品或其衍生的材料；

（b）他应当仅为实验目的应用样品或其衍生的材料，除非申请人或专利权人明确放弃他的这一承诺。

（专利法第 38 条（4））

对于申请被拒绝或关于该申请的诉讼暂停的情况，根据其在专利申请公布前向工业产权局提出的请求，申请人可以有权限制仅在申请日起 20 年的时限内向独立专家提供保藏的生物材料。

（专利法第 38 条（2）和第 38 条（5））

斯洛文尼亚（SI）

（2009）

斯洛文尼亚知识产权局

Kotnikova 6
1000 Ljubljana

通信地址：

P. O. Box 206
1002 Ljubljana
电话：（386 – 1）620 31 00
传真：（386 – 1）620 31 11
电子邮箱：sipo@ uil – sipo. si
网址：http：// www. uil – sipo. si

1. 保藏要求

如果发明涉及生物材料，该生物材料公众不能获得，并且对该生物材料的说明不足以使本领域技术人员实施该发明，则应当通过该生物材料在根据布达佩斯条约的国际保藏单位保藏的证书补充该发明的说明书。

（2006 年最后修改的 2001 年工业产权法第 87 条（3））

专利申请必须包括申请人所知的关于生物材料的全部信息，并且应当声明该国际保藏单位的名称和地址、该机构给予该保藏的登录号和保藏日期。

（2001 年关于专利申请内容和分案程序的实施细则第 10 条（b）、第 10 条（c））

2. 保藏时间

必须在不晚于专利申请日将生物材料的样品提交保藏。

（2001 年关于专利申请内容和分案程序的实施细则第 10 条（a））

3. 贮存期限

没有专门规定。但是，因关于专利申请内容和分案程序的实施细则第 12 条和工业产权法第 112 条（1）（b）而产生的情形，保藏期不应在专利期之前届满。

4. 提供样品的条件

（ⅰ）可得到样品的时间

从专利申请公布日起，应请求可以向满足处理生物材料条件的任何人提供保藏的生物材料样品。

（关于专利申请内容和分案程序的实施细则第 11 条（1））

（ⅱ）关于提供样品的限制

根据下列条件任何人都可以得到生物材料：

（a）向知识产权局一式两份提交请求；

（b）知识产权局在请求上证实提及该生物材料保藏的专利申请已经公布，以及请求方有权请求获得该材料的样品；

（c）请求人已经当面向专利权人保证不向任何第三方提供其请求的保藏生物材料样品，以及在专利期满前仅为实验目的使用该样品。

知识产权局将该请求的一份副本以及证实提及该生物材料保藏的专利申请公布和请求方有权获得该生物材料样品的证明传送给国际保藏单位和专利权人。

（关于专利申请内容和分案程序的实施细则第 11 条（2）、（3））

南非（ZA）

（2014）

公司和工业产权委员会（南非）

77 Meintjies Street
Block F
Sunnyside
Pretoria 0002

通信地址：

Private Bag X400
Pretoria 0001
电话：（27 – 12）394 50 01，394 50 72，394 50 84
传真：（27 – 12）394 60 84
电子邮箱：ezdravkova@ cipc. co. za
网址：http：//www. cipc. co. za

1. 保藏要求

如果伴随专利申请的完整说明书请求微生物方法或其产品作为发明，该发明的实施需要使用微生物，该微生物公众在专利申请日不能得到并且不能基于说明书中的文字记载制造或获得，则必须将该微生物的培养物提交取得了根据布达佩斯条约的国际保藏单位身份的保藏机构保藏。

完整的说明书必须声明保藏该培养物的国际保藏单位的名称、该国际保藏单位给予该保藏的保藏日期和登录号。可以在该专利申请公布或开放给公众查阅的日期（以先到的为准）前的任何时间将这一信息添加到专利说明书中。

提交的完整说明书必须提供申请人所知的关于该微生物特性的相关信息。

（1978 年第 57 号专利法第 32 条（6）；1997 年修改的 1978 年专利实施细则第 28A 条（1）和第 28A 条（2））

2. 保藏时间

必须在不晚于专利申请日将微生物的培养物提交保藏。

（专利实施细则第 28A 条（1）（a））

3. 贮存期限

没有规定。

4. 提供样品的条件

（ⅰ）可得到样品的时间
专利说明书中关于该微生物的信息的交流被认为构成了申请人对如下事项无保留且不

可撤回的承诺：从该专利申请公布或开放给公众查阅的日期（以先到的为准）起，公众可以获得保藏的培养物。

（专利实施细则第 28A 条（3））

（ii）关于提供样品的限制

从该专利申请公布或开放给公众查阅的日期起，保藏的培养物样品向任何请求方提供，前提是该请求方向保藏该培养物的国际保藏单位提出了有效的请求。

如果保藏的培养物样品的提供请求以专利表格 P23 提出，登记员在其上证实提及该培养物保藏的专利或专利申请已经公布或已经开放给公众查阅并且该请求方有权获得该保藏的培养物样品，则该请求是有效的。

除非登记员已经收到以专利表格 P24 请求证明的申请，否则他不作出该证明。该申请必须包括请求方当面向专利权人保证不向任何第三方提供该保藏的培养物或其衍生的任何培养物，直到该专利根据专利法第 46 条由于期满、撤销、自愿放弃或失效且不能恢复而不再有效。

当面向专利权人的保证，不妨碍请求方将以遵守专利法第 32 节（6）为目的必需的衍生的培养物或该培养物自身提交国际保藏单位保藏。

衍生的培养物被认为是显示该保藏的培养物对实施提及该保藏的培养物的完整说明书描述的发明必要的那些特性的任何微生物培养物。

（专利实施细则第 28A 条（4）、第 28A 条（5）、第 28A 条（6）、第 28A 条（7）和第 28A 条（8））

西班牙（ES）

（2012）

西班牙专利商标局

Paseo dela Castellana，75
28071 Madrid

电话：（34 – 91）902 157 530
传真：（34 – 91）349 55 97
电子邮箱：información@ oepm. es
网址：http：//www. oepm. es

1. 保藏要求

如果发明涉及生物材料或其应用，该生物材料公众不能获得，并且在专利申请中对该生物材料的说明不足以使本领域技术人员实施该发明，则只有满足以下要求，该发明才能被认为按照西班牙专利法第 25 条（1）的规定公开了：

（a）在不晚于申请日将该生物材料的样品提交认可的保藏机构保藏。在任何情况下，全部具有符合 1977 年 4 月 28 日布达佩斯条约第 7 条资格的国际保藏单位将被认可。

（西班牙专利法第 25 条（2）（a））

2. 保藏时间

必须在不晚于专利申请日提交保藏。

（西班牙专利法第 25 条（2）（a））

3. 贮存期限

没有规定。

4. 提供样品的条件

（ⅰ）可得到样品的时间

（1）根据西班牙专利法第 25 条保藏的生物材料：

a. 在该申请首次公布前，仅向具有第 44 条项下文件查阅权的人提供；

b. 在专利申请公布日和授权日之间，应请求向任何人提供，或者如果申请人希望，仅向他指定的专家提供样品。

c. 申请授权后，应请求向任何人提供，即便该专利届满或被拒绝。

（2）只有请求人保证在专利申请有效期内遵守下列事项，才提供所述使用权：

a. 不向任何第三方提供该生物材料或其衍生的任何生物材料；

b. 并且仅为实验目的使用该材料，除非该专利的申请人或专利权人明确放弃该承诺。

（3）在该专利申请撤回或被拒绝的情况下，应申请人的请求，在 20 年内该可得性应当被限制于独立专家。

（西班牙专利法第 45 条）

瑞典（SE）

（2005）

瑞典专利局

Valhallavägen 136
Stockholm

通信地址：

P. O. Box 5055
102 42 Stockholm
电话：(46－8) 782 25 00
传真：(46－8) 666 02 86
电子邮箱：prv@ prv. se
网址：http：//www. prv. se

1. 保藏要求

如果发明涉及生物材料或其用途，该生物材料既不常用，在申请中对其的说明也不足以使本领域技术人员使用该文件的教导运用该发明，则应当最迟在申请日将该生物材料提交保藏。此后该生物材料应当可以连续不断地在保藏机构得到，以使根据法律有权获得该材料样品的人能够在瑞典取得他们的样品。政府规定应当向何处提交保藏。如果保藏的生物材料不再存活，或者如果因为任何其他原因不再提供该材料的样品，可以在政府规定的时间内以政府规定的方式用相同生物材料的重新保藏替换。一旦这样做了，该重新保藏被认为是在提交以前的保藏之时提交的。（法（2004：159））

（专利法第 8 条（a））

2. 保藏时间

最迟应当在申请日将生物材料提交保藏。

（专利法第 8 条（a））

在根据 1977 年 4 月 28 日在布达佩斯作出决定的关于国际承认与专利案件相关的微生物保藏的协议（布达佩斯条约）的国际保藏单位进行专利法第 8a 条第 1 段提及的保藏。

根据布达佩斯条约进行保藏。

专利局制定根据布达佩斯条约的国际保藏单位列表。

（专利法令第 17 条（a））

3. 贮存期限

根据布达佩斯条约进行保藏。

（专利法令第 17 条（a））

如果生物材料已经根据专利法令第 8 条提交了保藏，一旦该案件根据第 1 段、第 2 段或第 3 段公开，每个人都有权获得该材料的样品，本段和后面段落说明了限制。不管该专利被终止或宣告无效都是这样的。不应向根据专利法或其他章程不应拥有该保藏材料的人提供样品。也不允许向由于该材料的有害特性被认为拥有该样品有明显风险的人提供样品。

如果申请人许可，可以只向本领域的专家提供保藏的样品，直到专利被函告/授权，或者专利申请经审查不被授予专利。如果专利申请被驳回或撤回，从申请日起 20 年内同样适用此规定。政府规定提出限制请求的时间范围以及想要获得样品的人中谁应当被指定为专家。想要获得样品的人应当向专利局提出书面请求，并提交一份声明，并由政府规定该声明的内容，目的是为了防止样品的滥用。如果仅向特定专家提供样品，该声明改由该专家提交。（法（2004：159））

（专利法第 22 条）

4. 提供样品的条件

（ⅰ）可得到样品的时间

从专利申请公开日起可以得到微生物样品。

如果微生物培养物已经根据第 8a 条进行了保藏，在该文件公开后，根据下列规定任何人都有权获得该培养物的样品。

从专利申请日（如果要求了优先权，指优先权日）起 18 个月后，任何人应当可以得到文件，即便该申请尚未开放给公众查阅。但是，如果作出了拒绝或驳回申请的决定，只有申请人按照专利法第 72 条或第 73 条请求恢复该申请、提出上诉或提出请求书时，才可以得到文件。

应申请人的请求，可以比第 1 段和第 2 段规定的时间更早得到文件。

当根据上述两种情况中的任一种可以得到文件时，应当宣布该事实。

如果文件包含商业秘密并且涉及寻求专利的发明，应请求并有特别的原因，专利局可以命令该文件不可得到。如果提出了这样的请求，则不可得到该文件，直到具有法律效力的决定拒绝该请求。

（专利法第 22 条）

（ⅱ）关于提供样品的限制

专利权人可以请求该保藏的微生物的样品仅由本领域专家得到，直到专利申请开放给公众查阅或最后决定不开放给公众查阅。专家指专利局出于处理保藏的微生物样品的目的公布的名单中的人。

但是，这并不意味着向由于法律或其他条例的规定不能处理该保藏的微生物的人提供样品，也不意味着向由于该生物体的有害特性被认为处理该样品包含明显的风险的任何人提供样品。

（专利法第 22 条；专利法令第 25 条（b））

根据专利法第 22 条第 7 段，最迟应当在专利申请公开的技术准备被认为完成之日提出仅向特定专家提供样品的请求。

专利局制定一份合适的人员名单，他们声明愿意承担专家的职责。应当按照第 49 条说明的方式宣布涉及专家名单包括哪些人的决定。如果仅向特定专家提供样品，应当在该样品的说明书中声明谁被指定为专家。说明书应当附有该指定的专家向专利申请人作出的第 25a 条第 1~3 段规定的书面声明。如果根据专利法第 22 条第 7 段第 2 句应当公布涉及样品的说明书，该具有法律约束力的声明应当在专利申请日起 20 年内有效。名单中的人或者在特定情况下专利申请人接受的人可以被指定为专家。（实施细则（2004：162））

瑞士（CH）
（2012）

瑞士联邦知识产权协会

Stauffacherstrasse 65/59g

3003 Bern

电话：(41 - 31) 377 77 77

传真：(41 - 31) 377 77 78

电子邮箱：info@ ipi. ch

网址：http：//www. ige. ch

1. 保藏要求

联邦发明专利法（LBI）第 50a 条（1）和第 50a 条（2）：生物材料

发明需要制造或使用生物材料且不能充分说明的，该公开应当用该生物材料的样品保藏来补充，并且在说明书中附有涉及该材料本质特性的信息和该保藏的参考资料。

发明专利条例（OBI）第 45b 条：保藏义务

发明涉及生物材料，或者生物材料的制造或使用，该生物材料公众不易获得，并且对该发明的说明不足以使本领域技术人员实施该发明的，该发明不应当视为根据 LBI 第 50 条和第 50a 条的规定作了公开，除非：

a. 在申请日（如果要求了优先权，指优先权日）已经将该生物材料的样品提交认可的保藏机构保藏；

b. 在申请日，说明书包括申请人所知的关于该生物材料本质特性的信息；并且

c. 在申请日，该专利申请包括保藏机构的指定和保藏的生物材料的参考号。

2. 保藏时间

LBI 第 50a 条（3）：

不应视为已根据 LBI 第 50 条公开了该发明，直到在不晚于申请日将该生物材料的样品提交认可的保藏机构保藏，并且除非原始提交的专利申请包括该生物材料的信息和该保藏的参考资料。

3. 贮存期限

应当适用布达佩斯条约实施细则第 9 条的规定，贮存期限最短为 30 年。OBI 第 45j 条规定贮存期限应当由布达佩斯条约及其实施细则专门管理。

4. 提供样品的条件

（ⅰ）可得到样品的时间

OBI 第 45e 条（1）：保藏的生物材料的可得性

从保藏日开始贯穿整个OBI第45h条提及的贮存期限，为了提供样品的目的，申请人应当无条件且不可撤回地使保藏机构可以得到保藏的生物材料（OBI第45f条）。

（ⅱ）关于提供样品的限制

OBI第45g条：保证声明

（1）为了取得样品，请求方应当向专利申请人或专利权人保证（由第三方保藏的，还应当向交存人保证），在涉及该保藏的生物材料的任何独占权的有效期内，不向第三方提供保藏的生物材料样品或其衍生的材料，以及仅以实验目的使用该样品。

（2）专利申请人或专利权人（由第三方保藏的，指交存人）可以放弃要求请求方作出所述保证的权利。

（3）样品向独立专家提供的，他必须提供一份声明，作出第（1）段提及的保证。对于该专家，请求方应当被视为第（1）段规定的第三方。

（4）如果请求方按照强制许可为开发而使用该样品，他不应当被强迫保证仅以实验目的使用该样品。

塔吉克斯坦 (TJ)

(1991)

塔吉克斯坦专利局

14 - a，Ainy Street

734042 Dushanbe

电话：(992 - 372) 27 59 87，21 47 60

传真：(992 - 372) 21 71 54，21 04 04

电子邮箱：ncpi@ ncpi. td. silk. org

网址：http：//www. tjpat. org

1. 保藏要求

没有规定。

2. 保藏时间

没有规定。

3. 贮存期限

没有规定。

4. 提供样品的条件

没有规定。

前南斯拉夫马其顿共和国 （MK)

（2005）

国家工业产权局

Veljko Vlahovic No. 11
1000 Skopje

电话：(389 – 2) 311 63 79
传真：(389 – 2) 313 71 49
电子邮箱：mail@ ippo. gov. mk
网址：http：//www. ippo. gov. mk

1. 保藏要求

如果专利申请涉及微生物，该微生物公众不能获得，并且在申请中对该微生物的说明不足以使本领域技术人员实施该发明，如果该微生物已经提交满足布达佩斯条约规定的要求胜任的保藏机构保藏，则应当视为充分清楚和完整地说明了该专利申请。

2. 保藏时间

必须不晚于专利申请日将该微生物提交胜任的保藏机构保藏。因正当理由可以另行提交微生物保藏证据的，可以在申请日或请求的优先权日后 90 天内提交，或者有争端的情况下，直到提交提前处理申请的请求之日提交。

3. 贮存期限

微生物必须由国际保藏单位在整个专利有效期内贮存。

4. 提供样品的条件

（ⅰ）可得到样品的时间

从授权专利的公布日起，根据下列条件，任何人应当都可以得到保藏的微生物：

（1）一式两份向工业产权局提交请求；

（2）应请求，工业产权局确认申请人提及已经保藏的存活生物材料或微生物的专利申请已被提交，以及请求人有权要求发放该材料；

（3）申请人向工业产权局和该专利申请的申请人保证在专利有效期届满前不向第三方提供请求的材料；

（4）除了基于签发的强制许可进行请求之外，请求人向工业产权局和该专利申请的申请人保证，鉴于授予专利的程序仍未终止，应仅以实验或研究目的使用请求的材料而不管研究结果如何。

（5）工业产权局应当向认可的机构传送该请求的副本、对于存活的生物材料或微生物提交的专利申请的证明以及申请人有权取得该发放的材料样品的证明。

（ⅱ）关于提供样品的限制

如果该材料不再可以从保藏机构得到，也没有转移到其他保藏机构，则不认为充分清楚和完整地说明了该发明。

如果满足下列条件，工业产权局不应驳回该专利申请：

（1）如果交存人在收到保藏机构发出的保藏的材料不再可以得到的通知之日起90天内再次将微生物提交保藏；

（2）如果交存人在第二次保藏期间提交签署的声明，确定该保藏的材料与以前保藏的材料相同；

（3）如果工业产权局在重复保藏之日起90天内收到保藏微生物的保藏机构出具的证明，其中包括保藏涉及的专利申请号或专利号。

如果导致该材料不能得到的原因不再存在，应当在相同保藏机构保藏；如果存在其他原因，该材料可以在其他保藏机构保藏。

如果保藏该材料的认可的机构失去其地位，或者不再作为认可的机构经营特定类型微生物保藏或全面的微生物保藏，应当在6个月内将该变化通知交存人，再次保藏的90天期限应当从国际局的官方公报中公布这一变化开始。

特立尼达和多巴哥 (TT)

(2016)

知识产权局

特立尼达和多巴哥司法与法律事务部

3rd Floor Capital Plaza

11 ± 13, Frederick Street

Port of Spain

电话：(1 – 868) 625 99 72, 625 19 07, 627 07 06

传真：(1 – 868) 624 12 21, 624 37 69

电子邮箱：info@ ipo. gov. tt

网址：http：// www. ipo. gov. tt

1. 保藏要求

没有规定。

2. 保藏时间

没有规定。

3. 贮存期限

没有规定。

4. 提供样品的条件

没有规定。

突尼斯（TN）

（2004）

国家标准化和工业产权协会

Cité El Khadhra
1003 Tunis

通信地址：
B. P. 23
Tunis – Belvédère
电话：（216 – 71）78 59 22
传真：（216 – 71）78 15 63
电子邮箱：INORPI@ email. ati. tn

1. 保藏要求

没有规定。

2. 保藏时间

没有规定。

3. 贮存期限

没有规定。

4. 提供样品的条件

没有规定。

土耳其（TR）

（2016）

土耳其专利协会

Hipodrom Cad. No. 115
06330 Yenimahalle
Ankara

电话：（90 – 312）303 10 00，303 11 82
传真：（90 – 312）232 54 37
电子邮箱：info@ turkpatent. gov. tr
网址：http：//www. tpe. gov. tr

1. 保藏要求

没有规定。

2. 保藏时间

没有规定。

3. 贮存期限

没有规定。

4. 提供样品的条件

没有规定。

乌克兰（UA）
（2016）

国有企业"乌克兰知识产权协会"

1，Hlazunova Street
Kyiv－42，01601

电话：（380 44）494 06 06
传真：（380 44）494 06 67
电子邮箱：post@ sips. gov. ua
网址：http：//sips. gov. ua/en/

乌克兰知识产权协会（乌克兰专利局）

1，Hlazunova Street
Kyiv－42，01601

电话：（380 44）494 05 05/04
传真：（380 44）494 05 06（一般事项）
电子邮箱：Office@ uipv. org；ibase@ uipv. org
网址：http：//www. ukrpatent. org/en/

在 1995 年 6 月 26 日乌克兰国家专利局、乌克兰国家科学院的第 106/115 号命令批准的关于用于专利程序的乌克兰微生物菌株保藏程序的指令和 2001 年 1 月 22 日乌克兰教育和科学部批准的发明和实用新型申请起草和提交条例中确定了按照乌克兰国家法规对用于专利程序的微生物保藏程序的要求。

1. 保藏要求

乌克兰认可在任何国际保藏单位进行的用于专利程序的微生物保藏。这样的认可包括国际保藏单位提及的保藏事实和日期，以及对其保藏微生物的方式的认可。

关于微生物菌株保藏的信息应当包括：

——实施保藏的保藏机构的名称和位置；

——在该保藏机构保藏的日期；

——分配给保藏的微生物菌株的注册号。

（布达佩斯条约第 3 条；关于用于专利程序的乌克兰微生物菌株保藏程序的指令第 2.1～2.2 条、第 4.2 条；发明和实用新型申请起草和提交条例第 12.2.5 条）

2. 保藏时间

菌株、细胞系、聚生体或聚生体的菌株的保藏时间应当不晚于申请日（或者如果要求了优先权，指优先权日）。

（关于用于专利程序的乌克兰微生物菌株保藏程序的指令第 1.2 条；发明和实用新型申请起草和提交条例第 12.2.4 条）

3. 贮存期限

对于根据布达佩斯条约在国际保藏单位进行的保藏，适用布达佩斯条约实施细则第 9 条的规定。

必须在保藏日后保藏至少 30 年并且在收到最近的保藏样品提供请求后保藏至少 5 年。

（关于用于专利程序的乌克兰微生物菌株保藏程序的指令第 2.3 条和第 5.6 条）

4. 提供样品的条件

（ⅰ）可得到样品的时间

根据现行惯例，按照布达佩斯条约实施细则第 11 条中规定的条件，从申请公布日起可以得到保藏的微生物样品。

（ⅱ）关于提供样品的限制

与布达佩斯条约实施细则第 11 条一致。

（关于用于专利程序的乌克兰微生物菌株保藏程序的指令第 6.1~6.3 条）

英国（GB）

（2015）

知识产权局

Room 2Y44

Concept House

Cardiff Road

Newport，South Wales NP10 8QQ

电话：（44－1633）81 40 00

传真：（44－1633）81 49 91

电子邮箱：information@ ipo. gov. uk

网址：http：//www. gov. uk/government/organisations/intellectual－property－office

1. 保藏要求

如果申请涉及生物材料或其应用，该生物材料没有足够清楚和完整地公开以使本领域技术人员实施该发明，必须将该生物材料提交保藏，该专利申请提交的说明书必须包括申请人所知的关于该生物材料特性的相关信息。

应当在该专利申请或专利的说明书中提供该保藏机构的名称、保藏该材料的日期和该保藏的登录号。补充该信息到说明书的最晚日期是下列期限中最先到期的：

——宣称的优先权日（如果没有宣称的优先权日，指申请日）后16个月；

——申请人根据第16节（1）请求加速公布的，该请求的日期；

——根据第52条（2）审计员通知申请人根据第118节（4）对信息或文件的查阅请求已经提出，从该通知的日期起1个月。

（2007年专利条例第13条（1）和附件1第2段和第3段）

2. 保藏时间

必须在专利申请日当天或之前提交保藏。

（2007年专利条例第13条（1）和附件1第3段（1）（a））

由于下列原因该生物材料不再能够在该保藏机构得到的：

（ⅰ）不再存活；

（ⅱ）该保藏机构不能供应该生物材料；或

（ⅲ）该生物材料保藏的地方不再是该类材料的保藏机构（临时或永久地）；

必须在（ⅰ）、（ⅱ）或（ⅲ）的情况通知交存人的日期起3个月内，或者如果更晚期满的，在期刊中（ⅰ）、（ⅱ）或（ⅲ）的通知日期起3个月内提交新的保藏。该保藏应当附有签署的声明，表明该生物材料与以前保藏的相同。在相同的时间期限内申请人或专利权人必须向审计员请求修改该专利申请或专利的说明书，以使其提供适当的细节。该生物材料因为不再存活而不再能够得到的，新的保藏应当提交给进行原始保藏的保藏机构。

如果该生物材料转移到一个不同的保藏机构，也必须在交存人被通知的日期起 3 个月内，或者如果更迟期满的，在期刊中的通知日期起 3 个月内修改说明书。

（2007 年专利条例第 13 条（1）和附件 1 第 8 段）

3. 贮存期限

没有规定。

4. 提供样品的条件

（ⅰ）可得到样品的时间

可以请求保藏的生物材料样品的情形：

（a）在相关专利申请公布前，适用第 118 节（4）且根据第 118 节（1）提出请求的人可以请求；和

（b）在公布后，任何人可以请求。

必须以专利表格 8 提出请求。

（2007 年专利条例第 13 条（1）和附件 1 第 4 段）

（ⅱ）关于提供样品的限制

生物材料样品请求必须包括一份保证：

（a）不向任何其他人提供该生物材料或其衍生的任何材料；和

（b）除了用于涉及该发明的主题的实验目的外，不使用该生物材料或其衍生的任何材料。

在特定情况下专利申请人或专利权人可以同意限制该保证的效力。当该专利申请被终止或撤回或者当该专利不再有效时，该保证将不再有效（但是如果该申请恢复或复活，该保证将继续有效）。

（2007 年专利条例第 13 条（1）和附件 1 第 5 段）

在根据第 16 节的专利申请公布准备完成之前，申请人可以通过专利表格 8A 通知审计员应当仅向专家提供该生物材料的样品。这一限制持续到该专利授权之日，或者如果该申请被终止或撤回的，从申请日起持续 20 年。关于国际专利申请（UK）其中申请人根据《专利合作条约》提到了该保藏的生物材料适用相似的限制。

（2007 年专利条例第 13 条（1）和附件 1 第 6 段）

向专家提供样品的请求必须以专利表格 8 提出并且必须包括该专家的详情，其必须提供上面第（a）小段和第（b）小段的保证。在审计员将专利表格 8 的副本传送给申请人之日起 1 个月结束前，申请人可以通知他对该特定专家的反对。如果申请人反对，则审计员应当作出决定。

（2007 年专利条例第 13 条（1）和附件 1 第 7 段）

美国（US）

（2009）

美国专利商标局（USPTO）

600 Dulany Street

Alexandria，VA 22314

通信地址：

Director of the U. S. Patent and Trademark Office

P. O. Box 1450

Alexandria，VA 22313 – 1450

电话：（1 – 571）272 10 00

传真：（1 – 571）273 83 00

电子邮箱：IP. Policy@ uspto. gov

网址：http：//www. uspto. gov

1. 保藏要求

如果制造或使用发明需要生物材料，该生物材料既不是公众所知或容易获得，也无法在产生该发明的时间不需过度实验而制造或分离，则申请人必须将该生物材料提交保藏机构保藏。交存人可以在布达佩斯条约认可的国际保藏单位或满足相同要求且 USPTO 认可的保藏单位进行所需的保藏。

（37 CFR 1. 802 和 1. 803；2001 年美国专利商标局专利审查程序手册（以下简称"手册"）第 2402 条和第 2404 条）

2. 保藏时间

必须在缴纳专利颁布费之前将该生物材料提交保藏，但是 USPTO 强烈建议在申请日当天或之前提交保藏。

（37 CFR 1. 804 和 1. 809（c）；手册第 2406 条和第 2411. 03 条）

3. 贮存期限

必须在保藏日后保藏至少 30 年并且在收到最近的保藏样品提供请求后保藏至少 5 年。（37 CFR 1. 806；手册第 2408 条）

4. 提供样品的条件

（ⅰ）可得到样品的时间

该保藏的生物材料必须在专利授权日向公众提供。

（37 CFR 1.808；手册第 2410.01 条）

在提及生物材料的专利申请未决期内，如果样品请求人被 USPTO 确定有权请求样品，他应当可以得到该保藏的生物材料。根据这一决定，USPTO 局长将制作关于此人的布达佩斯条约实施细则 11.3（a）提及的证明，并且将请求的副本和该证明传送给提交该请求的人。

（37 CFR 1.808（a）（1））

（ⅱ）关于提供样品的限制

在相关专利的授权日，必须不能撤回地取消公众取得保藏的生物材料样品的任何限制。

（37 CFR 1.808（a）（2）；手册第 2410.01 条）

乌兹别克斯坦 （UZ)

（2016）

乌兹别克斯坦共和国国家知识产权局

59，Mustakillik Avenue
100000 Tashkent

电话：(998－71）232 50 50
传真：(998－71）232 50 05
电子邮箱：info@ ima. uz
网址：www. ima. uz

1. 保藏要求

没有规定。

2. 保藏时间

没有规定。

3. 贮存期限

没有规定。

4. 提供样品的条件

没有规定。

非洲地区知识产权组织（AP)

（2012）

11 Natal Road

Belgravia

Harare

Zimbabwe

通信地址：

P. O. Box 4228

Harare

电话：（263 – 4）79 40 54，79 40 65，79 40 66，79 40 68，79 40 74

传真：（263 – 4）79 40 73，79 40 72

电子邮箱：mail@ aripo. org

网址：www. aripo. org

1. 保藏要求

(哈拉雷议定书第 3（1A) 节；哈拉雷议定书实施细则第 6 之二 . 1 条、第 6 之二 .
(4) 条）

2. 保藏时间

(哈拉雷议定书实施细则第 6 之二 . 1（b)（ⅰ) 条、第 6 之二 . (2)（a) 条）

3. 贮存期限

没有规定。

4. 提供样品的条件

(哈拉雷议定书实施细则第 6 之二 . 2 条、第 6 之二 . 3 条）

欧亚专利组织（EA）

（2009）

2, M. Cherkassky per.

Moscow 109012

Russian Federation

电话：(7 - 495) 411 61 50

传真：(7 - 495) 621 24 23

电子邮箱：info@ eapo. org

网址：http：//www. eapo. org

1. 保藏要求

（1）欧亚申请应当足够清楚和完整地公开发明，以使本领域技术人员可以实现该发明。

（2）欧亚申请涉及使用菌株的生物技术产品或方法，在申请中对该菌株的说明不够清楚和完整，以至于本领域技术人员不能实现该发明，并且不能自由取得这一生物技术产品的，该申请应当包括证明这一生物技术产品在根据 1977 年 4 月 28 日布达佩斯条约胜任的保藏机构或行政委员会认可的任何其他保藏机构保藏的信息或文件。

（欧亚专利公约专利实施细则（EAPR）第 11 条）

2. 保藏时间

应当在不晚于欧亚申请日提交保藏。

（EAPR 第 11 条）

申请要求优先权并且为了充分公开发明而需要保藏的，必须在不晚于被要求优先权的在先申请的申请日提交保藏。

（欧亚专利局欧亚申请编辑、提交和审议条例第 2.5.6.4.1 条）

3. 贮存期限

按照布达佩斯条约第 9 条的规定。

4. 提供样品的条件

没有规定。

欧洲专利组织（EP）

（2016）

Bob – van – Benthem – Platz 1

80469 Munich

Germany

通信地址：

80298 Munich

电话：（49 – 89）2399 – 4500（慕尼黑总部）

　　　（49 – 89）2399 – 5221（国际法律事务理事会）

　　　（49 – 89）2399 – 5211（专利法律理事会）

传真：（49 – 89）23 99 4560

电子邮箱：support@ epo. org；International_ legal_ affairs@ epo. org

网址：http：//www. epo. org

1. 保藏要求

如果作为欧洲专利申请主题的发明涉及生物材料或其应用，该生物材料公众不能获得，并且对该生物材料的说明不足以使本领域技术人员实施该发明，申请人必须将该生物材料提交认可的布达佩斯条约中规定的相同条件的保藏机构保藏（EPC 实施细则第31 条（1）（a））。

此外，应当在申请中声明保藏机构和保藏的生物材料的登记号，并且如果该生物材料由申请人之外的其他人保藏的，应当在申请中声明交存人的姓名和地址，并向 EPO 提交一份文件，证明交存人授权申请人在申请中提及该保藏的生物材料，以及毫无保留和不可撤销地同意向公众提供保藏的材料（EPC 实施细则第31 条（1）（c）（d））。

应当按下列期限提交这一信息：

——欧洲专利申请日（如果要求了优先权，指优先权日）后16 个月内；如果该信息在申请公布的技术准备完成之前传达，该时限视为已满足（EPC 实施细则第31 条（2）（a））；

——直到根据 EPC 第93 条（1）（b）的申请提前公开请求的提交日；

——EPO 传达申请人根据 EPC 第128 条（2）的文件查阅权存在后1 个月内（EPC 实施细则第31 条（2）（b））。

规定的期限应当是最早到期的那个。这一信息的传达被认为是构成了根据 EPC 实施细则第33 条的申请人毫无保留和不可撤销地同意公众得到该保藏的生物材料（EPC 实施细则第31 条（2））。

EPO 在其官方期刊上公布用于 EPC 实施细则第31 ~ 34 条认可的保藏机构和专家的列表（EPC 实施细则第33 条（6））。

生物材料重新保藏的要求

如果根据 EPC 实施细则第 31 条保藏的生物材料不再能够从认可的保藏机构得到：

——如果向根据布达佩斯条约中规定的相同条件的认可的保藏机构提交了该材料的新保藏，并且

——如果在新保藏日起 4 个月内向 EPO 转寄了保藏机构出具的新保藏存单的副本，其中声明了该欧洲专利申请号或欧洲专利号，

则应当视为没有发生可得性的中断。

（EPC 实施细则第 34 条）

2. 保藏时间

应当在不晚于欧洲专利申请日将该生物材料的样品提交保藏（EPC 第 31 条 (1)(a)）。

欧洲专利申请要求了优先权的，必须在不晚于被要求优先权的在先申请的申请日将该生物材料提交保藏。

3. 贮存期限

按照布达佩斯条约第 9 条的规定以及 EPO 和保藏机构之间的双边协议第 11 点（最近的保藏的生物材料样品提供请求后至少 5 年，以及在任何情况下，保藏日后至少 30 年）。

4. 提供样品的条件

（ⅰ）可得到样品的时间

保藏的生物材料从欧洲专利申请公布日起应请求向任何人提供，以及在这一日期之前向任何根据 EPC 第 128 条 (2) 的具有文件查阅权的人提供（EPC 实施细则第 33 条 (1)）。

（ⅱ）关于提供样品的限制

（a）请求人当面向申请人或专利权人的保证

只有请求方当面向申请人或专利权人作出下列保证，才能向其提供保藏的生物材料的样品：

——不向任何第三方提供保藏的生物材料或其衍生的任何生物材料；并且

——仅以实验目的使用该保藏的生物材料、其衍生的任何生物材料，直到该专利申请被拒绝、撤回或视为撤回，或者在该欧洲专利在最晚到期的指定国到期后，除非申请人或专利权人明确放弃这一保证。

在请求方根据强制许可使用该培养物的范围内，不适用仅以实验目的使用该生物材料的保证。术语"强制许可"包括依职权许可和为了公众利益使用专利发明的权利。

（EPC 实施细则第 33 条 (2)）

（b）专家方案

直到申请公布的技术准备完成，申请人可以通知 EPO：

——直到提及该欧洲专利授权的文件公布，或可适用的情况下，

——如果该申请被拒绝或撤回或视为撤回，从申请日起 20 年，

通过仅向请求者指定的专家提供样品来实现 EPC 实施细则第 33 条中提及的保藏的生物材料的可得性。

（EPC 第 32 条（1））

可能被指定为专家的人：

——任何自然人，条件是请求人在提交请求时提供证据证明申请人同意该指定；

——EPO 局长认可作为专家的任何自然人。

该指定必须附有该专家当面向申请人作出的声明，其中写入根据 EPC 实施细则第 33 条提供的保证，该专利在最晚到期的指定国到期之前，或者如果该申请被拒绝、撤回或视为撤回的，直到 EPC 实施细则第 32 条（1）（b）中提及的日期之前，请求人被认为是第三方。

（EPC 实施细则第 32 条（2））

（c）请求提供保藏的生物材料样品

必须以 EPO 认可的表格向该局提出对保藏的生物材料样品的请求：

——EPO 表格 1140：提供保藏的生物材料样品的请求；

——EPO 表格 1141：对获取保藏的生物材料样品的目的的声明；

——EPO 表格 1142：通过向专家提供样品来提供保藏的生物材料的请求。

EPO 在表格中证明提及该生物材料保藏的欧洲专利申请已经提交，以及该请求人或其指定的专家有权取得该材料的样品。在欧洲专利授权后，也必须向 EPO 提交该请求（EPC 实施细则第 33 条（4））。

EPO 将请求的副本和该证明传送给保藏机构以及专利申请人或专利权人（EPC 实施细则第 33 条（5））。

附录 1

当根据布达佩斯条约保藏微生物和请求提供样品时需要注意的要点清单

该清单的目的是使交存人和请求方对在提交保藏或请求微生物样品中根据具体情况是否遗漏了任何必要步骤能够一目了然。该清单中的要点是特意简洁的，当需要更多细节信息、解释和/或讨论时，应当查阅本指南的主体。方便起见，该清单中的每一要点都带有参考能够找到更多细节信息的本指南的那些节或段，如果相关，参考条约自身的相关规定。

对交存人的清单

（a）提交原始保藏（A 节）

（ⅰ）检查必须提交保藏的最后日期（E 节）。

（ⅱ）及时开始保藏程序（43～49、53）。

（ⅲ）检查国际保藏单位能够接受你的微生物（25、26、49、54；D 节；实施细则 6.4（a）（ⅰ）和 6.4（a）（ⅱ））。

（ⅳ）检查国际保藏单位的要求（17～22、55、59；D 节；实施细则 6.3（a））。

（ⅴ）寻找适当的表格（18、55；D 节；附录 3；实施细则 6.3（a）（ⅱ））。

（ⅵ）完整和正确地完成表格并签名（11～15、56；实施细则 6.1（a））。

（ⅶ）表明国际保藏单位应当将正式通信传送给谁（50、57；实施细则第 7 条、第 10 条、11.4（g）；条约第 4 条（1）（a）；实施细则 5.1（a）（ⅲ））。

（ⅷ）提供你的专利代理人的姓名和地址并声明他是否应当收到存单和存活证明的附件（50、58；实施细则第 7 条、第 10 条）。

（ⅸ）确保你的微生物在表格中，以国际保藏单位要求的数量（17、59；D 节；实施细则 6.3（a）（ⅰ））。

（ⅹ）确保你的微生物正确包装（27、46；实施细则 6.4（a）（ⅲ））。

（ⅺ）不要丢失存单和/或存活证明（32～39、63）。

（ⅻ）立即检验国际保藏单位为真实性检查发送的任何准备工作（62；D 节）。

（ⅹⅲ）如果你要将已有的保藏转为布达佩斯保藏，注意上面（ⅳ）～（ⅷ）、（ⅺ）和（ⅻ）（30、31、64；实施细则 6.4（d））。

（ⅹⅳ）尽管有本指南中的劝告，如果你遗忘提交保藏直到最后时间，优先考虑将微生物本身发送给国际保藏单位（29、61；实施细则 6.4（c））。

（b）提交新的保藏（B 节）

（ⅰ）记录你收到国际保藏单位关于不能发放样品的通知的日期和原因（65、77；条约第 4 条（1）（a））。

（ⅱ）计算你必须提交新的保藏的最迟日期（67～69、77；条约第 4 条（1）（d））。

（ⅲ）及时开始保藏程序（43～49、75）。

（ⅳ）如果上面（ⅰ）中的原因是资格中止或丢失，询问国际保藏单位你的保藏是否会根据实施细则5.1（a）（ⅰ）转移到一家接替的国际保藏单位（69、77、83、84、86；实施细则第5条）。

（ⅴ）如果上面（ⅳ）的答案为"是"，则你无权提交新的保藏（66；条约第4条（2））。

（ⅵ）如果上面（ⅳ）的答案为"否"，或者如果进出口限制使得必须在另一家国际保藏单位进行保藏（65；条约第4条（1）（b）（ⅰ）和（ⅱ）），检查你选择的国际保藏单位能够接受你的微生物（79；D节；实施细则6.4（a）（ⅰ）和6.4（a）（ⅱ））。

（ⅶ）检查国际保藏单位的要求（79；实施细则6.3（a））。

（ⅷ）如果你要在另一家国际保藏单位或原始的国际保藏单位进行新的保藏，寻找根据条约第4条进行新的保藏的适当表格（18、55；D节；附录3）。

（ⅸ）完整和正确地完成表格并签名（11~15、56、66；实施细则6.1（a）、6.2（a）和6.2（b））。

（ⅹ）除非表格提供了空间，确保你附上了签署的声明，提供：

——提交新的保藏的原因；

——你收到国际保藏单位关于不能发放样品的通知的日期；和

——一份声明，确定你提交的微生物与在先保藏的相同（66、81；条约第4条（1）（c）；实施细则6.2（a）（ⅱ））。

（ⅺ）确保你将表格和存单、最近的存活性证明、以及在适用的情况下，关于原始保藏最近的科学描述/分类学命名的声明副本（66、82；实施细则6.2（a））。

（ⅻ）注意上面清单（a）（ⅶ）~（ⅻ）和（ⅹⅳ）。

对于请求方的清单（C节）

在所有情况下，在请求样品之前，确保你遵守任何进口、检疫、卫生和安全等要求（107）。

（a）持有交存人的授权来请求样品（90、93、94、101；实施细则11.2（ⅱ）、11.4（a）、11.4（c）、11.4（d）（ⅰ）和11.4（d）（ⅱ））

只有你知晓交存人的身份才尝试这一获取样品的路线，在这种情况下：

（ⅰ）如果国际保藏单位存放了WIPO标准表格BP/11的副本，向国际保藏单位索要该表格（D节；附录3）；并且

（ⅱ）完成该表格的第Ⅰ、第Ⅲ和第Ⅳ部分，然后将其发送给交存人，请求他完成第Ⅱ部分；或者

（ⅲ）写信给交存人，向他索要授权的恰当声明（90、101；实施细则11.4（a）、11.4（c）、11.4（d）（ⅰ）和11.4（d）（ⅱ））。

（ⅳ）视情况而定，将完整的表格BP/11或交存人的声明与你的请求和订购单一起发送给国际保藏单位。

（ⅴ）请求时支付国际保藏单位为发放样品而收取的费用（97；实施细则12.1（a）（ⅳ））。

（b）持有工业产权局的证明来请求样品（91、93、94、102、103；实施细则11.3

（a），11.4（a）、11.4（c）和11.4（d））

（ⅰ）向工业产权局或国际保藏单位索要适当的表格（E节；附录3）。

（ⅱ）完成表格中由"请求方"填写的部分。

（ⅲ）将该表格发送给工业产权局（E节）。

（ⅳ）当工业产权局批注的该表格被送回时，将其和任何证书与订购单一起发送给国际保藏单位。

（ⅴ）请求时支付国际保藏单位为发放样品而收取的费用（97；实施细则12.1（a）（ⅳ））。

（c）请求无限制保藏的样品（92～94、106；实施细则11.3（b）、11.4（a）、11.4（c）和11.4（e））

如果某微生物是授权并公布的专利的主题，不需要证明即可得到，并且其登录号已经由工业产权局函告国际保藏单位为了请求微生物样品：

（ⅰ）写信给国际保藏单位，附带提供你的姓名和地址和引用该微生物的登录号的订购单（106；实施细则11.3（b））。

（ⅱ）请求时支付国际保藏单位为发放样品而收取的费用（97；实施细则12.1（a）（ⅳ））。

（d）请求作为已公布美国专利的主题的微生物的样品（92～94、104）

（ⅰ）询问国际保藏单位是否意识到相关美国专利已经发布（92、105）；

（ⅱ）如果上面（ⅰ）的答案为"是"，按照上面（c）继续进行；

（ⅲ）如果上面（ⅰ）的答案为"否"，列入你的请求和订购单、相关美国专利公布的证据（92、105）。

（ⅳ）如果你不能照上面（ⅲ）做，期望延期直到国际保藏单位核实该公布的事实（92）。

（ⅴ）请求时支付国际保藏单位为发放样品而收取的费用（97；实施细则12.1（a）（ⅳ））。

附录3

根据布达佩斯条约及其实施细则使用的表格

1. 本附录包括 14 份表格，编号为 BP/1 至 BP/14。它们由 WIPO 国际局基于准备布达佩斯条约生效的临时咨询委员会第二次会议（1979 年 4 月 30 日至 5 月 3 日）举行的讨论和布达佩斯联盟集会第二次会议（1981 年 1 月 12 日至 20 日）和第八次会议（1990 年 9 月 24 日至 10 月 2 日）的讨论制定。

2. 本附录中出现的表格并非全部是布达佩斯条约实施细则（以下简称"实施细则"）中提供的。该实施细则实际上只提供了原始保藏情况下的存单表格（BP/4）、新保藏情况下的存单表格（BP/5）和转移情况下的存单表格（BP/6）（参见实施细则 7.2（a））、存活性证明表格（BP/9）（参见实施细则 10.2（d））和涉及向法律上享有权利的当事人发放样品的表格（BP/12）（参见实施细则 11.3）。

3. 对于其他表格，其在本附录中具有编号 BP/1、BP/2、BP/3、BP/7、BP/8、BP/10、BP/11、BP/13 和 BP/14，集会认为将其制定作为样式是有益的。应当注意，在它们涉及的情形下，不强制使用表格，更不用说使用本文件中出现的样式。

4. 表格 BP/4、BP/5、BP/6 和 BP/9 被称为"国际性表格"，涉及存单和存活性证明。在它们涉及的各个情形中，使用"国际性表格"都是强制的。各"国际性表格"是由胜任的国际保藏单位基于 WIPO 总干事制定的样表以集会指定的语言出具的。关于语言问题，集会决定样表"国际性表格"应当以英语、法语、俄语和西班牙语制定，并且应当理解国际保藏单位根据实施细则 3.1（b）（Ⅴ）指出的官方语言或官方语言之一是除了提到的 4 种语言之外的语言的，应当以该语言制定"国际性表格"（参见文件 BP/A/Ⅱ/11 第 38 段）。

5. 最后，表格 BP/12 涉及向法律上享有权利的当事人发放样品，其内容是由布达佩斯联盟集会确定的。在涉及它的情形中，使用表格是强制的。各工业产权局可以使用本附录中出现的表格 BP/12（以相同的布局）或者制定它自己的表格（以不同的布局，但是内容与集会确定的内容相一致）。在后一种情况下，如果没有国际保藏单位被要求核实其表格内容与表格 BP/12 内容的一致性，工业产权局对此一致性负责。

目　　录

国际承认用于专利程序的微生物保藏布达佩斯条约
根据实施细则 **6.1** 在原始保藏情况下的声明

致

国际保藏单位的名称和地址

签名者在此根据布达佩斯条约将下面鉴定的微生物提交保藏并同意在实施细则 9.1❶
规定的期限内不撤回该保藏

Ⅰ. 微生物的鉴定	
识别符号❷:	□ 微生物的混合物（适用时标上叉）
Ⅱ. 培养条件	□❸

❶ 如果签名者在保藏机构获得国际保藏单位资格之前（实施细则6.4（d））或之后将他或他的前任在布达佩斯条约之外进行的微生物保藏转到相同保藏机构根据布达佩斯条约的保藏，也可以使用本表格。

❷ 交存人给予该微生物的编号、符号等。

❸ 如果在附页中提供了附加信息，标上叉。

表格 BP/1（第 1 页）

Ⅲ. 贮存条件 □❸

Ⅳ. 检测存活性的条件 □❸

Ⅴ. 混合物的成分（适用时） □❸

成分说明：

检查成分存在的方法：

❸如果在附页中提供了附加信息，标上叉。

表格 BP/1（第 2 页）

Ⅵ. 对健康或环境危险的特性	
□ ❹ Ⅰ中鉴定的微生物具有以下可能对健康或 环境危险的特性： □ ❹签名者不知道这样的特性。	□ ❸
Ⅶ. 科学描述和/或建议的分类学命名❺	□ ❸
科学描述： 建议的分类学命名： 	
Ⅷ. 附加信息	□ ❻
Ⅸ. 交存人	
姓名： 地址： 	签名❼： 日期：

❸如果在附页中提供了附加信息，标上叉。

❹在合适的框标上叉。

❺强烈建议指出科学描述和/或建议的分类学命名。

❻如果在附页中提供了附加信息（不同于脚注❸中提及的信息），例如微生物来源、保藏该微生物的任何其他保藏机构的名称和地址或制定建议的分类学命名时使用的标准，标上叉。（提供这样的信息是可选的）

❼需要代表法人签名的，代表法人签名的自然人的打印姓名应当附具签名。

表格 **BP/1**（第 3 页及最后一页）

国际承认用于专利程序的微生物保藏布达佩斯条约
根据实施细则 6.2 在相同国际保藏单位进行新保藏的情况下的声明

致

国际保藏单位的名称和地址

签名者在此根据布达佩斯条约第 4 条提交新保藏并同意在实施细则 9.1 规定的期限内不撤回该保藏

Ⅰ. 提交新保藏的原因
□❶作为在先保藏主题的微生物不再存活。 □❶以下原因妨碍了作为在先保藏主题的微生物样品的发送或接收： 　　□❶出口限制，或 　　□❶进口限制。 □❶其他原因❷： 　　条约第 4 条（1）（a）中提及的通知的收到日期：
Ⅱ. 根据条约第 4 条（1）（c）的声明
签名者在此宣称新保藏的微生物与作为在先保藏主题的微生物相同。

❶在合适的框标上叉。

❷指出相关的原因。

Ⅲ. ❸关于在先保藏指出的最新科学描述和/或建议的分类学命名❺   □❹

科学描述：

建议的分类学命名：

Ⅳ. 交存人

姓名：

签名❻：

地址：

日期：

❸如果关于在先保藏没有指出科学描述或建议的分类学命名，不填写。

❹如果在附页上提供了附加信息，标上叉。

❺如果提交新保藏时需要首次提供或修正科学描述或分类学命名，使用表格 BP/7。

❻需要代表法人签名的，代表法人签名的自然人的打印姓名应当附具签名。

附件：在先保藏存单的副本。

关于作为在先保藏主题的微生物存活性的最新声明的副本，其指出该微生物是存活的。

表格 BP/2（第 2 页及最后一页）

国际承认用于专利程序的微生物保藏布达佩斯条约
根据实施细则 6.2 在另一国际保藏单位进行新保藏的情况下的声明

致

国际保藏单位的名称和地址

签名者在此根据布达佩斯条约第 4 条提交下面鉴定的微生物的新保藏并同意在实施细则 9.1 规定的期限内不撤回该保藏

Ⅰ. 微生物的鉴定	
识别符号❶：	□微生物的混合物（适用时标上叉）
Ⅱ. 培养条件	□❷

❶交存人给予该微生物的编号、符号等。

❷如果在附页中提供了附加信息，标上叉。

表格 BP/3（第 1 页）

Ⅲ. 贮存条件	□❷

Ⅳ. 检测存活性的条件	□❷

Ⅴ. 混合物的成分（适用时）	□❷

成分说明：

检查成分存在的方法：

Ⅵ. 对健康或环境危险的特性

□❸ Ⅰ中鉴定的微生物具有以下可能对健康或环境危险的特性：

□❷

□❸签名者不知道这样的特性。

❷如果在附页中提供了附加信息，标上叉。

❸在合适的框标上叉。

表格 BP/3（第 2 页）

Ⅶ. 进行在先保藏的国际保藏单位
名称: 地址:

Ⅷ. 给予在先保藏的登录号
Ⅸ. 提交新保藏的原因
☐❸进行在先保藏的国际保藏单位不再具有国际保藏单位的资格或停止行使职能,并且该微生物没有转移到另一家能够发放该微生物样品的国际保藏单位。 　☐❸条约第4条(1)(a)中提及的通知的收到日期: 　☐❸条约第4条(1)(e)中提及的公布日期: ☐❸以下原因妨碍了作为在先保藏主题的微生物样品的发送或接收: 　☐❸出口限制,或 　☐❸进口限制。 条约第4条(1)(a)中提及的通知的收到日期:

❸在合适的框标上叉。

X. 根据条约第4条（1）（c）的声明
签名者在此宣称 I 鉴定的微生物与作为在先保藏主题的微生物相同。

XI. ❹关于在先保藏指出的最新科学描述和/或建议的分类学命名❺   □❷
科学描述：   建议的分类学命名：

XII. 交存人	
姓名： 地址： 	签名❻： 日期：

❷如果在附页上提供了附加信息，标上叉。

❹如果关于在先保藏没有指出科学描述或建议的分类学命名，不填写。

❺如果提交新保藏时需要首次提供或修正科学描述或分类学命名，使用表格 BP/7。

❻需要代表法人签名的，代表法人签名的自然人的打印姓名应当附具签名。

附件：在先保藏存单的副本。

关于作为在先保藏主题的微生物存活性的最新声明的副本，其指出该微生物是存活的。

表格 BP/3（第 4 页及最后一页）

国际承认用于专利程序的微生物保藏布达佩斯条约
国际性表格

致

交存人的姓名和地址

根据实施细则 7.1 由本页底部显示的国际保藏单位出具的在原始保藏情况下的存单

Ⅰ. 微生物的鉴定	
交存人提供的识别符号：	国际保藏单位提供的登录号：
Ⅱ. 科学描述和/或建议的分类学命名	
上面 Ⅰ 鉴定的微生物附有： □科学描述 □建议的分类学命名 （适用时标上叉）	
Ⅲ. 收到和接受	
本国际保藏单位接受上面 Ⅰ 鉴定的微生物，其于　　　　　　　　　　（原始保藏日期）收到。❶	
Ⅳ. 收到转换请求	
国际保藏单位于　　　　　　　（原始保藏日期）收到上面 Ⅰ 鉴定的微生物，并于 （转换请求的收到日期）收到将原始保藏转为根据布达佩斯条约的保藏的请求。	
Ⅴ. 国际保藏单位	
名称： 地址：	有权代表该国际保藏单位的人或授权官员的签名： 日期：

❶适用实施细则6.4（d）的，这一日期为取得国际保藏单位资格的日期。

表格 BP/4（唯一的页）

国际承认用于专利程序的微生物保藏布达佩斯条约
国际性表格

<table>
<tr><td>致</td><td>根据实施细则 7.1 由下一页显示的国际保藏单位出具的在新保藏情况下的存单</td></tr>
<tr><td>交存人的姓名和地址</td><td></td></tr>
</table>

I. 微生物的鉴定	
交存人提供的识别符号：	国际保藏单位提供的登录号：
II. 交存人声明的提交新保藏的原因	

☐❶作为在先保藏主题的微生物不再存活。

☐❶以下原因妨碍了作为在先保藏主题的微生物样品的发送或接收：

    ☐❶出口限制，或

    ☐❶进口限制。

☐❶进行在先保藏的国际保藏单位不再具有国际保藏单位的资格或停止行使其职能，并且该微生物没有转移到另一家能够发放该微生物样品的国际保藏单位。

☐❶其他原因❷：

☐❶条约第 4 条（1）（a）中提及的通知的收到日期：

☐❶条约第 4 条（1）（e）中提及的公布日期：

❶在合适的框标上叉。

❷指出相关原因。

表格 BP/5（第 1 页）

Ⅲ. 科学描述和/或建议的分类学命名
关于在先保藏，交存人指出了： 　　□科学描述 　　□建议的分类学命名 （适用时标上叉）
Ⅳ. 进行在先保藏的国际保藏单位
名称：   地址：
Ⅴ. 给予在先保藏的登录号
Ⅵ. 收到和接受
本国际保藏单位接受上面Ⅰ鉴定的微生物，其于　　　　　　　　　　　　（原始保藏日期）收到。

Ⅶ. 国际保藏单位	
名称： 地址：	有权代表该国际保藏单位的人或授权官员的签名： 日期：

　　附件：在先保藏存单的副本。

　　关于作为在先保藏主题的微生物存活性的最新声明的副本，其指出该微生物是存活的。

表格 BP/5（第 2 页及最后一页）

国际承认用于专利程序的微生物保藏布达佩斯条约
国际性表格

致

交存人的姓名和地址

根据实施细则 7.1 由下一页显示的国际保藏单位出具的在转移情况下的存单

Ⅰ. 微生物的鉴定	
交存人提供的识别符号：	国际保藏单位提供的登录号：
Ⅱ. 转出的国际保藏单位	

名称：

地址：

Ⅲ. 上面Ⅱ指定的国际保藏单位提供的登录号

Ⅳ. 科学描述和/或建议的分类学命名

交存人向上面Ⅱ指定的国际保藏单位指出了

 □科学描述

 □建议的分类学命名

（适用时标上叉）

表格 BP/6（第 1 页）

Ⅴ. 收到和接受
上面Ⅰ鉴定的微生物的样品已经由上面Ⅱ指定的国际保藏单位转移并由本国际保藏单位接收，其于（转移日期）收到。

Ⅵ. 国际保藏单位	
名称： 地址：	有权代表该国际保藏单位的人或授权官员的签名： 日期：

表格 **BP/6**（第 2 页及最后一页）

一式两份完成

国际承认用于专利程序的微生物保藏布达佩斯条约
根据实施细则 **8.1** 关于科学描述和/或建议的分类学命名的
日后指出或修正的通信

致

国际保藏单位的名称和地址

Ⅰ. 微生物的鉴定
国际保藏单位提供的登录号：
Ⅱ. 科学描述和/或建议的分类学命名　　　　　　　　　　　　　　　　　　□❶
□❷科学描述：
□❷最近曾用的科学描述（如果有的话）：
□❷建议的分类学命名：
□❷最近曾用的建议的分类学命名（如果有的话）：

❶如果在附页中提供了附加信息，标上叉。

❷在合适的框标上叉。

表格 BP/7（第 1 页）

Ⅲ. 证明需求

签名者

　　□❸需要

　　□❸不需要

实施细则 8.2 中提及的证明。

Ⅳ. 交存人

姓名：	签名❹：
地址：	日期：

❸在合适的框标上叉。

❹需要代表法人签名的，代表法人签名的自然人的打印姓名应当附具签名。

表格 BP/7（第 2 页及最后一页）

国际承认用于专利程序的微生物保藏布达佩斯条约
根据实施细则 8.2 涉及科学描述和/或建议的分类学命名的
日后指出或修正的证明

致

交存人的姓名和地址

本国际保藏单位于	收到了附件的通信
国际保藏单位	
名称： 地址：	有权代表该国际保藏单位的人或授权官员的签名： 日期：

附件：根据实施细则 8.1 关于科学描述和/或建议的分类学命名的日后指出或修正的通信。

表格 BP/8（唯一的页）

国际承认用于专利程序的微生物保藏布达佩斯条约
国际性表格

致

根据实施细则 10.2 由下
一页显示的国际保藏单位
出具的存活性证明

为其提供存活性声明的当事人的姓名和地址

Ⅰ. 交存人	Ⅱ. 微生物的鉴定
姓名：	国际保藏单位提供的登录号：
地址：	保藏或转移的日期❶：

Ⅲ. 存活性声明

上面Ⅱ鉴定的微生物的存活性于 检测❷。在该日期，所述微生物

☐❸存活

☐❸不再存活

❶指出原始保藏的日期，或者进行新保藏或转移的，最近的相关日（新保藏的日期或转移日期）。

❷在实施细则 10.2（a）（ⅱ）和（ⅲ）中提及的情况下，指最近的存活性检测。

❸在合适的框标上叉。

Ⅳ. 执行存活性检测的条件❹

Ⅴ. 国际保藏单位

名称：	有权代表该国际保藏单位的人或授权官员的签名：
地址：	日期：

❹如果需要该信息且检测结果为阴性，填写。

表格 *BP/9*（第 2 页及最后一页）

国际承认用于专利程序的微生物保藏布达佩斯条约
根据实施细则 11.1 保藏的微生物样品的发放请求

致

国际保藏单位的名称和地址

根据布达佩斯条约实施细则 11.1，署名局在此请求发放下面鉴定的微生物的样品

Ⅰ. 微生物的鉴定
保藏的登录号：

表格 **BP/10**（第 1 页）

II. 声明

在此声明：

(1) □❶于　　　　　　　提交的提及上面 I 鉴定的微生物保藏的　　　　　号专利申请为获得专利授
权已经提交本局，并且该申请的主题涉及所述微生物或其应用。

　　□❶于　　　　　　　提交的提及上面 I 鉴定的微生物保藏的　　　　　号国际申请（PCT）为获
得专利 ❷授权指定专利合作条约（PCT）的缔约国，本局是用于所述条约目的的"指定
局"，并且该国际申请的主题涉及所述微生物或其应用。

(2) 该申请

　　□❶在本局处于审查中

　　□❶已经于　　　　　授予　　　　号　　专利❷

(3) 根据实施细则 11.1（ⅲ），为了专利程序需要所述微生物的样品。

(4) 所述样品及其伴随或产生的信息将仅用于所述专利程序。

III. 信息需求

署名局

　　□❶需要

　　□❶不需要

国际保藏单位培养和贮存该微生物的条件的指示。

IV. 工业产权局

工业产权局 街道 城市 （国家）	签名： 日期：

❶在合适的框标上叉。

❷引用"专利"被理解为引用发明专利、发明人证书、实用证书、实用新型、增补专利或证书、增补发明人证书
和增补实用证书。

一式两份完成

国际承认用于专利程序的微生物保藏布达佩斯条约
根据实施细则 11.2（ii）保藏的微生物样品的发放请求

致

国际保藏单位的名称和地址

根据布达佩斯条约实施细则 11.2（ii），署名被授权方在此请求发放下面鉴定的微生物的样品

Ⅰ. 微生物的鉴定	
保藏的登录号：	
Ⅱ. 交存人的声明	
上面Ⅰ鉴定的微生物的署名交存人在此授权向下面Ⅳ指定的当事人发放所述微生物的样品。	
交存人的姓名： 交存人的地址：	交存人的签名❶： 日期：
Ⅲ. 信息需求	
署名被授权方 　□❷需要 　□❷不需要 国际保藏单位培养和贮存该微生物的条件的指示。	
Ⅳ. 被授权方	
被授权方的名称： 被授权方的地址：	被授权方的签名❶： 日期：

❶需要代表法人签名的，代表法人签名的自然人的打印姓名应当附具签名。
❷在合适的框标上叉。

表格 BP/11（唯一的页）

一式两份完成

国际承认用于专利程序的微生物保藏布达佩斯条约
根据实施细则 11.3（a）保藏的微生物样品的发放请求❶

致

国际保藏单位的名称和地址

根据布达佩斯条约实施细则 11.3（a），签名者在此请求发放下面鉴定的微生物的样品

Ⅰ. 微生物的鉴定
保藏的登录号：
Ⅱ. 提及该微生物的专利申请或专利

□❷专利申请号：　　　　　　　　　　　　　　申请日：
　　申请人（名称、地址）：
□❷国际申请（PCT）号：　　　　　　　　　　申请日：
　　申请人（名称、地址）：
□❷专利❸号：　　　　　　　　　　　　　　　授权日：
　　专利权人（名称、地址）：

❶该请求必须发送给胜任的工业产权局，该工业产权局遵照其自己适用的程序，将该申请直接传送给国际保藏单位或发送给被证明的当事人，由其传送给国际保藏单位。

❷在合适的框标上叉。

❸引用"专利"被理解为引用发明专利、发明人证书、实用证书、实用新型、增补专利或证书、增补发明人证书和增补实用证书。

表格 BP/12（第 1 页）

Ⅲ. 信息需求
签名者 　　□❷需要 　　□❷不需要 国际保藏单位培养和贮存该微生物的条件的指示。

Ⅳ. 被证明的当事人	
名称： 地址：	签名❶： 日期：

❷在合适的框标上叉。

❶需要代表法人签名的，代表法人签名的自然人的打印姓名应当附具签名。

证明

在此证明：

(1) □❷上面Ⅱ指定的专利申请，其提及上面Ⅰ鉴定的微生物保藏，为获得专利授权已经提交本局，并且它的主题涉及所述微生物或其应用。

  □❷上面Ⅱ指定的国际申请，其提及上面Ⅰ鉴定的微生物保藏，为获得专利授权指定专利合作条约（PCT）的缔约国，本局是所述条约意义中的"指定局"，并且该国际申请的主题涉及所述微生物或其应用。

  □❷上面Ⅱ指定的专利，其提及上面Ⅰ鉴定的微生物保藏，已经由本局授权，并且它的主题涉及所述微生物或其应用。

(2) □❷用于专利程序的公布已经：

  □❺由本局实现。

  □❺由世界知识产权组织国际局作为根据专利合作条约（PCT）的国际公布实现。

或

  □❷被证明的当事人有权根据下列条款在公布前取得样品❻：

(3) □❷被证明的当事人有权根据专利程序的法律在本局取得上面Ⅰ鉴定的微生物的样品，并且本局确信所述法律规定的条件（如果有的话）实际上已经满足。

或

  □❷在本局，被证明的当事人已经在表格上签名，作为已在所述表格签名的后果，本局认为根据专利程序的法律向被证明的当事人发放上面Ⅰ鉴定的微生物的样品的条件已经满足。

工业产权局：	签名：
街道：	
城市：	
（国家）：	日期：

❷在合适的框标上叉。

❺如果只有一个框适用，在该框标上叉；如果两个框都适用，在两个框中的一个（选择一个）标上叉。

❻引用法律的适用条款，包括任何法院判决。

表格 BP/12（第 3 页及最后一页）

一式两份完成

国际承认用于专利程序的微生物保藏布达佩斯条约
根据实施细则 11.3 （b） 保藏的微生物样品的发放请求

致

国际保藏单位的名称和地址

　　根据布达佩斯条约实施细则 11.3 （b），签名者在此请求发放下面鉴定的微生物的样品

Ⅰ．微生物的鉴定	
保藏的登录号： 交存人的姓名❶： 交存人提供的识别符号❶： 交存人建议的分类学名称（如果有的话)❶：	
Ⅱ．信息需求	
签名者 　　□❷需要 　　□❷不需要 国际保藏单位培养和贮存该微生物的条件的指示。	
Ⅲ．请求方	
名称： 地址：	签名❸： 日期：

　　❶如果请求方知道的话，指出。
　　❷在合适的框标上叉。
　　❸需要代表法人签名的，代表法人签名的自然人的打印姓名应当附具签名。

表格 BP/13（唯一的页）

国际承认用于专利程序的微生物保藏布达佩斯条约

致

根据实施细则 11.4（g）
由本页底部显示的国际保
藏单位出具的保藏的微生
物样品的发放通知

交存人的姓名和地址

Ⅰ. 微生物的鉴定	
保藏的登录号：	
Ⅱ. 通知	
在此通知交存人上面Ⅰ鉴定的微生物的样品于　　　　　　　发放给 名称❶： 地址❶： 本通知附有： □❷根据实施细则 11.1 的请求和声明的副本 □❷根据实施细则 11.2（ⅱ）的请求和声明的副本 □❷根据实施细则 11.3（a）的包括请求和证明的表格的副本 □❷根据实施细则 11.3（b）的请求的副本	
Ⅲ. 国际保藏单位	
名称： 地址：	有权代表该国际保藏单位的人或授权官员的签名： 日期：

❶视情况写出对其发放样品的工业产权局、授权当事人、被证明的当事人或请求方的名称和地址。
❷在合适的框标上叉。

表格 BP/14（唯一的页）

中国相关法律文件

《中华人民共和国专利法实施细则》
有关生物材料保藏的规定

第二十四条 申请专利的发明涉及新的生物材料，该生物材料公众不能得到，并且对该生物材料的说明不足以使所属领域的技术人员实施其发明的，除应当符合专利法和本细则的有关规定外，申请人还应当办理下列手续：

（一）在申请日前或者最迟在申请日（有优先权的，指优先权日），将该生物材料的样品提交国务院专利行政部门认可的保藏单位保藏，并在申请时或者最迟自申请日起4个月内提交保藏单位出具的保藏证明和存活证明；期满未提交证明的，该样品视为未提交保藏；

（二）在申请文件中，提供有关该生物材料特征的资料；

（三）涉及生物材料样品保藏的专利申请应当在请求书和说明书中写明该生物材料的分类命名（注明拉丁文名称）、保藏该生物材料样品的单位名称、地址、保藏日期和保藏编号；申请时未写明的，应当自申请日起4个月内补正；期满未补正的，视为未提交保藏。

第二十五条 发明专利申请人依照本细则第二十四条的规定保藏生物材料样品的，在发明专利申请公布后，任何单位或者个人需要将该专利申请所涉及的生物材料作为实验目的使用的，应当向国务院专利行政部门提出请求，并写明下列事项：

（一）请求人的姓名或者名称和地址；

（二）不向其他任何人提供该生物材料的保证；

（三）在授予专利权前，只作为实验目的使用的保证。

第一百零八条 申请人按照专利合作条约的规定，对生物材料样品的保藏已作出说明的，视为已经满足了本细则第二十四条第（三）项的要求。申请人应当在进入中国国家阶段声明中指明记载生物材料样品保藏事项的文件以及在该文件中的具体记载位置。

申请人在原始提交的国际申请的说明书中已记载生物材料样品保藏事项，但是没有在进入中国国家阶段声明中指明的，应当自进入日起4个月内补正。期满未补正的，该生物材料视为未提交保藏。

申请人自进入日起4个月内向国务院专利行政部门提交生物材料样品保藏证明和存活证明的，视为在本细则第二十四条第（一）项规定的期限内提交。

《专利审查指南2010》 有关生物材料保藏的规定

第一部分第一章　发明专利申请的初步审查

5. 特殊专利申请的初步审查

5.2 涉及生物材料的申请

5.2.1 涉及生物材料的申请的核实

对于涉及生物材料的申请，申请人除应当使申请符合专利法及其实施细则的有关规定外，还应当办理下列手续：

（1）在申请日前或者最迟在申请日（有优先权的，指优先权日），将该生物材料样品提交至国家知识产权局认可的生物材料样品国际保藏单位保藏。

（2）在请求书和说明书中注明保藏该生物材料样品的单位名称、地址、保藏日期和编号，以及该生物材料的分类命名（注明拉丁文名称）。

（3）在申请文件中提供有关生物材料特征的资料。

（4）自申请日起四个月内提交保藏单位出具的保藏证明和存活证明。

初步审查中，对于已在规定期限内提交保藏证明的，审查员应当根据保藏证明核实下列各项内容：

（1）保藏单位

保藏单位应当是国家知识产权局认可的生物材料样品国际保藏单位，不符合规定的，审查员应当发出生物材料样品视为未保藏通知书。

（2）保藏日期

保藏日期应当在申请日之前或者在申请日（有优先权的，指优先权日）当天。不符合规定的，审查员应当发出生物材料样品视为未保藏通知书。

但是，保藏证明写明的保藏日期在所要求的优先权日之后，并且在申请日之前的，审查员应当发出办理手续补正通知书，要求申请人在指定的期限内撤回优先权要求或者声明该保藏证明涉及的生物材料的内容不要求享受优先权，期满未答复或者补正后仍不符合规定的，审查员应当发出生物材料样品视为未保藏通知书。

（3）保藏及存活证明和请求书的一致性

保藏及存活证明与请求书中所填写的项目应当一致，不一致的，审查员应当发出补正通知书，通知申请人在规定期限内补正。期满未补正的，审查员应当发出生物材料样品视为未保藏通知书。

初步审查中，对于未在规定期限内提交保藏证明的，该生物材料样品视为未提交保藏，审查员应当发出生物材料样品视为未保藏通知书。在自申请日起四个月内，申请人未提交生物材料存活证明，又没有说明未能提交该证明的正当理由的，该生物材料样品视为未提交保藏，审查员应当发出生物材料样品视为未保藏通知书。

提交生物材料样品保藏过程中发生样品死亡的，除申请人能够提供证据证明造成生物材料样品死亡并非申请人责任外，该生物材料样品视为未提交保藏，审查员应当发出生物材料样品视为未保藏通知书。申请人提供证明的，可以在自申请日起四个月内重新提供与原样品相同的新样品重新保藏，并以原提交保藏日为保藏日。

涉及生物材料的专利申请，申请人应当在请求书和说明书中分别写明生物材料的分类命名，保藏该生物材料样品的单位名称、地址、保藏日期和保藏编号，并且相一致（参见本指南第二部分第十章第9.2.1节）。申请时请求书和说明书都未写明的，申请人应当自申请日起四个月内补正，期满未补正的，视为未提交保藏。请求书和说明书填写不一致的，申请人可以在收到专利局通知书后，在指定的期限内补正，期满未补正的，视为未提交保藏。

5.2.2 保藏的恢复

审查员发出生物材料样品视为未保藏通知书后，申请人有正当理由的，可以根据专利法实施细则第六条第二款的规定启动恢复程序。除其他方面正当理由外，属于生物材料样品未提交保藏或未存活方面的正当理由如下：

（1）保藏单位未能在自申请日起四个月内作出保藏证明或者存活证明，并出具了证明文件；

（2）提交生物材料样品过程中发生生物材料样品死亡，申请人能够提供证据证明生物材料样品死亡并非申请人的责任。

第二部分第十章　关于化学领域发明专利申请审查的若干规定

9. 生物技术领域发明专利申请的审查

9.2 说明书的充分公开

9.2.1 生物材料的保藏

（1）专利法第二十六条第三款规定，说明书应当对发明或者实用新型作出清楚、完整的说明，以所属技术领域的技术人员能够实现为准。

通常情况下，说明书应当通过文字记载充分公开申请专利保护的发明。在生物技术这一特定的领域中，有时由于文字记载很难描述生物材料的具体特征，即使有了这些描述也得不到生物材料本身，所属技术领域的技术人员仍然不能实施发明。在这种情况下，为了满足专利法第二十六条第三款的要求，应按规定将所涉及的生物材料到国家知识产权局认可的保藏单位进行保藏。

如果申请涉及的完成发明必须使用的生物材料是公众不能得到的，而申请人却没有按专利法实施细则第二十四条的规定进行保藏，或者虽然按规定进行了保藏，但是未在申请日或者最迟自申请日起四个月内提交保藏单位出具的保藏证明和存活证明的，审查员应当以申请不符合专利法第二十六条第三款的规定驳回该申请。

对于涉及公众不能得到的生物材料的专利申请，应当在请求书和说明书中均写明生物材料的分类命名、拉丁文学名、保藏该生物材料样品的单位名称、地址、保藏日期和保藏编号。在说明书中第一次提及该生物材料时，除描述该生物材料的分类命名、拉丁文学名以外，还应当写明其保藏日期、保藏该生物材料样品的保藏单位全称及简称和保藏编号；此外，还应当将该生物材料的保藏日期、保藏单位全称及简称和保藏编号作为说明书的一个部分集中写在相当于附图说明的位置。如果申请人按时提交了符合专利法实施细则第二十四条规定的请求书、保藏证明和存活证明，但未在说明书中写明与保藏有关的信息，允许申请人在实质审查阶段根据请求书的内容将相关信息补充到说明书中。

（2）专利法实施细则第二十四条中所说的"公众不能得到的生物材料"包括：个人或单位拥有的、由非专利程序的保藏机构保藏并对公众不公开发放的生物材料；或者虽然在说明书中描述了制备该生物材料的方法，但是本领域技术人员不能重复该方法而获得所述的生物材料，例如通过不能再现的筛选、突变等手段新创制的微生物菌种。这样的生物材料均要求按照规定进行保藏。

以下情况被认为是公众可以得到、而不要求进行保藏：

（ⅰ）公众能从国内外商业渠道买到的生物材料，应当在说明书中注明购买的渠道，必要时，应提供申请日（有优先权的，指优先权日）前公众可以购买得到该生物材料的证据；

（ⅱ）在各国专利局或国际专利组织承认的用于专利程序的保藏机构保藏的，并且在向我国提交的专利申请的申请日（有优先权的，指优先权日）前已在专利公报中公布或已授权的生物材料；

（ⅲ）专利申请中必须使用的生物材料在申请日（有优先权的，指优先权日）前已在非专利文献中公开的，应当在说明书中注明了文献的出处，说明了公众获得该生物材料的途径，并由专利申请人提供了保证从申请日起二十年内向公众发放生物材料的证明。

（3）在国家知识产权局认可的机构内保藏的生物材料，应当由该单位确认生物材料的生存状况，如果确认生物材料已经死亡、污染、失活或变异的，申请人必须将与原来保藏的样品相同的生物材料和原始样品同时保藏，并将此事呈报专利局，即可认为后来的保藏是原来保藏的继续。

（4）国家知识产权局认可的保藏单位是指布达佩斯条约承认的生物材料样品国际保藏单位，其中包括位于我国北京的中国微生物菌种保藏管理委员会普通微生物中心（CG-MCC）和位于武汉的中国典型培养物保藏中心（CCTCC）。

9.2.4 涉及微生物的发明

（1）经保藏的微生物应以分类鉴定的微生物株名、种名、属名进行表述。如未鉴定到种名的应当给出属名。在说明书中，第一次提及该发明所使用的微生物时，应用括号注明其拉丁文学名。如果该微生物已按专利法实施细则第二十四条的规定在国家知识产权局认可的保藏单位保藏，应当在说明书中按本章第9.2.1节的规定写明其保藏日期、保藏单位全称及简称和保藏编号。在说明书的其他位置可以用该保藏单位的简称以及该微生物的保藏编号代表所保藏的微生物，例如以"金黄色葡萄球菌 CCTCC8605"进行描述。

（2）当涉及的微生物属于新种时，要详细记载其分类学性质，要写明鉴定为新种的理由，并给出作为判断基准的有关文献。

9.3 生物技术领域发明的权利要求书

权利要求书应当符合专利法第二十六条第四款、专利法实施细则第二十条第二款的规定。

9.3.2 涉及微生物的发明

（1）权利要求中所涉及的微生物应按微生物学分类命名法进行表述，有确定的中文名称的，应当用中文名称表述，并在第一次出现时用括号注明该微生物的拉丁文学名。如果微生物已在国家知识产权局认可的保藏单位保藏，还应当以该微生物的保藏单位的简称和保藏编号表述该微生物。

（2）如果说明书中没有提及某微生物的具体突变株，或者虽提及具体突变株，但是没有提供相应的具体实施方式，而权利要求中却要求保护这样的突变株，则不允许。

对于要求保护某一微生物的"衍生物"的权利要求，由于"衍生物"含义不仅是指由该微生物产生的新的微生物菌株，而且可以延伸到由该微生物产生的代谢产物等，因此其含义是不确定的，这样的权利要求的保护范围是不清楚的。

第三部分第一章　进入国家阶段的国际申请的初步审查和事务处理

5. 其他文件的审查

5.5 生物材料样品保藏事项

5.5.1 进入声明中的指明

根据专利法实施细则第一百零八条第一款的规定，申请人按照专利合作条约规定对生物材料样品的保藏作出过说明的，应当在进入声明中予以指明。该指明应当包括指出记载保藏事项的文件种类，以及必要时指出有关内容在该文件中的具体记载位置。

保藏事项是以非表格形式记载在说明书中的，应当在进入声明的规定栏目中，指明记载的内容在说明书译文中的页码和行数。审查员应当对译文的相应内容进行检查。保藏事项记载在"关于微生物保藏的说明"（PCT/RO/134 表）中或其他单独的纸页中的，该表或该纸页应当包含在国际公布文本中。审查员经核对发现在进入声明中指明的译文的相应位置没有关于保藏事项的记载，或者在进入声明中指明的"关于微生物保藏的说明"（PCT/RO/134 表）或其他另页说明并不包含在国际公布文本中的，应当发出生物材料样品视为未保藏通知书，认为该生物材料样品的保藏说明没有作出。

申请人在国际阶段已经按照专利合作条约的规定对生物材料样品的保藏作出说明，但是没有在进入声明中予以指明或指明不准确的，可以在自进入日起四个月内主动补正。期满未补正的，认为该生物材料样品的保藏说明没有作出，审查员应当发出生物材料样品视为未保藏通知书，通知申请人该生物材料样品视为未保藏。

5.5.2 生物材料样品保藏说明

根据专利法实施细则第一百零八条的规定，申请人按照专利合作条约的规定对生物材料样品的保藏作出过说明的，应当视为符合专利法实施细则第二十四条第（三）项的规定。

根据专利合作条约实施细则的规定，对保藏的生物材料的说明应包括的事项有：保藏单位的名称和地址、保藏日期、保藏单位给予的保藏编号。只要该说明在国际局完成国际公布准备工作之前到达国际局，就应认为该说明已及时提交。因此，申请人在进入声明中所指明的生物材料样品的保藏说明作为说明书的一部分或者以单独的纸页包含在国际公布文本中，其内容包括上述规定事项，审查员应当认为是符合要求的说明。在国际阶段申请人没有作出生物材料样品保藏说明，而在进入声明中声称该申请涉及生物材料样品保藏的，审查员应当发出生物材料样品视为未保藏通知书，通知申请人该生物材料样品视为未保藏。

如果申请人在申请日时提交了生物材料样品的保藏证明，并且国际局将其作为国际申请的一部分包含在国际公布文本中，申请人请求对生物材料样品保藏说明中遗漏事项作出补充的，审查员可以以国际公布文本中的保藏证明为依据，同意其补充或改正。

　　审查员发现生物材料样品保藏说明与保藏证明中记载的保藏事项的内容不一致，并且可以确定不一致是由于保藏说明中的书写错误造成的，审查员应当发出办理手续补正通知书，通知申请人补正。期满未补正，审查员应当发出生物材料样品视为未保藏通知书，通知申请人该生物材料样品视为未保藏。

　　生物材料样品保藏的说明是以"关于微生物保藏的说明"（PCT/RO/134 表）的形式或者以说明书以外的其他单独纸页形式提交的，作为国际申请的一部分，进入国家阶段时应当译成中文。没有译成中文的，审查员应当发出办理手续补正通知书，通知申请人补正。期满未补正，视为没有作出生物材料样品保藏说明，审查员应当发出生物材料样品视为未保藏通知书，通知申请人该生物材料样品视为未保藏。

5.5.3 生物材料样品保藏证明

　　由于国际申请的特殊程序，提交生物材料样品保藏证明和存活证明的期限是自进入日起四个月。对保藏证明和存活证明内容的审查，适用本指南第一部分第一章第 5.2.1 节的规定。

用于专利程序的生物材料保藏办法

第一章　总　则

第一条　为了规范用于专利程序的生物材料的保藏和提供样品的程序，根据《中华人民共和国专利法》和《中华人民共和国专利法实施细则》（以下简称专利法实施细则），制定本办法。

第二条　生物材料保藏单位负责保藏用于专利程序的生物材料以及向有权获得样品的单位或者个人提供所保藏的生物材料样品。

第三条　在中国没有经常居所或者营业所的外国人、外国企业或者外国其他组织根据本办法办理相关事务的，应当委托依法设立的专利代理机构办理。

第二章　保藏生物材料

第四条　专利申请人依照专利法实施细则第二十四条提交生物材料保藏时，应当向保藏单位提交该生物材料，并附具保藏请求书写明下列事项：

（一）请求保藏的生物材料是用于专利程序的目的，并保证在本办法第九条规定的保藏期间内不撤回该保藏；

（二）专利申请人的姓名或者名称和地址；

（三）详细叙述该生物材料的培养、保藏和进行存活性检验所需的条件；保藏两种以上生物材料的混合培养物时，应当说明其组分以及至少一种能检查各个组分存在的方法；

（四）专利申请人给予该生物材料的识别符号，以及对该生物材料的分类命名或者科学描述；

（五）写明生物材料具有或者可能具有危及健康或者环境的特性，或者写明专利申请人不知道该生物材料具有此种特性。

第五条　保藏单位对请求保藏的生物材料的生物特性不承担复核的义务。专利申请人要求对该生物材料的生物特性和分类命名进行复核检验的，应当在提交保藏生物材料时与保藏单位另行签订合同。

第六条　保藏单位收到生物材料和保藏请求书后，应当向专利申请人出具经保藏单位盖章和负责人签字的书面保藏证明。保藏证明应当包括下列各项：

（一）保藏单位的名称和地址；

（二）专利申请人的姓名或者名称和地址；

（三）收到生物材料的日期；

（四）专利申请人给予该生物材料的识别符号，以及对该生物材料的分类命名或者科学描述；

（五）保藏单位给予的保藏编号。

第七条　有下列情形之一的，保藏单位对生物材料不予保藏，并应当通知专利申请人：

（一）该生物材料不属于保藏单位接受保藏的生物材料种类；

（二）该生物材料的性质特殊，保藏单位的技术条件无法进行保藏；

（三）保藏单位在收到保藏请求时，有其他理由无法接受该生物材料。

第八条 保藏单位收到生物材料以及保藏请求后应当及时进行存活性检验，并向专利申请人出具经保藏单位盖章和负责人签字的书面存活证明。存活证明应当记载该生物材料是否存活，并应当包括下列各项：

（一）保藏单位的名称和地址；

（二）专利申请人的姓名或者名称和地址；

（三）收到生物材料的日期；

（四）保藏单位给予的保藏编号；

（五）存活性检验的日期。

在保藏期间内，应专利申请人或者专利权人随时提出的请求，保藏单位应当对该生物材料进行存活性检验并向其出具经保藏单位盖章和负责人签字的书面存活证明。

第九条 用于专利程序的生物材料的保藏期限至少 30 年，自保藏单位收到生物材料之日起计算。保藏单位在保藏期限届满前收到提供生物材料样品请求的，自请求日起至少应当再保藏 5 年。在保藏期间内，保藏单位应当采取一切必要的措施保持其保藏的生物材料存活和不受污染。

第十条 涉及保藏的生物材料的专利申请公布前，保藏单位对其保藏的生物材料以及相关信息负有保密责任，不得向任何第三方提供该生物材料的样品和信息。

第十一条 生物材料在保藏期间内发生死亡或者污染等情况的，保藏单位应当及时通知专利申请人或者专利权人。专利申请人或者专利权人在收到上述通知之日起 4 个月内重新提交与原保藏的生物材料相同的生物材料的，保藏单位予以继续保藏。

第三章　提供生物材料样品

第十二条 在保藏期间内，应保藏生物材料的专利申请人或者专利权人或者经其允许的任何单位或者个人的请求，保藏单位应当向其提供该生物材料的样品。

专利申请权或者专利权发生转让的，请求提供生物材料样品的权利以及允许他人获得生物材料样品的权利一并转让。

专利申请权或者专利权发生转让的，受让人应当及时通知保藏单位该专利申请权或者专利权的转让情况。

第十三条 《国际承认用于专利程序的微生物保藏布达佩斯条约》缔约方专利局正在审查的专利申请或者已经授予的专利权涉及保藏单位所保藏的生物材料，该专利局为其专利程序的目的要求保藏单位提供该生物材料样品的，保藏单位应当向其提供。

第十四条 国家知识产权局收到请求人依照专利法实施细则第二十五条提出的请求后，应当核实下列事项：

（一）涉及该保藏生物材料的专利申请已经向国家知识产权局提交，并且该申请的主题包括该生物材料或者其利用；

（二）所述专利申请已经公布或者授权；

（三）请求人已经按照专利法实施细则第二十五条的规定作出保证。

国家知识产权局应当将该请求和有关文件的副本转送专利申请人或者专利权人，要求其在指定期限内就是否同意向请求人提供样品提出意见。专利申请人或者专利权人不同意向请求人提供样品的，应当说明理由并提交必要的证据；逾期不提出意见的，视为同意向请求人提供样品。

国家知识产权局应当综合考虑核实的情况以及专利申请人或者专利权人提出的意见，确定是否向请求人出具其有权获得生物材料样品的证明。

第十五条　除本办法第十二条和第十三条规定的情形外，请求提供生物材料样品的单位或者个人向保藏单位提交提供样品请求书以及国家知识产权局根据本办法第十四条所出具的证明的，保藏单位应当向其提供生物材料样品。

第十六条　保藏单位依照本办法提供生物材料样品，获得生物材料样品的人使用生物材料样品的，还应当遵守国家有关生物安全、出入境管理等法律法规的规定。

第十七条　保藏单位依照本办法向专利申请人或者专利权人之外的其他单位或者个人提供生物材料样品的，应当及时通知专利申请人或者专利权人。

第十八条　自本办法第九条规定的保藏期限届满之日起1年内，专利申请人或者专利权人可以取回所保藏的生物材料或者与保藏单位协商处置该生物材料。专利申请人或者专利权人在该期限内不取回也不进行处置的，保藏单位有权处置该生物材料。

第四章　附　则

第十九条　保藏单位确定的接受保藏的生物材料种类以及收费标准应当予以公布，并报国家知识产权局备案。

第二十条　本办法自2015年3月1日起施行。1985年3月12日中华人民共和国专利局公告第八号发布的《中国微生物菌种保藏管理委员会普通微生物中心用于专利程序的微生物保藏办法》和《中国典型培养物中心用于专利程序的微生物保藏办法》同时废止。

关于用于专利程序的微生物菌（毒）种、
培养物入境检疫暂行规定

（1985 年 9 月 10 日卫生部、农牧渔业部、
中国专利局颁布，自 1985 年 9 月 10 日起施行）

一、外国申请人向我国提出涉及微生物的专利申请，将微生物菌（毒）种、培养物交中国专利局指定的保藏单位保藏的，应事先由其委托的涉外专利代理机构向卫生部或农牧渔业部办理入境许可审批手续。

与人、环境卫生有关的微生物菌（毒）种、培养物，由卫生部审批；与动物、植物有关的微生物菌（毒）种、培养物，由农牧渔业部审批；与人畜共患性疾病有关的，应由卫生部和农牧渔业部协商后联合审批。审批单位一般应在收到微生物菌（毒）种、培养物入境申请后一周内，作出决定，并通知申请人。

二、审批单位根据国家颁布的有关法令、条例进行审批。对微生物菌（毒）种、培养物进口时，要求包装绝对安全，不得造成污染。

三、涉外专利代理机构在办理入境许可审批手续时，应向审批单位提交申请入境的微生物菌（毒）种、培养物的名称、来源、数量、用途，对人和动植物有否危害等简要资料。

四、经审批单位同意，涉外专利代理机构方可通知外国专利申请人将微生物菌（毒）种培养物寄入我国或携带入境。进口时涉外专利代理机构应将外国委托人的有关证明及审批单位的许可单向进口的国境卫生检疫机关或口岸动植物检疫机关报检。国境卫生检疫机关或口岸动植物检疫机关接受报检后，应及时查验，放行。若发现进口的微生物菌（毒）种、培养物与证件不符，或包装不符合要求，即予以退回或没收销毁。

五、微生物菌（毒）种、培养物保藏单位应对微生物菌（毒）种、培养物妥善保藏，确保安全，严防扩散。

六、任何人要求获取用于专利程序的微生物菌（毒）种、培养物样品供国内使用的，除按中国专利局《用于专利程序的微生物保藏办法》办理外，均应经卫生部或农牧渔业部批准。

国家知识产权局关于公布用于专利程序的生物材料保藏单位相关信息的公告

（第二〇九号）

根据《中华人民共和国专利法》以及《中华人民共和国专利法实施细则》的规定，国家知识产权局继续委托中国微生物菌种保藏管理委员会普通微生物中心（以下简称"中国普通微生物菌种保藏管理中心"）和中国典型培养物保藏中心作为用于专利程序的生物材料保藏单位，承担用于专利程序的生物材料保藏以及向有权获得样品的单位或者个人提供所保藏的生物材料样品的工作。现将各保藏单位相关信息公告如下：

一、**中国普通微生物菌种保藏管理中心（从一九八五年二月二十八日开始接受保藏申请）**

保藏单位名称：中国普通微生物菌种保藏管理中心

地址：北京市朝阳区北辰西路 1 号院 3 号

邮编：100101

开户银行：中国工商银行北京市海淀西区支行

开户单位：中国科学院微生物研究所

账号：020000450908911742

用途：专利生物材料保藏费

二、**中国典型培养物保藏中心（从一九八五年三月八日开始接受保藏申请）**

保藏单位名称：中国典型培养物保藏中心

地址：湖北省武汉市武昌区八一路 299 号武汉大学校内（武汉大学第一附小对面）

邮编：430072

开户银行：中国银行东湖开发区支行

开户单位：武汉大学

账号：576857528447

用途：专利生物材料保藏费

国家知识产权局

2015 年 2 月 17 日

国家知识产权局关于委托广东省微生物菌种保藏中心作为用于专利程序的生物材料保藏单位的公告

（第二一八号）

　　根据《中华人民共和国专利法》《中华人民共和国专利法实施细则》和《用于专利程序的生物材料保藏办法》的规定，国家知识产权局委托广东省微生物菌种保藏中心作为用于专利程序的生物材料保藏单位，承担用于专利程序的生物材料保藏以及向有权获得样品的单位或者个人提供所保藏的生物材料样品的工作，自 2016 年 1 月 1 日起接受保藏申请。现将该保藏单位相关信息公告如下：

　　保藏单位名称：广东省微生物菌种保藏中心

　　地址：广东省广州市先烈中路 100 号大院 59 号楼

　　邮编：510075

　　开户银行：中国银行广州先烈中路支行

　　开户单位：广东省微生物研究所（广东省微生物分析检测中心）

　　账号：658757741943

国家知识产权局

2015 年 12 月 11 日

中国微生物菌种保藏管理委员会普通微生物中心
用于专利程序的生物材料保存指南

中国微生物菌种保藏管理委员会普通微生物中心（简称：中国普通微生物菌种保藏管理中心）

地址：北京市朝阳区北辰西路 1 号院，中国科学院微生物研究所

邮政编码：100101

电话：86 – 10 – 64807355

传真：86 – 10 – 64807288

网址：http：//www. cgmcc. net

电子邮箱：cgmcc@ im. ac. cn

一、寄存要求

（一）受理保藏的生物材料种类

中国普通微生物菌种保藏管理中心受理以下各类生物材料的保藏：

除中国政府规定的人和动物的一类危险病原菌以外的古菌、细菌（包括放线菌）、酵母菌、丝状真菌、厌氧微生物、单细胞藻类、动物细胞系、植物细胞系、植物种子、支原体、病毒❶、噬菌体和质粒。保藏中心可以接受包含重组 DNA 分子的生物材料或由重组 DNA 分子组成的生物材料的保藏申请，接受的最高物理封闭水平为 P2 级。

中国普通微生物保藏中心目前不受理下述各类生物材料的保藏：

原生动物；中国法律禁止入境的生物材料；潜在危险性太大的生物材料。

根据一般原则，中国普通微生物菌种保藏管理中心仅受理在可行的技术条件下长期保藏、其性状不发生明显变异的生物材料。对一些较为特殊的生物材料，例如，无法利用超低温冻结方法或冷冻干燥方法长期保藏，必须保持其处于生命活动状态的生物材料，可依据具体情况加以受理，但应事先协商有关事宜和费用。

尽管前述，中国普通微生物菌种保藏管理中心有权依据其主任的意见，接受或拒绝接受任何生物材料的保藏。保藏中心将指明其不接受的原因是危险或是难以操作。中国普通微生物菌种保藏管理中心也不向境外申请者提供中国法律禁止出境的生物材料。

（二）技术要求和手续

1. 状态和数量

中国普通微生物保藏中心接受任何状态的培养物。寄存人对每份寄存物应当向保藏中心提供的最小数量如下：

（1）古菌、细菌、放线菌、酵母菌、丝状真菌、支原体、单细胞藻类：5 份。

---

❶ 　一些动物病毒的存活检测需要动物宿主，这是中国普通微生物菌种保藏管理中心不能提供的。这种情况下，寄存要求将被拒绝。不能用机械方式增殖的植物病毒也将被拒绝接受。

（2）病毒、噬菌体、质粒（未转进宿主）、动物细胞系、植物细胞系：15 份。

（3）植物种子：2000 粒。

2. 存活检测所需时间

中国普通微生物菌种保藏管理中心对各种生物材料存活检测所需的平均时间列出如下，寄存者应理解在某些情况下，存活检测可能需时较长，其时间填于括号中。

（1）古菌、细菌、酵母菌：3 天（或 20 天）。

（2）放线菌、丝状真菌、支原体：6 天（或 30 天）。

（3）噬菌体、单细胞藻类、动物细胞株：7 天（或 14 天）。

（4）质粒❶：8 天（或 14 天）。

（5）动物病毒、植物细胞系、植物种子：21 天（或 30 天）。

（6）植物病毒：无具体时间。

3. 寄存者复核和寄存物的更新

中国普通微生物菌种保藏管理中心自行将寄存人交存的古菌、细菌、放线菌、丝状真菌、酵母菌、噬菌体、动植物细胞株等的原始培养物制备成冷冻干燥和（或）冻结保藏的批量样品，并根据需要更新保藏的生物材料。保藏中心也可以根据寄存人的希望保存和供应由寄存者提供的冷冻干燥样品。一般情况下，中国普通微生物菌种保藏管理中心不自行制备植物种子、动物病毒和质粒的批量样品，此时，当样品数量因供应而减少时，保藏中心将要求寄存人提供新的样品。

寄存人有义务检验中国普通微生物菌种保藏管理中心制备的生物材料批量样品的可靠性，并将检验结果通知保藏中心。如果寄存人未将检验结果在 3 个月内通知保藏中心，中国普通微生物菌种保藏管理中心将认为，其自行制备的批量样品与寄存人提交的原始寄存物是完全一致的。

不管用何种方法制备寄存物的批量样品，中国普通微生物菌种保藏管理中心将始终保藏由寄存人提供的原始培养物或经寄存人检验过的、由保藏中心自行制备的样品。

（三）管理要求和手续

1. 语言

中国普通微生物菌种保藏管理中心指定的工作语言是中文和英文。

2. 合同

中国普通微生物菌种保藏管理中心不要求与寄存人以双方名义签订合同，以规定任一方的责任。除非是在受理某种危险生物材料的情况下，寄存人必须同意以其自己的风险接受和处理这些菌种。同时还要求向保藏中心提供所要求的信息：

（1）交纳所有必须的费用。

（2）在规定的期间内，不撤销保藏。

（3）授权保藏中心，在保藏期间内，根据专利程序的要求提供样本。

3. 进口和（或）检疫规则

对于来自国外的保藏申请案，中国普通微生物保藏中心必须从中国的有关机构获得生物材料入境许可证，获得这样的许可证通常需要 14 ~ 30 天。在获得入境许可证后，保藏

---

❶ 对于质粒，"存活检测"视质粒转进寄主而定，如果能转化，"存活检测"被视为阳性。

中心将通知寄存人或其代理人将培养物寄往保藏中心。检疫费用将由寄存人负担。

4. 原始保存

寄存者在布达佩斯条约下保存培养物，须填写保藏中心使用的用于专利程序的申请保藏登记表格 BP/1。关于日后菌种的科学描述和提出分类指定或修正及其收据，保藏中心不要求填写专门的表格。

寄存物收据和存活性报告分别按规定的国际性表格 BP/4 和 BP/9 发出。样本向第三方发放的通知以表格 BP/14 发出。对于其他要求通知的联系，采用非标准的表格。

如果需要，保藏中心可在培养物收到之后，正式收据发出之前以电话、传真或电子邮件通知寄存人交存日期和接受号。在存活报告发出之前，保藏中心也可作同种方式的通信服务。

如果需要，中国普通微生物菌种保藏管理中心将向寄存人的代理人提供保存收据和存活报告。

5. 转移在先保存

布达佩斯条约规定之外的保存可以通过原寄存者的请求转移为布达佩斯条约下的保存，而且不管他们原来是否为专利目的保存的；任何在先的免费保存，在转移时要按布达佩斯条约保存收取保藏费。对于转移的管理要求，除了可免除进口和（或）检疫手续外，与布达佩斯条约下的原始保存是同样的。

6. 重新保存

中国普通微生物菌种保藏管理中心将依据布达佩斯条约第 4 条和布达佩斯条约实施细则 6.2，以及国家知识产权局《用于专利程序的生物材料保藏办法》的规定受理重新保存。重新保存时，保藏中心不要求寄存人填写标准表格，但要求寄存人说明重新保存的培养物与其寄存的原始培养物是完全相同的，并提供有关文件的复制件。

二、提供样品

（一）对提供样品的要求

中国普通微生物菌种保藏管理中心依照布达佩斯条约实施细则第 11 条的规定和要求向有关的工业产权局提供样品，向寄存人或寄存人授权的人提供样品，向在法律上享有权利的人提供样品。

中国普通微生物菌种保藏管理中心向有资格索取样品的第三方提供咨询，并向索菌者提供模式索菌表格 BP/12。

中国普通微生物菌种保藏管理中心将不向任何索取人提供受卫生和安全法规控制的生物材料样品，除非保藏中心已确信索取人能够遵守这些法规。在中国，进行危险性太大的生物材料的研究工作，需要得到有关机构的许可，索取人必须首先得到有关机构的许可证，否则索取人的要求将被拒绝。

当索取样品的有效要求来自国外，索取者被视为熟悉该国的进口要求。

除病毒和质粒外，由保藏中心提供的所有生物材料样品均来自保藏中心自行制备的批量样品。

（二）对寄存人的通知

当寄存人的生物材料样品已送到第三方时，寄存人将收到模式表格 BP/14 的通知，除非寄存人放弃他的被通知的权利。

（三）布达佩斯条约寄存物目录

如果寄存人或有权利的专利机构通知中国普通微生物菌种保藏管理中心，其寄存的生物材料样品可以提供给任何索取人，这些寄存物的名录将可能被编入再次出版的中国普通微生物菌种保藏管理中心的目录。

三、收费标准

1. 30 年保藏费：3000 元。

2. 发布存活性检测报告

（1）古菌、细菌（无质粒）、丝状真菌、酵母菌、厌氧微生物、单细胞藻类、支原体、细胞株、植物种子：500 元。

（2）动物和植物病毒，质粒：费用取决于个别案例。

3. 提供样品：500 元。

4. 信息通信费：200 元。

使用其他币种缴费时，将根据中国银行公布的汇率进行换算。

中国典型培养物保藏中心
用于专利程序的布达佩斯条约下生物材料保存指南

中国典型培养物保藏中心（CCTCC）

地址：湖北省武汉市武昌区八一路299号武汉大学校内（武汉大学第一附小对面）

邮编：430072

电话：（86-27）68752319，68754712，68754052

传真：（86-27）68754833

网址：http://www.cctcc.org

电子邮箱：cctcc@whu.edu.cn

1. 保藏的要求

（a）可受理保藏的微生物类型

CCTCC 原则上接受下列生物材料进行专利保藏：藻类，动物病毒、动物细胞系，细菌，噬菌体，真核 DNA，真菌，人类细胞系，干细胞，杂交瘤，霉菌，支原体，线虫，癌基因，植物细胞系和植物种子，植物病毒，质粒，原生动物（非寄生性的）和酵母。但是，如果提交的微生物是危险的致病菌，则保藏人应事先向 CCTCC 说明和咨询，以决定这些生物材料是否可以被接受保藏。请注意 CCTCC 不能接受危险程度第一类和第二类病原微生物（中国标准）的培养物。

此外，CCTCC 对中国法律禁止入境的，以及保藏操作可能带来较大危害的生物材料不予受理。CCTCC 也不会（向境外）发放被中国法律禁止出境的生物材料。

CCTCC 目前不接受胚胎、寄生性及病原性原生动物，以及 RNA 材料的专利保藏申请。

尽管如前所述，CCTCC 保留拒绝受理任何被中心主任判断具有危险性的，或者保藏操作极其困难的生物材料的专利保藏申请。

（b）技术要求和程序

（i）状态和数量

细菌、霉菌，试管斜面5支（18×180的试管斜面），不生长孢子的真菌和放线菌可提供液体菌种、藻类，离心后的藻种加适量新鲜培养液，病毒样品须递交冷冻真空干燥管，不过，CCTCC 也接受半固体穿刺（半固体穿刺一般不接收）斜面样品；不能冷冻真空干燥的病毒需送交冷冻管；质粒或其他 DNA 载体样品须提供冷冻真空干燥管或将 DNA 沉淀在酒精之中；

递交病毒和质粒（要接入宿主菌一起提供）进行保藏时，如果 CCTCC 没有相应的宿主，交存人尚须提供其宿主；植物细胞培养仅接受愈伤组织或呈悬浮状未分化的生长物；动物细胞系须递交冷冻管。递交的各种微生物必须无其他生物污染。在寄送动物细胞系给

CCTCC 之前，交存人一定要进行检测，保证该培养物无病毒存在。

所递交的培养物样品应是同一批冷冻真空干燥或冷冻制品。

交存人提供的培养物应满足下列数量上的要求：

藻类、细菌、霉菌，真菌、植物病毒和酵母	6 支冻干管或斜面培养物
噬菌体（至少 10^8 pfu/ml）	6 支，每支至少 0.5ml 无细胞裂解液
（提供 10ml 加甘油的噬菌体和 5ml 不加甘油的噬菌体）	
动物细胞系、动物病毒、杂交瘤、质粒（DNA 的含量至少为 20 mg/管）	11 支（培养管）
种子	2500 个

（ⅱ）存活检测所需的时间

CCTCC 对各种培养物进行存活检测所需的平均时间列出如下，但交存人应理解，在某些情况下存活检测所需的时间可能会更长，请参见列在括号中的时间：

细菌	7 天（或长至 14 天）
藻类、霉菌、真菌、酵母菌	7 天（或长至 20 天）
支原体、动物细胞系、杂交瘤、噬菌体和体外质粒*	7 天（或长 14 天）
动物病毒、植物细胞培养、线虫、种子	21 天（或长至 30 天）
植物病毒	尚无具体时间

*质粒的存活检测通过转化实验确定。若该质粒能转入相应的宿主，存活检测则被视为阳性。

（ⅲ）交存人检验和贮存量的补充

CCTCC 通常使用交存人提供的培养物制成批量的冷冻真空干燥管或冷冻管。CCTCC 也可以应交存人的请求将其原始材料转接进行培养以后制备保藏物。CCTCC 一般不制备动物和植物病毒，质粒，植物种子，某些动物细胞系、杂交瘤和植物组织培养。若向合法人提供样品原贮存的样品用完，CCTCC 将要求交存人再次递交样品予以保藏。

（c）管理要求和程序

（ⅰ）一般要求

语言：CCTCC 的工作语言是中文和英语

合同：除涉及某种危险的培养物交存人必须自己承担其风险外，CCTCC 不与交存人签订书面合同用以规定双方的责任。在 CCTCC 保藏表上签字并支付相关费用后，在规定的保藏期限内，交存人则放弃撤销其保藏的权利，并认可所送交的培养物可能会根据布达佩斯条约有关的法规予以发放。

进口（或）检疫规则：境外交存人须事先与 CCTCC 联系，了解寄送培养物至 CCTCC 的事宜。所有的培养物入境均依照中华人民共和国动植物检疫法的规则办理。交存人须提供培养物的种名，以便 CCTCC 向中国有关机构申请入境许可证和办理检疫手续。获得这样的准许一般需 1~2 周。得到许可后，CCTCC 便通知交存人或其专利代理人如何将培养物寄至保藏中心。

（ⅱ）履行原始保藏

对交存人的要求 按布达佩斯条约保藏，要求交存人填写好 CCTCC 使用的申请和登记表，即标准表格 BP/1。以后如需对该培养物的科学描述和（或）建议的分类学命名给予指定和（或）修正时，以及要求 CCTCC 出据收到这种指定和（或）修正的信息的证明时，交存人须再次填写相应的表格 BP/7（一式两份）。

对交存人的正式通知 收据和存活报告分别按规定的表格 BP/4 和 BP/9 发给；以后科学描述和（或）建议分类学命名的指定和（或）修正的收据，用表格 BP/8 发给；向第三方提供样品后给交存人的通知用表格 BP/14 发给，其他的正式通知单独联系，不用标准表格。

对交存人的非正式通知 如果需要，在收到培养物之后和发给正式收据之前，CCTCC 用电话或邮件将培养物的保藏日期和受理号通知交存人。在存活报告发出之前，CCTCC 也可用同样的通信方式将存活检测的结果通知交存人，但是这样的通知只有在完成存活检测且结果为阳性后方能发给。

向专利代理人提供信息 CCTCC 通常要求交存人告知其专利代理人名称（姓名）和通信地址。如果需要，保藏中心将向交存人和其专利代理人双方提供培养物的收据、存活报告以及其他有关信息。

（ⅲ）在先保藏的转变

布达佩斯条约规定之外的保存可根据原交存人的请求转为按布达佩斯条约保藏，不论他们的原始保藏是否为专利目的。不过，任何在先的免费保藏、转变保藏目的时要按布达佩斯条约的规定缴纳正常的保藏费。对转变的管理要求免除申请入境和（或）检疫手续之外，其他均与布达佩斯条约的原始保藏相同。

（ⅳ）履行重新保藏

根据布达佩斯条约实施细则 6.2，履行重新保藏时交存人须填写好表格 BP/2，并提供有关文件的复印件。重新保藏的收据和存活报告分别用指定的表格 BP/5 和 BP/9 发给。

2. 提供样品

（a）对样品的要求

CCTCC 将告知第三方为索取样品提出有效请求的合法手续，而且向请求方提供布达佩斯条约请求表 BP/2 和（或）由国家知识产权局使用的请求表（该表由国家知识产权局提供）。

尽管第三方有权根据专利规则获得保藏的微生物样品，但 CCTCC 将拒绝提供涉及卫生和安全规则管控的样品，直到请求方证明他已获得使用该微生物的许可。若请求方来自境外，CCTCC 必须从中国有关中央机构得到出口许可，并且认为请求方得到他自己国家的入境准许。

除动物病毒、质粒、植物种子，某些动物细胞系、杂交瘤和植物组织培养外，其他的培养物 CCTCC 将提供自己制备的批量样品。

（b）给交存人的通知

当交存人的培养物样品提供第三方后，CCTCC 用表格 BP/14 通知交存人。

（c）布达佩斯条约下保藏物的目录

如果交存人或赋权的专利局通知 CCTCC 某种培养物样品可以对外提供，则这样培养物将编入下一次公布的 CCTCC 目录之中。凡已授予和公布的中国专利所涉及本中心保藏的微生物均被列入 CCTCC 目录。

3. 费用一览表

人民币

（a） 保藏费		3000
（b） 发放存活检测报告		500
（c） 提供保藏样品		500
（d） 通信费		200
（e） 出入境许可证申请		按实际情况收取费用

使用其他币种缴费时根据当时的中国银行汇率进行换算

4. 交存人指南

CCTCC 已公布交存人指南。同时，保藏中心愿尽力通过邮件、电话、传真或函件等方式为客户提供信息。

广东省微生物菌种保藏中心
用于专利程序的布达佩斯条约下生物材料保存指南

广东省微生物菌种保藏中心

地址：广东省广州市越秀区先烈中路 100 号，广东省微生物研究所

邮政编码：510075

电话：（86 - 20）87137633，87137636，37656629

传真：（86 - 20）87686803

电子邮箱：gdmcc@ gdim. cn

网址：http：//www. gimcc. net

一、寄存要求

（一）受理保藏的生物材料的种类

广东省微生物菌种保藏中心受理以下各类生物材料的保藏：细菌及古菌（包括含质粒的菌株）、真菌（包括霉菌和酵母）、噬菌体、质粒（离体或在宿主中）、脱氧核糖核酸（DNA）、单细胞藻类、植物细胞（包括未分化细胞培养物、胚性植物细胞培养物和茎段离体培养物）、动物细胞、人细胞（包括杂交瘤）。

广东省微生物菌种保藏中心目前暂不受理下述各类生物材料的保藏：胚胎、寄生性及病原性原生动物、动物病毒、植物病毒、核糖核酸（RNA）样品。

广东省微生物菌种保藏中心不受理高致病性的第一类、第二类病原微生物（中国分类）和中国法律及行政条例、规章限制或禁止的其他微生物。

根据一般原则，广东省微生物菌种保藏中心仅受理在冻干、液氮贮藏或其他长期保存方法条件下，性状不发生明显变异的生物材料。

对于一些必须保持处于生长活性状态的生物材料，广东省微生物菌种保藏中心可依据具体情况加以受理，但应事先协商有关事宜和费用。

广东省微生物菌种保藏中心有权拒绝受理任何本中心认为具有不可接受的危险性，或者保藏操作极其困难的生物材料之专利保藏申请。

（二）技术要求和手续

1. 状态和数量

细菌、古菌、真菌（包括霉菌和酵母）、单细胞藻类以及在宿主内的质粒应提交至少5 份尽可能是处于生长活性状态的培养物，但冻干或冷冻样品也可视情形接受。

噬菌体应该提交至少 10 份 5 毫升滴度不小于 1×10^9 pfu/毫升的无细胞悬液。

离体的质粒 DNA 应提交至少 10 份 10 微克的样品。

递交噬菌体和离体质粒时，如果广东省微生物菌种保藏中心没有相应的宿主，交存人必须提供其宿主。

递交植物材料时，包括未分化细胞培养物、胚性植物细胞或组织培养物和茎段离体培

养物，应提交至少 25 份冷冻安培管，当为茎段离体培养物时，还须确保 25 份样品所含茎尖生长点不少于 100 个。

动物细胞、人细胞（包括杂交瘤）应至少提交 15 份冷冻安培管（同一批次），每份含有至少 5×10^6 个细胞（悬浮生长）或 2×10^6 个细胞（粘附生长）。

所交存材料必须没有被外源生物污染。在递交动物细胞和人细胞至广东省微生物菌种保藏中心前，必须检查以确保它们不含病毒。

2. 存活检测所需时间

广东省微生物菌种保藏中心对各种微生物存活检测所需的平均时间列出如下，寄存者应理解，在某些情况下，存活检测可能需时较长，其时间填于括号中。

细菌，古菌 　　　　　　　　　　　3 天（或长至 14 天）

真菌，酵母菌 　　　　　　　　　　5 天（或长至 20 天）

单细胞藻类 　　　　　　　　　　 10 天（或长至 30 天）

质粒 　　　　　　　　　　　　　　7 天（或长至 14 天）

噬菌体 　　　　　　　　　　　　　7 天（或长至 14 天）

植物细胞培养物 　　　　　　　　　7 天（或长至 30 天）

动物和人细胞系 　　　　　　　　　7 天（或长至 20 天）

3. 寄存人复核和寄存物的更新

广东省微生物菌种保藏中心通常将寄存人交存的细菌、古菌、真菌、酵母等的原始培养物转接培养后，制备成冷冻干燥和/或冷冻保藏的批量样品，可以根据寄存人的要求用寄存人交存的原始培养物制备成冷冻干燥和/或冷冻保藏的批量样品。但对于离体的质粒、噬菌体、DNA 样品、植物细胞培养物、动物和人细胞系，广东省微生物菌种保藏中心通常不自行制备保藏所需的批量样品。当原寄存物由于提供样品而用完时，广东省微生物菌种保藏中心将要求寄存人提交寄存物以重新保藏。

寄存人可要求广东省微生物菌种保藏中心提供一份由广东省微生物菌种保藏中心制备的冻干或冷冻寄存物样品，以检验样品的可靠性。

（三）管理要求和程序

1. 一般要求

（1）语言　广东省微生物菌种保藏中心的工作语言是中文，但用英文也可被接受。

（2）合同　广东省微生物菌种保藏中心不要求与寄存人以双方名义签定合同，以规定任一方的责任，除非是在受理某种危险菌种的情况下，寄存人必须同意以其自己的风险接受和处理这些菌种。在广东省微生物菌种保藏中心保藏表上签字并支付相关费用后，交存人须向广东省微生物菌种保藏中心提供所要求的信息，同时放弃其在规定的保藏期限内撤销保藏的权利，并认可广东省微生物菌种保藏中心根据布达佩斯条约有关的法规发放其所交存的培养物。

（3）进口和/或检疫规则　境外交存人须事先与广东省微生物菌种保藏中心联系，了解培养物运输事宜。所有的培养物入境均依照中国动植物检疫法的规则办理。交存人须提供培养物的种名，以便广东省微生物菌种保藏中心向中国有关机构申请入境许可证和办理检疫手续。获得这样的准许一般需 1～2 周。得到许可后，广东省微生物菌种保藏中心将会通知交存人或其专利代理人。

2. 原始保藏

（1）对交存人的要求　在布达佩斯条约下保存培养物，交存人填写广东省微生物菌种保藏中心使用的申请和登记表，即 GDMCC - BP/1（等同模式表格 BP/1）。事后如需对该培养物的科学描述和分类学命名进行补充和修正以及要求广东省微生物菌种保藏中心出据收到这种补充或修正信息的证明时，交存人须填写表格 GDMCC - BP/7（等同标准表格 BP/7）。

（2）对交存人的正式通知　存单和存活报告分别按规定的国际性表格 BP/4 和 BP/9 发出。收到培养物的科学描述和分类学命名进行补充和修正信息的证明用标准表格 BP/8 发出。向第三方提供样品后给交存人的通知用 BP/14 表发出，其他的正式通知不采用标准表格。

（3）对交存人的非正式通知　如果需要，在收到培养物之后和发出正式存单之前，广东省微生物菌种保藏中心将用电邮或电话通知交存人保藏日期和受理号。在存活报告发出之前，广东省微生物菌种保藏中心也可用电邮或电话通知将存活检测的结果通知交存人。

（4）向专利代理人提供信息　广东省微生物菌种保藏中心通常不要求交存人告知其专利代理人名称（姓名）和通信地址。但如果需要，广东省微生物菌种保藏中心可向交存人和其专利代理人提供寄存物的存单和存活报告的复印件。

3. 在先保藏转移

布达佩斯条约规定之外的保存可以通过原寄存者的请求转移为布达佩斯条约下的保存，而不管原来是否为专利目的保存。但任何免费的在先保存，在转移时，通常要按布达佩斯条约保存收取保藏费。对于转移的管理要求除了可免除进口和/或检疫手续外，与布达佩斯条约下的原始保藏相同。

4. 重新保藏

根据布达佩斯条约实施细则 6.2，履行重新保藏时交存人须填写 BP/2 表，并提供有关文件的复印件。重新保藏的存单和存活报告分别用规定的国际性表格 BP/5 和 BP/9 发出。

二、提供样本

（一）对样品的要求

广东省微生物菌种保藏中心将告知第三方为索取样本提出有效请求的正确程序。在要求获得授权证明时，广东省微生物菌种保藏中心将向请求方提供布达佩斯条约 BP/2 请求表和（或）特制请求表（工业产权局若有提供的）。

尽管任何第三方根据专利法规可被授权获得保藏的样本，但广东省微生物菌种保藏中心将拒绝提供涉及卫生和安全法规管控的样本，直到请求方证明他已获得使用该微生物的许可。若请求方来自境外，广东省微生物菌种保藏中心认为请求方已得到其本国的入境准许。

广东省微生物菌种保藏中心通常使用自己制备的批量样品来提供样本，但对于离体质粒、噬菌体、脱氧核糖核酸、植物细胞培养物、动物和人细胞系，则使用交存人提供的原始寄存物。

（二）给交存人的通知

当交存人的培养物样本提供给第三方后，广东省微生物菌种保藏中心将用表格 BP/14 通知交存人。

（三）布达佩斯条约寄存物编目

按照条约实施细则 9.2，广东省微生物菌种保藏中心通常不会将布达佩斯条约下的寄存物编入其出版的菌种目录中。但如果交存人或主管专利局通知广东省微生物菌种保藏中心某个寄存物可对外提供样本时，则该寄存物将列入下一次出版的广东省微生物菌种保藏中心菌种目录。

三、收费标准

1. 30 年保藏费：3000 元。
2. 发布存活性检测报告：500 元。
3. 提供样品：500 元。
4. 信息通信费：200 元。

使用其他币种缴费时，将根据中国银行公布的汇率进行换算。

四、给交存人的指引

广东省微生物菌种保藏中心提供一份介绍用于专利目的的寄存物保藏要求和操作步骤详情的小册子。同时，广东省微生物菌种保藏中心愿通过电话、电邮等方式为交存人提供信息。